전후 일본과 독일이
이웃 국가들과 맺은 관계는
왜 달랐는가

# 전후
# 일본과 독일이
# 이웃 국가들과
# 맺은 관계는
# 왜 달랐는가

월터 F. 해치 지음 | 이진모 옮김

책과함께

**일러두기**

- 이 책은 Walter F. Hatch의 *Ghosts in the Neighborhood*(University of Michigan Press, 2023)를 우리말로 옮긴 것이다.
- 역자가 덧붙인 해설은 〔 〕로 표시했다.
- 이 책과 연관된 디지털 자료들은 풀크럼(Fulcrum) 플랫폼(https://doi.org/10.3998/mpub.11683923)에서 찾아볼 수 있다.

## 역자의 말

이 책의 원제는《이웃에 떠도는 유령들: 왜 일본은 여전히 과거에 발목이 잡혀 있고 독일은 그렇지 않은가Ghosts in the Neighborhood: Why Japan is haunted by its past and Germany is not》다. 번역 여부를 검토하기 위해 책의 제목을 읽는 순간, 바르샤바 게토 위령비 앞에서 침통한 표정으로 무릎 꿇은 전 독일(서독. 이하 '독일') 총리 빌리 브란트와, 주요 전범을 합사한 야스쿠니 신사에서 참배하는 고이즈미 준이치로 전 일본 총리의 이미지가 극명하게 교차했다. 더 이상의 질문이 필요할까? 한 일본인 연구자가 이 책 저자와의 인터뷰에서 이 질문에 대해 "나는 이들 사례를 비교하려고 노력하느라 지쳤어요"라고 고백했다는 이야기가 이해가 갈 정도다.

행정학자이자 정치학자인 월터 F. 해치는 이 문제에 대한 그동안의 연구사를 비판적으로 정리한 후에, 독일이 프랑스 및 폴란드와 성공적인 화해를 이루는 과정에 중요한 영향을 미친 것으로 추정되는 몇 가지 요인들, 그리고 그것들의 상관관계를 치밀하게 분석한다. 구체적으로 그는 사과 담론과 행동, 경제적 상호의존성, 공식적인 협력관계의 변화를 역사적으로 추적하며 이 요인들이 상호 화해에 미친 영향을 분석하고, 이 설명 모델을 일본과 중국 및 한국의 관계에 적용해서 앞선 질문에 대한 해답을 찾고자 시도한다. 전쟁범죄의 질적 차이, 지리적 환경과 문화적 차이에서 비롯된 과거사 인식 차이(진정성 있는 반성과 사과의 부재)에 초점을 맞추는 기존의 설명 모델을 비판하면서 저자가 제시하는 대안적 설명을 요약하면 다음과 같다.

1. 일본은 과거에 자국이 중국과 한국에서 저지른 만행에 대해 여러 차례 사과를 표명했지만, 상호 화해에는 아무 소용이 없었다. 반면 독일은 '어떤' 공식적인 사과를 표명하지 않은 시점에서 프랑스와 화해할 수 있었고, 폴란드와도 반성을 표현하는 어떤 구체적 행동 없이 제한적인 화해를 이룰 수 있었다.
2. 아시아와 유럽의 유사한 사례를 비교 연구한 결과, 실질적인 화해 증진에 중요한 것은 사과를 표현하는 말이나 쌍방 무역 관계의 증진보다 상호 신뢰를 제도적으로 확립해주는 지역주의의 강화라는 사실이 드러났다.

3. 유럽에서는 다자주의가 독일이 이웃 국가들과 화해하는 데 도
   움이 되었지만, 아시아에서는 미국이 지배하는 양자주의가 일
   본이 이웃 국가들에 대해 독일과 같은 행동을 할 수 있는 기회
   를 약화시켰다. 미국이 유럽과 아시아에서 다르게 행동한 것은
   제국주의와 인종주의 탓이다.

솔직히 말하자면 나는 저자의 논지를 파악한 후 잠시 고민에 빠
졌다. 한일관계는 여전히 답보 상태이며, 과거사를 둘러싼 갈등은
뜨거운 감자다. 이런 상황에서 독자들은 과연 이 책에서 저자가 제
시한 질문에 대해 무언가 설득력 있는 새로운 해답을 얻을 수 있
을까? 나로서는 확신하기 어려웠다. 저자의 논지가 일본의 과거사
인식에 대해 부정적인 여론이 지배적인 한국 사회에 조금이라도
오해를 불러일으킬 소지는 없는지, 그래서 혹시라도 비생산적인
논쟁을 자극하지는 않을지 우려되었다.

그럼에도 결국 이 책을 번역하기로 결심한 데는 몇 가지 이유가
있다. 첫째, 안타깝게도 지금까지 국내에서는 독일과 일본의 과거
사 청산을 이 책만큼 치밀하게 체계적으로 비교 연구한 성과가 별
로 눈에 띄지 않기 때문이다. 둘째, 이 책에서 저자가 주장하는 비
교 범주와 해석에 대해 모두 동의하지는 않지만, 역사적 현실에 대
한 냉정한 분석과 새로운 미래 전망을 위한 신선한 토론 의제를 제
공한다고 생각하기 때문이다. 셋째, 이 책에서 비교하고 있는 독

일-프랑스, 일본-한국, 독일-폴란드, 일본-중국 관계의 역사에 관한 다양하고 흥미로운 비교 자료들은 연구사적으로 과거사 담론과 미래 지향적인 정책 비전 토론, 그리고 후속 연구에 매우 유익하게 기여할 것으로 기대된다.

다만 앞으로의 토론에 유익하게 기여하고자 하는 취지에서 저자의 논지를 좀 더 선명하게 드러낼 필요가 있다는 게 출판사와 나의 판단이었고, 그에 따라 이메일로 저자와 대화를 나누었다. 이 질의응답은 독자들이 이 책을 다 읽은 뒤에 참고하기를 바라는 마음에서 말미에 실었다.

아무쪼록 이 책이 한국과 일본을 넘어서는 동아시아의 과거사 청산에 관한 생산적인 논의와 후속 연구에, 그리고 나아가 지역주의 구축을 통한 아시아의 국제관계 개선과 평화에 기여할 수 있기를 소망해본다.

이진모

# 저자의 말

나는 이미 오래전에 독일은 유럽에서 이웃 국가들과 우호적인 관계를 정착하는 데 성공한 것으로 보이지만, 이와 대조적으로 일본은 이웃 아시아 국가들로부터 여전히 적대시되는 수렁에 빠져 있는 것을 보고 이 책을 쓰기로 구상했다. 사실 두 나라는 모두 이웃 국가들에서 과거라는 유령(그들이 과거에 저지른 악행과 때로는 잔인한 행위에 대한 끈질긴 기억)과 마주하고 있었다. 그런데 오직 한곳에서만 그 유령이 아직도 남아 있었다. 이것은 내게 아주 흥미로운 수수께끼로 다가왔다.

하지만 이는 풀어야 할 도전적인 수수께끼이기도 하다는 사실이 드러났다. 궁극적으로 내 연구는 두 대륙, 6개 나라, 수백 년에 걸친 역사, 그리고 수많은 무역과 투자 관련 통계를 포괄하고 있다. 그런데 사실 나는 일본 정치를 연구하는 아시아 전문가여서 유럽,

특히 독일(프랑스와 폴란드 포함)에 대해서 많이 공부해야 했다. 게다가 나는 주로 정치경제학을 연구해왔기 때문에 국가 간 사과와 국제적인 화해 같은 감상적이지만 꽤나 중요한 주제에 대해 많이 공부해야 했다.

이러한 과정은 오래 걸렸으며, 여러 기관과 연구자들에게 헤아릴 수 없는 빚을 졌다. 물론 이 책의 내용에 대한 책임은 오로지 나의 몫이다.

콜비대학교 당국은 내가 연구를 위해 여러 차례 아시아와 유럽의 여러 지역을 여행할 수 있도록 관련 연구지원금을 제공하는 후의를 베풀어주었다. 콜비는 작은 규모의 인문대학이지만, 내가 대학원에서 습득한 전공 영역을 넘어서는 새로운 전문 영역을 개척하도록 자극해주었다. 그 덕분에 중국과 한국 정치뿐만 아니라 일본 정치에 관한 교육과정까지 이수할 수 있었다. 그 후 나는 북아메리카와 유럽에서 작동하는 두텁고 강력한 국제기구들과, 아시아에서 작동하는 소수의 취약한 기구들을 비교하는 강의를 개설했다. 그렇게 확장된 강의 커리큘럼 덕에 나는 이전보다 훨씬 능력 있는 연구자로 성장할 수 있었다.

또한 콜비대학교는 내가 탁월한 능력을 지닌 학생들을 조교로 고용할 수 있도록 지원해주었다. 엔지 손, 류 마쓰우라, 조시 브라우스, 안나 시메오노바, 타미 최, 클라라 디버스, 하올루 왕, 신이 첸, 밍웨이 ('줄리언') 주, 조시 코넬, 비키 유안, 질 그린슈타인, 발레리

코잇, 아란 장, 엘리너 ('엘라') 잭슨, 비키 니, 해나 김, 자야데프 바다칸마베에틸, 제이컵 마크스, 파월 브로달카. 이 학생들 모두에게 감사한다.

나의 훌륭한 멘토 짐 카포라소, 피터 카첸슈타인, T. J. 펨펠에게도 큰 빚을 졌다. 이들 모두에게 감사드린다. 카즈 포즈난스키, 귄터 하이두크, 아그니에츠카 마칼레브는 내게 폴란드라는 세계를 열어주었다. 존 와이스와 존 킬러는 프랑스에 소장된 자료에 관해 도움을 주었다. 자비네 자이들러와 파울 탈콧은 나를 독일인 외교관들과 연결해주었고, 최평암은 내게 한국인 외교관들을 소개해주었다. 니콜라 자브코는 내가 시앙스포(파리정치대학교)와 간단한 제휴를 체결하는 데 도움을 주었다. 베레나 블레힝어-탈콧은 베를린자유대학교와 이와 비슷한 협력관계를 맺도록 도와주었다. 이들 모두에게도 감사의 마음을 표한다. Dziękuję. Merci. Danke. 감사합니다.

익명으로 이 책에 대해 논평해준 4명의 독자와 책의 편집을 위해 애써준 미시간대학교 출판부의 막강한 편집부, 특히 편집부장 엘리자베스 디머스와 편집자 할리 윙클에게도 감사한다. 나아가 이 책을 와이저 신흥민주주의연구소(WCED)의 출판물 시리즈에 포함해준 데 대해 연구소 소장인 댄 슬레이터에게 깊은 사의를 표한다.

이 책을 쓰는 오랜 시간 동안 사랑으로 내 곁을 지켜준 아내 로리 B. 만에게 가장 큰 빚을 졌다. 이 책을 그녀에게 바친다.

# 차례

# 도표 목록

# 1장

# 서론

과거라는 유령, 지역주의, 그리고 화해

과거사는 종종 현대 국제관계에 스며든다. 특히 피해국이 가해국에 의해 자행된 끔찍한 범죄에 대한 기억을 떠올리게 될 때 그러하다. 그런데 이런 잔인한 침략이나 식민주의에 가담했던 어떤 국가는 시간이 지남에 따라 과거라는 유령, 분노를 일깨우는 고통스러운 기억에서 벗어나고 이웃 국가들의 비난으로부터 자유로워진 반면, 다른 국가는 여전히 과거라는 유령에 사로잡혀 한걸음도 앞으로 나아가지 못하고 있다. 2018년 가을 지구상에 펼쳐진 두 장면에 대해 생각해보자.

- 전쟁 교전국들이 1차 세계대전 휴전협정을 맺은 장소가 있는 숲에서, 앙겔라 메르켈 독일 총리와 에마뉘엘 마크롱 프랑스 대통령이 따뜻하게 포옹한 후, 서로의 손을 마주 잡고 이미 친밀한 양국 관

계를 더욱 심화하기 위해 노력한다.

● 일본 총리 아베 신조는 7년여 만에 중국 지도자와 최초의 양자 회담을 하기 위해 베이징으로 날아간다. 양국의 거대한 국기 앞에 그와 시진핑 주석이 서로 멀리 떨어진 채 서 있다가, 천천히 다가가 어색하게 악수를 나눈다. 침울하게 카메라를 응시할 뿐 두 사람은 결코 서로를 바라보지 않는다.

두 장면 모두 그저 한 장의 스냅사진에 불과하다. 단순한 사례일 뿐이다. 그러나 이 장면들은 오늘날 유령과 같은 과거 역사가 유럽과 아시아에서 현실적으로 행사하고 있는 영향이 얼마나 크게 다른지를 적나라하게 드러내고 있다. 독일은 프랑스와 폴란드 등에서 자행한 피비린내 나는 폭력의 과거로부터 어느 정도 해방된 반면, 일본은 여전히 한국과 중국 등에서 과거에 자행한 폭력적 지배에 대한 기록에 단단히 묶여 있다.[1] 왜 독일은 과거에 그들이 점령하고 박해했던 이웃 국가들과 관계를 회복하는 데 비교적 성공했지만, 일본은 대부분의 경우 오래된 적과 피해자를 독일처럼 새로운 친구로 만드는 데 실패했을까?

대부분의 연구자들(예를 들어, 토머스 버거Thomas Berger 2012 참조)은 국가의 공식적인 입장 발표에 초점을 맞추면서, 독일은 그들의 과오를 적절하게 '참회'한 반면에, 일본은 이전의 '죄'에 대해 사과하는 데 실패했다고 주장한다. 하지만 나는 이에 동의하지 않는다. 그 이유는 다음과 같다.

1. 일본은 반복해서 그들이 과거에 한국과 중국에서 자행한 행위에 대해 유감을 표명해왔다. 그런데 소용없었다.
2. 독일은 그들의 가장 중요한 이웃 국가(프랑스)와 화해한 후 한참 이 지난 1970년대까지 철저히 반성하지 않았다.
3. 과거라는 유령과 관련해서 독일과 일본의 차이점은, 독일은 유럽 연합 및 북대서양조약기구(NATO, 이하 나토)와 같은 지역의 정치 적 기구들을 잘 활용해 그들이 유럽 평화와 발전에 진정성 있게 협력할 것이라는 신뢰할 만한 약속을 보여주었다. 독일은 신뢰할 만한 파트너가 될 수 있다는 사실을 이런 방식으로 입증했지만, 일본은 그렇지 못했다.
4. 이렇게 상반된 결과가 나온 데에는, 2차 세계대전 이후 유럽에서 는 지역의 여러 나라들과 협력하는 다자주의를 촉진했지만, 아시 아에서는 자국 주도의 양자주의를 추진한 미국에게 커다란 책임 이 있다. 미국은 두 지역에서 매우 다른 입장을 취했다.

간단히 말해 나는 이 책에서, 만약 국가 간의 화해가 핵심 관건 이라면 그 문제를 해결하기 위해선 말보다 행동이 더 중요하다는 것을 보여줄 것이다. 국제 협력을 촉진하는 기구들은 과거의 오래 된 상처를 치유하는 분야에서, 공식적인 사과보다 더 많은 것을 한다. 그런데 인종 정치와 권력 정치 모두에 이끌린 미국은 유럽에서는 그러한 기구의 설립을 장려했지만, 아시아에서는 그렇게 하지 않았다.

내가 여기에 제시하는 분석은 오늘날의 상황에 시의적절하다. 아이러니하게도 집단기억은 글로벌한 문제의 해결을 위해서 그 어느 때보다 중요한 것으로 보인다. 미셸롤프 트루요Michel-Rolph Trouillot(1995)가 지적한 것처럼, 만약 여러분이 집단기억을 억제할 수 있는 놀라운 능력이 없다면 말이다. 2022년 2월 러시아의 우크라이나 침공은 적어도 부분적으로는 소련 제국을 향한 블라디미르 푸틴의 보복주의적 향수가 초래한 것이었고, 우크라이나가 이에 맞서 맹렬하게 저항하고 있는 것은 최근 러시아의 크림반도 병합이나 돈바스 침공은 말할 것도 없고, 1932~1933년의 홀로도모르Holodomor〔원래의 뜻은 '아사餓死'. 소련의 정책적 결정 때문에 우크라이나에서 수많은 사람들이 굶어 죽은 사건을 지칭한다〕에 대해 품고 있던 그들의 기억, 끈질긴 분노의 기억이 작동한 결과다.

대체로 오늘날의 국가들은 집단학살, 반反인도주의 범죄 등을 포함해, 제니퍼 딕슨Jennifer M. Dixon(2018)이 말하는 "어두운 과거들"을 솔직히 인정하고 반성하라는 엄청난 외부 압력에 직면하고 있다. 엘라자르 바칸Elazar Barkan(2000: xi)은 냉전의 종식으로 글로벌한 인식이 가속화되었기 때문에, 역사가 오늘날 국제관계를 형성하는 데 이전보다 훨씬 큰 역할을 하게 되었다고 믿는다. "과거를 바로

잡으려는 이 열망은 점점 증가하는 추세인데, 이런 현상은 다양한 차원에서 우리의 삶에 영향을 미친다. 또한 그것은 개인으로서, 그리고 전 세계에 있는 많은 집단의 구성원으로서 우리가 스스로를 도덕적 관점에서 이해하는 데 매우 중심적인 자리를 차지한다."

많은 학자들이 국제관계에서 과거사가 현재에 어떤 영향을 미치는지에 대해 연구하고 글을 발표했지만, 왜 어떤 국가들은 그것을 극복하고 다른 국가들은 그러지 못했는지 설명하려고 노력한 사람은 별로 없다. 바로 이 일을 하고자 하는 것이 이 책의 목적이다. 다시 말해 독일과 일본이 각자의 지역에서 경험한 바를 잘 이용하고 분석해서, 전자는 어떻게 해서 유럽의 이웃 국가들과 화해했으며, 후자는 왜 아시아에서 그렇게 하지 못했는가를 이해하려는 것이다.

내가 얻은 해답뿐만 아니라 이에 대한 대안적인 해답까지 제시하기에 앞서, 나는 다음과 같은 두 가지 분석적 과제를 해결해야 한다. 첫째, 내가 말하는 '화해reconciliation'라는 모호한 개념이 무엇을 의미하는지 명확히 할 필요가 있다. 둘째, 나는 이 연구를 추동하고 있는 전반적인 퍼즐에 포함된 비판적 가정이 과연 옳은지 또는 적어도 적절한지를 간략하게 입증해야 한다. 즉 독일은 과연 자신들을 가혹하게 취급하는 이웃 국가들과 화해하는 데 있어서 '정말로' 일본보다 나은 성과를 거둔 것일까? 이제 이러한 도전적인 과제를 하나하나 순서대로 해결해보려 한다.

## 핵심 용어 '화해'의 개념

성인이라면 누구나 이 단어의 뜻을 본능적으로 이해하지만, 사실 이 개념은 개인적으로 각각 다른 방식으로 이해된다. 우리는 일반적으로 화해가, 이전에 가까웠던 가족이나 친구 또는 이웃과의 관계가 어떤 계기로 손상된 후 상호 선의와 화합을 회복하는 것과 관련이 있다는 데 동의할 것이다. 그러나 이 포괄적인 정의를 분석적으로 유용한 개념으로 사용하려면 우리는 화해의 네 가지 핵심 요소를 분명하게 특정해야 한다.

1. **과거사** 과거에 일어났던 어떤 고통스럽고 충격적이거나 굴욕적인 사건으로서, 두 당사자, 즉 가해자와 피해자를 오랜 세월 상호 적대관계에 갇혀 있게 한다.[2]

2. **근접성** 두 당사자는 감정적으로 서로 연결되어 있거나 지리적으로 가까운 곳에 위치하고 있다.

3. **초월성** 두 당사자는 적대관계에서 우호관계로 도약하고자 시도한다. 하지만 어떻게? 어떤 사람들, 특히 유대교-기독교 경전에 영향을 받은 사람들은 화해를 위해서는 가해자 측의 공개적이고 진심 어린 '회개' 또는 '참회' 행위, 그리고 그에 대한 희생자 측의 용서가 필요하다고 믿는다.[3] 나를 포함한 다른 사람들은 화해 과정이 이보다 훨씬 세속적(덜 성경적)이라고 여겨서, 가해자 측이 단지 자

신들이 저지른 과거의 잘못을 인정하고, 또 피해자 측이 미래를 향해 나아가고자 하는 희망이 있으면 가능하다고 믿는다.

4. **상호성** 화해는 일방적으로 이루어질 수 없다. 그것은 두 당사자가 피비린내 나는 과거보다 장밋빛 미래를 우선시하기로 '합의'할 때 가능한 일이다.

정치학에서 우리는 화해의 개념을 국내적인 갈등, 특히 인종 분쟁과 내전의 맥락에서 매우 주의 깊게 분석해왔다. 프리실라 헤이너Priscilla Hayner(2010)와 같은 학자들은 이른바 '진실과화해위원회'를 통해 국민적 화합을 구축하려 했던 계획에 대해 많은 글을 썼다. 그런 위원회는 칠레에서 페루까지, 동티모르에서 솔로몬제도까지, 라이베리아에서 시에라리온까지, 한국에서 캐나다까지 전 세계에 걸쳐 설립되었다. 그중 우리에게 가장 잘 알려진 진실과화해위원회는 1995년 남아프리카공화국에서 넬슨 만델라 대통령과 데즈먼드 투투 대주교에 의해 만들어졌다. 그 위원회는 아파르트헤이트(백인우월주의에 의해 이루어진 인종차별 정책)의 암울한 시기에 자행된 끔찍한 폭력에 대한 수많은 증언들을 청취했다. 놀랍게도 이 위원회 활동은 아파르트헤이트의 수많은 희생자들을 위로했을 뿐 아니라, 자발적으로 나서서 자신의 폭력적인 행위를 공개적으로 인정한 가해자들에게 사면을 약속했다.[4] 정치학자들은 정의에 도달하는 이런 '부드러운' 접근방식이 이른바 서슬 퍼런 사법적 청산의 대명사인 '뉘른베르크 방식'에 대한 하나의 대안이며, 불완전하지만 보다 중요한 목적인 국민적 치유에 도달하기 위한 수단이라고 설명했다.

국제관계를 연구하는 학자들은 화해라는 개념의 사용을 꺼리고, 그 대신 두 나라 간의 '안정적인 평화'에 대해 논하는 것을 선호해왔다. '안정적인 평화'는 단순히 '전쟁 반대'의 조건일 뿐 아니라, 군사적 억제력에 의해 유지되는 '위태로운 평화' 또는 심지어 '조건부 평화'와도 구분된다.[5] 케네스 볼딩kenneth E. Boulding(1978: 13)은 안정적인 평화를 "전쟁 가능성이 매우 낮아서, 관련된 사람들의 정치적 판단에 전쟁이 실제로 고려되지 않는 상황"이라고 정의했다. 이것은 유용한 개념이지만, 내가 앞서 설명한 화해의 네 가지 기본 요소를 반드시 포함하지는 않는다. 가장 중요한 것은 두 나라가 상호관계에서, 아픈 역사로 인한 상호 단절을 초월하지 않고도 안정적인 평화를 경험할 수 있었다는 것이다. 예를 들어 캐나다와 미국은 충격적인 과거와 씨름할 필요 없이 지속적으로 안정된 평화를 누리고 있다.

'안정적인 평화' 개념을 기꺼이 사용하려는 국제관계 학자들은 국가 간 화해를 단순한 정치적 과정이 아니라 사회적 과정으로 취급하는 듯하다. '안정적인 평화'는, 로스 캐럴Ross Carroll(2008)이 제안한 것처럼, 범죄 국가가 피해 당사자뿐만 아니라 '국제사회'(제3자를 포함)로부터 용서를 받을 때 글로벌한 차원에서 이루어질 수 있다.[6] 이는 다른 사람들이 제안하는 것처럼 시민사회 차원에서 이루어질 수도 있다. 허이난何忆南/Yinan He(2009: 14)은 화해를 위해서는 "인간 대 인간의 우호적인 관계"가 필요하다고 믿는다. 마찬가지로 앤 필립스Ann Phillips(2000: 53)는 과거에 적대적이었던 국가 간의 호의는 정치 지도자들에 의해 "입법화되거나 강제로 부과"될 수 없다고 지적한다. 그것은 한 국가의 시민들이 다른 국가에 대해 가지고 있는 인식이 (더 나은 방향으로) 광범위하게 변화하는 것을 필요로 한다.

나는 국가 간 화해를 이렇게 사회학적으로 규정하는 것에 반대하지 않지만, 국가가 정부 조치를 통해 시간을 두고 시민들에게 좀 더 긍정적인 태도와 관심이 증가하도록 촉진하면 여론은 광범위하게 변화될 수 있다고 주장한다. 국가는 도덕적·윤리적 이유뿐만 아니라 전략적 이유로도 종종 여론 조성을 시도한다는 점 역시 주목해야 한다.


## 비판적인 전제에 대한 방어: 독일의 상대적인 '성공'

나는 1945년 2차 세계대전이 끝난 이래, 독일은 과거 자국이 침략했던 이웃 국가들로부터 광범위한 신뢰를 회복할 수 있었던 반면, 일본은 대체로 그렇지 못했다고 주장한다. 이 결론은 비교정치학을 연구하는 거의 모든 학자들이 다소간에 공유하고 있다. 허이난(2009)에서 제니퍼 린드(2008)까지, 버거(2012)에서 마르티나 티머만(2014)까지, 릴리 가드너 펠드먼(2012)에서 허승훈 에밀리아(2012)까지, 사토 다케오와 노르베르트 프라이(2011)에서 제바스티안 콘라트(2003)까지, 그리고 쇼지 준이치로(2011a)에서 이안 브루마(2002)에 이르기까지 말이다.

많은 학자들이 동의한다는 사실보다 더 설득력을 가지는 것은 실제로 이 주장을 뒷받침하는 통계의 존재인데, 나는 그런 통계 역시 제시할 수 있다고 생각한다. 그 통계 중 하나로 여론조사 결과를 들 수 있다. 예를 들어 반反독일 정서가 전통적으로 강하지만 점차 줄어들고 있는 폴란드에서 2020~2022년에 시행된 여론조사에 따르면, 응답자의 27퍼센트만이 독일에 대해 비우호적으로 느낀다고 답변했다. 이것은 폴란드 여론조사 기관이 이 질문을 처음으로 조사했던 1993~1995년의 45퍼센트에서 상당히 감소한 수치다.[7] 이와 대조적으로 반일 정서가 지속적으로 강한 중국에서는, 2019~2021년에 시행된 여론조사에서 응답자의 57퍼센트가 일본에 대해 비우호적인 견해를 갖고 있는 것으로 나타났다. 중국의 여론조사 기관이 처음으로 동일한 질문을 제시했던 2005~2007년의 52퍼센트보다 오히려 증가한 것이다.[8]

유로존 위기(2010~2017) 때문에 유럽의 일부 지역에서 독일의 위상이 하락한 것은 부인할 수 없는 사실이다. 독일 총리 앙겔라 메르켈은 유럽중앙은행이 구제금융을 제공하는 대가로 해당 국가는 대규모 긴축정책, 특히 정부 지출을 대규모 삭감해야 한다고 주장함으로써 남유럽, 특히 그리스에서 환영받지 못하는 인물로 낙인찍혔다. 에게해를 건너가는 긴 페리 여행(2015년 6월)에서 나는 우연히 한 그리스인 아마추어 역사가 옆에 앉았는데, 그는 독일 총리와 그녀를 지지하는 독일인들에 대해 심각하고 거의 끝없는 멸시를 표현했다. 이와 대조적으로 그리스 총리 알렉시스 치프라스가 유럽의 돈줄을 쥐고 있는 독일은 나치의 그리스 점령(그리고 그것이 수반한 잔혹 행위)에 대해 배상할 '도덕적 의무'가 있다고 주장했을 때, 그것은 거의 진부한 소리로 들렸다.[9] 하지만 독일에 대한 분노는 재정 상황이 개선되면서 차츰 가라앉았다. 그리스는 2016년에 균형 예산을 채택했고, 2018년에는 외부 구제금융에 대한 의존에서 벗어났다.

나의 주장을 평가하는 또 다른 방법은 다각적인 방식으로 생각해보는 것이다. 서독이 1990년에 동독을 흡수해 국가 규모가 극적으로 커지고, 잠재적으로 막강한 힘을 가진 통일 국가가 되었을 때, 주변 국가의 많은 시민들은 우려를 표명했다. 그렇지만 공개적으로 독일 통일을 반대하는 사람은 거의 없었다. 지금 일본의 규모와 국력이 독일 통일과 맞먹을 정도로 확장된다면 한국과 중국이 어떻게 반응할지 상상해보자. 한국과 중국은 크기는 비록 작지만 소유권을 둘러싸고 논란이 되고 있는 몇몇 섬들에 대해 일본이 영유권을 주장하려고 할 때마다 거센 목소리로 항의했다.

만약 일본이 실질적으로, 그리고 상징적으로 영토와 국력을 팽창하고자 한다면, 주변 지역의 대응은 폭발적, 아니 아마도 폭력적이 될 것이다.

## 대안적 설명 모색

내가 오랫동안 고민했던 다른 학문적 질문과 달리 독일과 일본, 그리고 국가 간 화해에 관한 질문에 대해서는 다양한 인간 집단들이 아주 신속하고, 종종 확신에 차서 답을 제시한다. 그래서 나는 학계 동료뿐만 아니라 지적인 일반 시민들과 진행하는 연구에 대해 토론하는 것을 즐겼다. 어떤 사람들은 일본이 독일보다 이웃 국가와의 화해에 덜 성공적이며, 그 이유는 일본의 전쟁범죄가 아주 심각해서 독일보다 "더 쉽게 용서할 수도, 잊을 수도 없는 일이기 때문"이라고 말한다. 그러나 이런 주장은 우리가 홀로코스트를 제외한다 해도(이렇게 하는 이유는 내가 여기서 인종 집단 사이의 화해가 아니라 주변 국가 사이의 화해를 연구하고 있기 때문이다) 의심스러워 보인다.[10] 여러 해 동안 독일과 프로이센(1871년 통일 이전에 독일연방을 이끌었던)은 노골적인 군국주의를 추구하면서 유럽인들 사이에서 악명이 자자했다. 독일군은 프로이센-프랑스 전쟁(Stoneman 2008)에서 프랑스 민간인을 살해하고, 1차 세계대전에서 적을 독가스로 학살했으며, 2차 세계대전에서는 히틀러가 자신의 국방군에 조언한 대로 (Lochner 1942) 수백만 명의 폴란드인을 "무자비하고 동정심 없이" 살해함으로써 "현대전"을 개척했다. 비교 상대인 일본 군의관들과 마찬가지로 독일 군의관들도 생물학 전쟁에 대한 지식을 향상시키려는 목적에서 분쟁 기간 동안에 살아 있는 환자들을 대상으로 끔찍한 생체실험을 자행했다.

어떤 사람들은 일본과 독일의 차이가 양국이 위치한 지리적 환경과 명백히 관련이 있다고 주장한다. 물론 일본은 주변 국가들로부터 고립된 '섬나라'이기 때문에, 주변 국가들과 육지에서 국경을 맞대고 있는 내륙국가인 독일과는 상황이 다르다. 독일의 경우 전쟁이 일어나면 탱크를 동원할 수 있는 주변국들과 사이좋게 지내는 법을 배워야 했기 때문이다. 한국의 주요 일간지 중 하나인 〈조선일보〉의 편집장이었던 김창기는 "어떤 면에서 일본의 지리적 고립은 주변국들과 조화를 이루기 어렵게 만든다. 그들은 서로 다르게 생각하는 경향이 있다"고 주장했다.[11] 그러나 이런 주장은 시간 테스트, 즉 장기간에 걸친 연구를 해보면 옳지 않음이 드러난다. 독일은 항상 대륙의 강국이었고, 독일이 처한 지리적 환경은 평화만큼이나 전쟁을 조장했다고 할 수 있다. 2차 세계대전 이전에 독일 제국(또는 그 전신인 프로이센)은 일본 제국보다 더 많은 침략전쟁을 일으켰다.

그러나 아마도 내가 비전문가들로부터 가장 자주 듣는 대답은 그들이 '문화'라고 부르는 것과 관련이 있다. 그들은 일본인과 독일인은 완전히 다르다고 반복해서 말한다. 그래서 그들은 자신들의 역사를 다르게 해석하며, 과거에 대한 그들의 다른 기억과 재구성은 인접 국가의 국민들이 각각 다르게 반응하도록 자극해왔다는 것이다. 이런 해석은 종종 다음과 같이 요약된다. 독일인들은 사과하는 법을 알고 있지만, 일본인들은 그렇지 않다. 이런 문화적 설명을 다소 유치하게 펼치는 주장들은 컬럼비아대학교의 인류학자였던 루스 베네딕트Ruth Benedict(1946)의 연구를 재활용한다. 그녀는 한 번도 일본에 가본 적이 없지만, 미국 전쟁정보국으로부터 미국인들에게 일본 사회를 '설명'하라는 과제를 부여받아 연구를 수행했다. 베네딕트는 일본 문화를 '수치의 문화'라고 불렀는데, 이 문화 내에서 개인들은 서양의 '죄의식의 문화'처럼, 자신의 양심이나 절대적인 내적 가치 기준('선이냐 악이냐')에 따라 행동하는 것이 아니라, 외부 또는 사회의 기대에 부응하지 않을 때 배척될지 모른다는 두려움을 갖고 행동한다.

많은 동료들은 내게 일본은 사회적 '속박감wiring' 때문에 결코 진정한 뉘우침을 보일 수 없다고 말한다. 폴란드와 독일 사이의 영토 분쟁을 직접 겪고 유럽 공동체를 강화하는 데 주도적 역할을 했던 저명한 독일 역사가에게서도 이와 비슷한 얘기를 들었다. 나와 비슷한 이야기를 나눈 지 몇 년 후에 세상을 떠난 루돌프 폰 타덴Rudolf von Thadden은 2차 세계대전이 끝나자 포메라니아 지방에 있던 폰 타덴 가문의 전 재산을 잃었다. 그 지역이 새로 독립한 폴란드에게 병합되었기 때문이다. 그는 어릴 때 제네바에서 프랑스식 고등학교인 리세에 다녔기 때문에 프랑스어에 능통했다. 이때 습득한 프랑스어 실력 덕분에 그는 프랑스-독일 관계 전문가가 되었고, 게르하르트 슈뢰더 총리 정부 당시 한동안 독일-프랑스 관계 자문위원으로 일했다. 폰 타덴은 한 인터뷰에서 폴란드 및 프랑스와 화해했던 독일과 달리 일본은 한국 및 중국과의 피비린내 나는 과거에서 쉽게 벗어날 수 없다고 말했다. 그 이유는 동아시아는 기독교 세계가 아니며, 그래서 화해를 위한 정치적 전제조건뿐 아니라 화해에 필수적인 도덕적 토대도 결여되어 있기 때문이라는 것이었다. 그는 "화해에는 용서에 대한 믿음이 필요하다"라고 생각했다.[12]

반면 네덜란드의 언론인 이안 브루마Ian Bruma(2002: 116)는 일본이 비기독교 국가이고 '수치의 문화'를 갖고 있기 때문에, 독일과 달리 이웃 국가들과 화해하기 위해 노력하기 힘들다는 주장을 단호하게 거부했다. 그는 이런 주장을 "인간 행동에 대한 기계론적 견해"라고 낙인찍었다. 이는 많은 독일인들이 죄를 '고백'하려는 욕구를 갖고 있지 않으며, 많은 일본인들이 자국의 '죄'를 폭로하기 위해 투쟁해왔다는 사실에 의해 거짓임이 드러났다는 주장이다. 그럼에도 불구하고 궁극적으로 브루마는 일본이 이웃과 화해하지 못하는 것을 설명하기 위해 또 다른 종류의 문화적 주장에 의존하는 것으로 보인다. 그는 다음과 같이 썼다.

일본은 미국의 군사적 보호를 받으면서 마치 어린아이처럼 변해버렸다. 모든 것이 안전하고, 어떤 책임이나 상황에 대한 순응이 요구되지 않는 황금의 나이, 즉 12세 또는 그보다 어린 나이에 머물기를 열망하는 사람들이 되어버린 것이다. 일본인, 그들은 파친코 홀에서 핀볼 기계 앞에 길게 줄지어 앉아, 공허한 눈으로 과거도 현재도 망각한 채 쏟아지는 작은 은색 공들만 바라보고 있다. 시끄럽게 쿵쾅거리는 〈군함 행진곡〉을 배경 삼아서.(295)

나도 문화의 중요성을 인정한다. 사실 나는 이 개념을 미국 엘리트들이 2차 세계대전 종전 이후 유럽과 아시아에 대해 왜 서로 다른 태도를 취했는지를 설명하는 데 사용하며, 그렇게 함으로써 우리 앞에 놓인 일부 수수께끼의 답을 제시한다. 그러나 일본과 독일을 관찰한 많은 사람들은 문화를 고정되거나 비정치적 구성요소로 취급하면서 다소 서투른 방식으로 문화 개념을 사용하는데, 이는 꽤나 불행한 일이다. 문화적 규범은 사회가 경험하는 정치적 경쟁에 대응하면서 시간이 지남에 따라 변화한다. 이러한 이유로 현대 일본인은 오늘날의 독일인과 마찬가지로 1937년의 일본인과 다르다. 우리가 왜 독일은 이웃과 화해하는 데 대체로 성공한 반면 일본은 그렇지 못했는지 그 이유를 이해하려면 그 문제를 한층 더 심도 있게 탐구해야 한다.

이 책에서 제기된 질문은 국제관계학을 다루는 연구자들 사이에서, 서로 다른 학파들과 연결될 수 있는 다양한 답을 내놓도록 한다. 에런 프리드버그Aaron L. Friedberg(1993/1994)와 같은 현실주의자들은 유럽의 국가들은 상대적으로 안정적인 세력 균형을 이루고 있지만, 아시아의 경우는 세력 관계가 상대적으로 불안정하다는 점을 지적한다. 독일의 이웃 국가들은 독일의 힘을 항상 기꺼이 포용하지는 않더라도 현실적으로 받아들이는 경향이 있지만, 일본의 이웃 국가들, 특히 한국과 중국은 일본의 힘에 대해 극도로 불안해하는 것이 사실이다. 특히 중국인들은 일본이 동중국해에 있는 작은 섬들의 집합체인 댜오위다오(일본인은 '센카쿠'라고 부른다)가 자국 영토라고 주장하는 것에 대해 분개하고 있으며, 한국인들은 동해(일본인은 '일본해'라고 부른다)에 위치한 독도(일본인은 '다케시마'라고 부른다)에 대한 일본의 영유권 주장에 대해 불만을 제기한다. 그러나 서로 다른 국가들이 보이는 행동의 차이는 처음에 우리가 제기한 질문에 대해 답을 주지 않고, 오히려 두 번째 질문으로 이어진다. 왜 유럽 국가들은 독일을 신뢰하는 반면, 아시아 국가들은 일본을 불신할까? 신현실주의자(또는 구조적 현실주의자)들은 우리에게, 현재 시도한 분석에서 한걸음 더 나아가 두 지역에서 국가들의 권력 지형도를 분석하라고 촉구할지 모르겠다. 하지만 사실 두 지역의 권력 지형도는 크게 다르지 않다. 독일은 유럽에서 가장 큰 경제 규모를 가진 나라이지만, 그 경제력이 주변국에 비해 (특히 프랑스와 비교할 때) 압도적으로 강한 것은 아니다. 일본은 아시아에서 (중국에 이어) 두 번째로 큰 경제 규모를 가지고 있다. 그런데 일본이 2위로 밀려난 것은 비교적 최근(2010년 이후)의 일이지만, '역사 문제'가 제기된 것은 일본 경제가 지역에서 가장 강력하던, 적어도 1970년대 후반으로 거슬러 올라간다.

자유주의자들은 여기 제기된 문제에 대해 서로 다른 두 가지 방식으로 대답한다. 고전적 자유주의자들은 각 지역 내 다양한 국가들의 국내 정치를 변수로 고려한다. 그들은 유럽 국가들이 민주적이기 때문에 자연스럽게 주변 국가들과의 전쟁을 꺼린다고 주장한다. 이와 대조적으로, 아시아에서 중국은 여전히 권위주의적 국가로 남아 있다. 그래서 고전적 자유주의자들은, 결과적으로 중국과 민주적 이웃 국가인 일본 사이에 갈등이 잠재해 있다는 사실이 전혀 놀랍지 않다고 주장한다. 내가 보기에 이 주장의 문제점은 민주주의 체제인 한국이 일본을 불신하고 때로는 적대하며, 그 정도가 독일의 이웃 국가들이 독일에 대해 갖는 것보다 훨씬 강하다는 사실이다. 상업적인 (그리고 신)자유주의자들은 각 지역 국가들이 경제적으로 얼마나 상호의존적인지 그 수준을 중시한다.[13] 유럽은 2019년 지역 내 무역이 유럽 지역 국가들의 총무역량에서 거의 64퍼센트에 달할 만큼 지역 경제가 깊이 통합되어 있다. 동아시아의 경우 2019년 지역 내 무역이 지역 전체 무역의 거의 59퍼센트를 차지할 만큼 통합 정도가 (북아메리카보다 더욱) 증가하고 있다 (ADB 2022: 20). 중국은 이제 일본의 주요 무역 상대국으로, 일본이 수입하는 물품 가운데 가장 큰 비중을 공급하며, 미국과 거의 같은 양의 일본 제품을 수입하고 있다. 또한 중국과 일본은 각각 한국의 첫 번째 그리고 두 번째로 중요한 무역 상대국이다. 하지만 이렇게 밀접한 상업적 상호의존성은 일본이 이웃 국가들과의 외교관계를 개선하는 데 도움이 되지 못했다.

구성주의자들은 비물질적 또는 무형의 요인들에 초점을 맞춘다. 예를 들어 독일인들과 일본인들이 개념화하고, 토론하고, 과거에서 자신들의 정체성을 찾는 사상, 담론, 신화, 가치관, 규범 등이 여기에 해당한다. 이것은 '문화' 개념을 좀 더 정교하게 사용하는 방식이다. 예를 들어 허이난(2009)은 일본과 중국의 정치 및 지식 엘리트들이 과거에 대한 대립되는 서사를 구성했고, 이것이 교과서, 박물관 및 공개 성명 등에서 강화되었기 때문에 서로 화해할 수 없었다고 주장한다. 반면 독일과 폴란드는 이들과는 대조적으로 과거사에 관한 서사가 훨씬 깔끔하게 서로 일치하기 때문에 화해할 수 있었다는 것이다. 이것은 흥미로운 분석이지만, 궁극적으로는 설득력이 없다. 화해는 과거사에 대한 서사가 서로 일치하지 않는다 해도 이루어질 수 있다. 미국과 베트남을 생각해보라. 두 국가는 1960년대와 1970년대 초에 서로 맞서 싸웠던 장기적이고 피비린내 나는 전쟁에 대해 완전히 다른 서사를 가지고 있음에도 불구하고, 비교적 좋은 관계를 유지하고 있다. 많은 미국인들은 베트남 전쟁을 민주주의 동맹국(남베트남)을 돕기 위한, 고귀하지만 성공적이지 못했던 노력으로 생각하는 경향이 있는 반면, 베트남 사람들은 그것을 미국 제국주의의 침략전쟁 외에 아무것도 아니라고 여긴다.

캐럴(2008)은 독일이 '국제사회'에 안전하게 재진입하기 위해서는 이웃 국가들과 화해하는 것이 필수적이라는 압박감을 갖고 있었기 때문에 그렇게 했던 반면, 일본에게는 그런 압박감이 없었다고 암시한다. 비록 그는 이를 명시적으로 언급하지는 않았지만, 일본이 분명히 '따돌림당하는 국가'로 계속 남아 있을 것이라고 암시하는 듯하다. 그런데 이런 주장은 또다시 후속 질문을 자극할 뿐이다. 그렇다면 도대체 일본은 왜 다른가?

일부 학자들은 화해를 달성하는 데 있어서 독일의 성공과 일본의 상대적 실패를 설명하기 위해 하이브리드한 접근법을 채택했다. 제니퍼 린드Jennifer Lind(2008)는 현실주의의 '위협균형론'〔국가 간 세력균형이 국력, 즉 힘에 의해 이루어진다고 본 기존의 '세력균형론'을 비판하며 발전시킨 스티븐 월트Stephen Walt의 이론. 국가 간 세력균형은 전체적인 힘, 지리적 인접성, 공격적 군사력, 공격적 의도로 구성되는 위협에 맞춰서 이루어진다는 것이 이론의 핵심이다〕을 사용해, 국가는 강한 군대를 가진 다른 국가들에 맞서기 위해서뿐 아니라 적대적인 의도, 예를 들어 자국의 군국주의적인 역사를 인정하지 않는 방식으로 적대적 의도를 보이는 국가에 대해서도 국력을 동원한다는 주장을 전개한다. 궁극적으로는 린드도 '사과하는 국가sorry states' 담론에 집중함으로써 구성주의에 호소한다. 린드는 독일이 프랑스에 대해 한 것처럼 일본이 한국 측에 일관되게 사과하지 않았다는 통상적인 견해를 받아들이면서도, 일본이 공식적인 사과 성명을 발표하면 자국 내 여론에 반발을 불러일으켜 그 효과를 약화했을 것이라고도 언급한다. 동시에 린드는 독일이 참회의 프레첼(꽈배기)로 뒤틀리지 않고도 프랑스의 신뢰를 회복했다는 사실을 지적한다. 그런 다음 외교의 도구로서 사과는 필요하지만, 국내 정치에서는 잠재적으로 위험성을 지닌다고 결론짓는다.

토머스 버거(2012)는 국제관계에서의 현실주의와는 전혀 다른, 자신이 '역사적 현실주의'라고 부르는 접근법을 사용한다. 실제로 이것은 화해의 정치에 대한 개별 기술적記述的 또는 사례 이해를 시도하는 방식이다. 버거 역시 궁극적으로는 일본이 과거사에 대해 독일보다 덜 반성했기 때문에 화해를 이루는 데 실패했다는 일반적인 인식을 지지한다. 하지만 그는 결국 이런 결과가 국제 정치(섬나라 일본은 냉전의 긴급 상황으로 인해 주변국의 주장을 수용하도록 강요받지 않았지만, 독일은 그렇게 해야 했다), 국내 정치(일본 사회에 보수성이 점점 강해지고, 2차 세계대전에 대한 그들의 서사가 일본 국가를 가해자가 아닌 피해자로 내세운다), 문화(2차 세계대전에 관한 지배적인 서사가 일본의 집단 정체성 속에 뿌리내렸다)를 포함한 다양한 요인에 기인할 수 있다고 제안한다. 이것은 아주 포괄적이고 어수선한 주장이다.


## 국가의 사과에 대해

이미 언급했듯이 이 문제에 관해 널리 통용되는 해석은, 독일은 특히 사과 담론과 행동을 통해 반성하는 모습을 보여준 반면, 일본은 그렇지 않다는 것이다. 나는 다음 몇 가지 이유로 이 접근법에 동의하지 않는다.

첫째, 이런 해석은 국가를 인격체로 파악한다. 한 사람의 경우라면 충분히 화해할 준비가 되기에 앞서 악행을 저지른 타인으로부터 사과를 받는 것이 필요할 수 있다. 하지만 국가는 전 국민을 대표하도록 설계된 정치적 독립체이며, 그 내부에 다양한 선호도를 가진 여러 집단이 종종 이해관계를 둘러싸고 충돌하는 포괄적인 공동체다.

둘째, 이 접근방식은 국가는 일반적으로 다른 국가들에게 공개적으로 사과하지 않는다는 사실을 깨닫지 못한다는 점에서 비역사적이다. 예를 들어 튀르키예는 아르메니아인을 대량학살한 것에 대해 한 번도 사과한 적이 없으며, 심지어 자국민이 이 학살의 역사를 인정하는 것조차 법으로 금지하고 있다.[14] 프랑스는 수십 년 동안 그들이 아이티인들을 노예화했던 과거에 대해 사과하지 않았을 뿐 아니라, 1825년에는 자신들이 소유하던 노예 식민지를 잃은 것에 대해 대가를 지불하라고 압박하며 군대를 동원하기까지 했다. 미국은 여러 나라를 침략하거나 일본에 핵폭탄을 투하한 것에 대해 한 번도 사과한 적이 없다.

셋째, 이 접근법은 사과가 초래할 국내적 결과를 무시한다. 자신의 조국은 잘못을 저지르지 않았다고 보는 경향이 강한 민족주의자들은 다른 국가를 상대로 '엎드리는 자세'를 취함으로써 '약함'을 노출하는 지도자를 싫어한다. 2009년 6월 버락 오바마 미국 대통령은 이집트 카이로에서 군중에게 연설하면서, 미국이 중동에서 항상 좋은 행동만 하지는 않았다는 사실을 인정했다. 그것은 그저 모호하고 대부분 미온적인 성명이었으나 우파 경향의 〈폭스 뉴스〉와 다른 언론 매체의 전문가들을 화나게 하기에는 충분했다. 그들은 대통령이 중동 지방에 대한 '사과 투어'를 하면서 국가를 배신했다고 맹비난했다.[15]

린드(2009)는 국가가 사과하는 것에 대해 반발하는 국내적 현상을 이해하기 때문에, 국가 지도자들에게 타국에 대해 '깊은' 사과는 하지 말라고 조언한다. 그런데 흥미롭게도 그녀조차 화해를 위해서는 피상적인 수준의 사과는 필요하다고 믿고 있다.

## 새로운 접근법 찾기:
## 상호 협력기구, 신뢰할 만한 약속, 그리고 국력

대개의 경우 말은 쉽다. 그래서 나는 말에 집중해야 하는 경우는, 그것이 실제로 우리의 행동을 형성하는 데 도움이 되는 생각을 반영할 때뿐이라고 믿는다. 국제관계를 진정으로 이해하기 위해서는 말의 바탕이 되는 문제 되는 발상과 구조를 검토해야 한다. 왜 독일은 이웃 국가들과 화해하는 데 비교적 성공하고 일본은 실패했을까에 대한 나의 설명은 다음과 같다.

우선 나는 국제기구, 즉 각 국가가 이웃 국가들에게 협력할 것이라는 진정한 또는 신뢰할 수 있는 약속을 보여주도록 돕는 협력기구(특히 다자간 기구)들의 잠재력을 강조한다. 내 생각에 독일은 유럽의 경제 및 방위 협력 프로젝트를 이용해 이웃 국가들의 신뢰를 회복한 반면, 일본은 동아시아에서 이러한 두터운 교류 네트워크 같은 어떠한 기구도 구성할 수 없었다.

나아가 나는 이러한 지역주의의 두 사례에서 나타나는 차이는 대체로 미국이 두 지역에서 가졌던 정책 재량권의 차이에서 기인한 것이며, 정책 재량권은 미국의 문화적 규범과 영향력에서 나온 결과라고 주장한다. 미국은 2차 세계대전 이후 새로운 국제질서를 구축하고자 할 때, 프랑스-독일의 화해를 중심으로 한 유럽의 다자주의를 육성하기 위해 전례 없이 강력한 역량을 발휘했다. 그런데 동아시아에서는 이와 대조적으로, 미국을 중심으로 한 양자 관계의 '허브앤스포크hub and spokes'(하나의 중심축과 여러 개의 바큇살) 패턴을 구축하는 방법을 선택했다. 최근 현대사에서도 미국은 자신들이 그 지역 분쟁에서 최종적 해결 방안을 중재하는 역할을 맡을 것이라고 주장해왔다.

마지막으로, 나는 미국의 정치 엘리트들이 자신들을 유럽인들과 동일시했기 때문에 그들을 대등한 파트너로 보면서 앞서 언급한 선택을 했다고 생각한다. 반면 아시아인들에 대해서는 초강대국인 미국을 배제하는 강력한 지역주의를 형성하고 감당할 준비가 되어 있지 않은 '미숙한' 주니어 파트너로 얕잡아보았다고 주장한다.

독자들은 내가 이론적으로 어떤 분파에 속하는지에 대해 의문을 품을 수 있다. 나는 지역에서 작동하는 기구들이 국가 사이에서 생산적인 업무를 수행한다는 사실을 강조하는 것 때문에 신자유주의적 제도주의자처럼 보일 것이라고 생각한다. 하지만 사실 나는 경제 교류나 '복잡한 상호의존' 관계의 치유력에 대해 신자유주의적 제도주의 학파가 가진 입증되지 않은 믿음을 명백하게 거부한다. 그렇다면 정통 현실주의자인가? 그것도 아니다. 그런 명칭은 적용 범위가 제한적이다. 비록 나는 국가권력(특히 미국의 패권)이 서로 다른 지역주의를 만들어내는 정치적 세력이라는 사실을 인정하지만, 동시에 집단적 정체성이 아시아에서는 미국이 주도하는 허브앤스포크식 양자주의, 유럽에서는 미국이 후원하는 다자주의의 원천이 되었다는 것도 인정한다. 이런 측면에서 보면 나는 구성주의자인가? 사실 그것도 아니다.

이 책에서 내가 사용하는 접근법은 절충적이며, 루드라 실Rudra Sil과 피터 카첸슈타인Peter J. Katzenstein(2010)의 연구에서 영향을 받았다. 그래서 이론적인 가정보다는 질문들이 이 책을 이끌어간다. 그러면서도 지금까지 사회과학에서 '부드러운soft' 문제로 여겨지던 것, 즉 역사적 기억과 국가 간 화해 문제를 이해하기 위해 게임이론의 딱딱한 논리를 사용하려고 애쓰고 있다. 게임이론은 사실 하나의 이론이라고 보기 어렵다. 오히려 그것은 사회과학자들의 관심을 끌고 있는 전략적 의사결정과 집단행동 문제에 대해 우리가 좀 더 명확하게 생각하도록 돕는 수학적 도구에 가깝다. 일반적으로 게임이론은 우리가 개인(또는 집단이나 국가)으로서 사회적인 환경, 즉 불확실성이 큰 환경에서 어떻게 우리에게 가장 유리한 결과를 확보하는 방편으로, 같은 목적을 위해 노력하는 다른 개인들(또는 집단이나 국가)과 함께 협력하는지를 탐구한다.

게임이론에서 모델링된 가장 일반적인 시나리오는 '죄수의 딜레마'인데, 이는 왜 두 개인(또는 집단이나 국가)이 서로 협력하는 것이 그들에게 가장 이익이 될 때조차도 협력하지 않는지를 보여준다. 두 범죄 용의자가 있다고 상상해보라. 그들은 구금되었지만, 경찰은 아직 그들의 유죄를 입증할 증거를 충분히 확보하지 못했다. 죄수들은 서로 협력하면(즉 그냥 버티는 것; 묵비권을 행사하거나 아예 다른 혐의자를 끌어들이는 것) 둘 다 석방되는 최적의 결과를 얻을 수 있다. 하지만 검사 측은 유리한 위치에 있다. 검사는 두 죄수를 서로 떼어놓을 수 있고, 각 죄수에게 자백해서 다른 죄수를 범죄와 연루시키면 일련의 인센티브를 주겠다고 제안할 수 있다(이것은 보수 행렬〔게임이론에 등장하는 게임의 하나〕상에서 명백하다. 각 죄수는 이 제안을 거부하는 사람이 더 큰 처벌을 받을 것이기 때문에, 침묵을 지킴으로써 죄수끼리 협력하기보다는 '노래'를 하도록〔진실을 고백하도록〕유도된다). 결국 두 사람 모두 감옥에 가는 결과가 나타나는데, 이는 안정적인 평형상태의 달성이지만, 최적의 결과는 아니다.

국제관계를 연구하는 학자들, 특히 현실주의자들은 오래전부터 서로 치열하게 경쟁하는 국제 체제 안에 있는 국가들은 일상적으로 죄수의 딜레마에 직면한다고 주장해왔다. 그들에 따르면 국가는 태생적으로 다른 국가들과 협력적으로 행동하지 않는 경향이 있다. 왜냐하면 어떤 국가가 외부로부터의 수입 장벽을 제거하거나 군대 규모를 줄이는 일방적인 결정을 내리면, 다른 국가들이 오히려 이득을 취할 것이기 때문이다. 하지만 다른 학자들, 특히 신자유주의자들은 게임이 반복된다면, 심지어 무정부주의적인 혼란 상태에서조차 협력이 가능하다고 믿는다. 그들은 로버트 액설로드Robert Axelrod와 윌리엄 해밀턴William D. Hamilton(1981)을 인용하는데, 이들에 따르면 게임이 반복적으로 진행될 때, 게임 참가자들은 첫 번째 플레이에서는 '우호적인' 전략(협조)을 쓰고 그다음에는 팃포

탯tit-for-tat〔'눈에는 눈, 이에는 이'〕 전략을 사용하면서 시간이 지남에 따라 상호협력을 배워간다. 찰스 립슨Charles Lipson(1984)과 로버트 코헤인Robert Keohane(1984) 등은 '미래의 그림자'를 연장함으로써 반복되는 경험이 안정적인 기대를 만들어내고, 이는 궁극적으로 정보 공유를 촉진하는 지속적인 규칙과 행동 패턴(제도)을 점점 강화하게 된다고 주장한다. 그렇기 때문에 협력은 중앙에 있는 어떤 권위가 없이도 가능하다.

'반복된 게임'이라는 아이디어는 유용하지만, 우리의 연구에 따르면 그것이 협력으로 이어질 것이라는 주장은 끔찍한 역사가 남긴 후유증을 무시하기 때문에 문제가 있다. 과거에 극단적이거나 장기적인 폭력과 굴욕을 당한 국가가 자신들에게 피해를 입힌 국가와의 첫 대응에서 '우호적인' 플레이를 함으로써 협력의 기회를 잡을 것이라고는 기대할 수 없다. 상호 신뢰가 전적으로 부족하기 때문에, 그들은 항상 협력에 실패할 것이다.

하지만 긍정적인 결과를 얻을 약간의 희망은 아직 남아 있다. 만약 더 강한(또는 한때 지배적이었던) 국가가 첫 번째 조치를 취하고 협력을 위한 신뢰할 수 있는 약속을 통해 그것을 뒷받침한다면, 결국에는 더 약한(또는 과거에 지배받았던) 국가가 이에 뒤따를 것으로 예상할 수 있다. 약한 국가에게 필요한 것은 어떤 방식으로든지 그들을 안심시키는 안전장치다. 즉 더 강한 국가가 '우호적으로 행동'하겠다는 초기 약속을 어기지 않을 것이라는 분명한 자세를 보이고, 신뢰할 수 있도록 분명한 조치를 취하는 것이다. 이러한 조치는 다시 되돌리기 어렵거나, 되돌리려면 심지어 많은 비용을 지불해야 하는 약속을 말한다. 그런 약속은 상당한 수준의 무분별함 또는 경직성을 수반한다. 예를 들어 2차 세계대전이 끝나고 미국이 유엔을 설립했을 때, 그들은 전시 동맹국인 영국, 프랑스, 소련, 그리고 중화민국에게 유엔에서 자국이 보유한 압도적인 힘을 남용하지 않겠다는 믿을 만한 약속을 했다. 유엔 헌장에 따르면, 미국은 다른 나라들에게 미국의 의지를 강요할 수 없다. 안전보장이사회의 5개 상임이사국은 각각 새로운 정부 간 기구인 유엔이 의결하는, 구속력 있는 결의안에 대해 거부권을 행사할 수 있는 것이다.

이것을 진정으로 이해하기 위해서는 기업 경영에 대한 연구가 필요했다. 게리 밀러Gary J. Miller(1992)는 한 기업의 조직행동을 반복되는 죄수의 딜레마로 취급하는데, 그 이유는 다음과 같다. 피고용자는 최대한의 노력을 기울이지 않더라도 고정된 임금을 받게 될 것이므로 게으름을 피우고 싶은 내재된 욕망을 갖고 있는 반면, 고용주는 초과 노동에 대해 추가 임금을 주지 않으려는 내재된 욕구를 갖고 있기 때문에 서로 딜레마에 부딪힌다. 사장은 '테일러주의' 또는 과학적 관리 시스템을 구현해서 각 노동자의 생산량을 기준으로 차별적인 성과급을 지불함으로써 딜레마를 극복하려고 할 수 있다. 하지만 사장이 스톱워치를 갖고 돌아다니면, 노동자들은 협력하고 싶은 마음이 사라진다. 과거에 회사가 운영해온 시스템을 고려할 때, 노동자들은 고용주가 그들이 가진 중요한 정보를 이용해 임금을 낮추거나 심지어 자신들을 해고할지 모른다고 의심할 만한 충분한 이유가 있다. 그래서 결국은 양측 모두 패배한다. 즉 노동자는 차선의 임금을 받고, 고용주는 차선의 이익을 얻는다. 과연 이 딜레마에서 빠져나올 방법이 있을까? 있다! 밀러에 따르면, 해결책은 오직 한 가지다. 경영진은 협력하고자 한다는 믿을 만한 약속을 보여줌으로써, 궁극적으로 파레토 최적의 결과(한정된 자원이 가장 효율적으로 분배되어 더 이상 개선의 여지가 없는 상태)를 달성할 수 있다. 이 게임의 지배적인 플레이어로서 경영진은 위험을 무릅쓰고라도, 노동자들의 신뢰를 저버리는 일은 하지 않을 것이라는 모습을 보여주어야 한다. 예를 들어 생산성을 향상시키기 위해 작업장을 재구성할 때, 노동자들에게 발언권을 허용하고, 생산성이 증가하면 그 수익의 상당 부분을 나누고, 경기침체 시에 고용을 줄이지 않음으로써 최적의 결과를 얻어낼 수 있는 것이다.

밀러는 오하이오주 유클리드에 있는 아크 용접 도구를 생산하는 제조업체인 링컨일렉트릭의 사례를 이야기한다. 이 회사는 장기적으로 좋은 성과를 거두었는데, 그 성공은 점점 생산성이 높아지는 노동자들과 협력하겠다는 신뢰할 만한 약속을 함으로써, 일정 부분 위험을 감수한 후에야 비로소 달성할 수 있었다. 그 공장의 노동자들은 이제 "열심히 일하고 높은 임금을 받고 생산성을 높이면, 회사 측이 임금을 깎거나 초과 근로자를 해고하지는 않을 것이라고 확신한다."(117) 이런 관찰 결과는 독일이 어떻게 해서 유럽의 과거 피해 국가들과 화해에 도달할 수 있었는지를 이해하는 데 유용할 수 있다. 그들은 우선 프랑스와 손잡고 1951년에는 파리 조약, 그리고 1955년에는 나토 조약을 맺었으며, 나중에 폴란드와의 관계가 핵심 관건이 되었을 때에는 마스트리히트 조약(1992)과 니스 조약(2001)을 체결함으로써 스스로를 유럽과 대서양을 연결하는 프로젝트에 연계시켰다. 이러한 조치를 통해 독일은 이웃 국가들과 협력하고자 하는 신뢰할 만한 행동을 보여준 것이다. 헬무트 콜 총리에 따르면, 이러한 통합과 동맹 구축 프로젝트는 "민족주의, 국수주의, 인종주의의 재등장에 맞서는 가장 효과적인 안전장치"였다.[16] 어떻게 보면 그와 또 다른 독일 지도자들은 이웃과 화해하기 위해 엄청난 모험을 했고, 그들의 손을 지역적 유대(기구)에 묶었는데, 그 결과 독일은 이웃 국가들의 신뢰를 얻는 데 성공했다. 반면 일본은 그런 조치를 전혀 취하지 않았다. 그들은 미국과 안보동맹을 맺었고, 동남아시아의 여러 국가들과 경제 협력 협정을 체결했지만, 동북아시아의 이웃 국가들과는 의미 있는 협정을 맺지 않았다. 뒤에서 다루겠지만 이것이 전적으로 일본의 잘못은 아니다.

물론 최근 유럽에서는 앞서 언급한 상호 협력기구들이 다소 와해 현상을 보이고, 아시아에서는 새로운 기구들이 뿌리내리고 있는 것이 사실이다. 특히 2016년 영국이 유럽연합을 탈퇴하기로 한

국민투표 결과(브렉시트)는 유럽연합의 연대감을 크게 약화했고, 나토 회원국들이 방위비를 너무 적게 내고 있다는 도널드 트럼프 미국 대통령의 혹독한 비판은 이 동맹을 (적어도 2021년까지) 약화했다. 이와 같은 시기에 일본과 중국, 일본과 한국은 아시아에서 트럼프 행정부가 특히 무역 정책에서 보이는 일방주의에 직면해 서로 협력해야 할 새로운 이유를 발견했다.

　나는 나의 견해가 기존 해석들과 달리 어떤 이론의 틀에 얽매이지 않는다고 생각한다. 그래서 일부 유럽과 아시아의 선도적인 지식인들에 따르면, 내 견해는 심지어 걱정스럽거나 당혹스러울지도 모른다. 예를 들어 몇 년 전 나는 프랑스 정치학자 알프레드 그로서Alfred Grosser로부터 이메일을 받았는데, 그의 부친은 1933년에 나치 독일에서 프랑스로 이주한 유대인 사회주의자였다. 그로서는 프랑스-독일 관계의 권위자인데, 메일에서 그는 내가 이 책에서 구상한 내용에 대해 이렇게 말했다. "나는 당신이 쓴 글을 보고 상당히 경악했음을 고백할 수밖에 없습니다."[17] 그로서는 자신이 쓴 저서에서 웅변적으로 주장했던 요점을 다시 한번 강조했다. 프랑스와 독일의 화해는 주로 정부 간 협약에 의해 이루어진 것이 아니고, 수년에 걸쳐 국경을 넘은 수천 명의 젊은이, 예술가, 사업가, 연인 들을 포함하는 "인간들로 구성된 건축물human architecture" 위에 건설된 것이라고. 또한 나는 오랜 지인인 도쿄대학교 명예교수이자 일본국제협력기구 연구소장을 지낸 쓰네카와 게이치 씨를 도쿄에서 다시 만났는데, 그는 내게 정중하지만 단호하게 물었다. "당신은 거꾸로 왜 그렇게 되었는지 그 원인을 알고 있나요? 당신은 지역주의가 역사 문제를 해결할 것이라고 말하고 있고, 나도 그것이 화해에 도움이 될 수 있다는 점에 동의합니다. 하지만 우리 지역에서 역사를 둘러싼 갈등은 너무나 완고해서, 동아시아에서 유럽연합 같은 기구를 향한 진정한 진전을 이루기는 어렵다고 봅니다."[18]

그로서와 쓰네카와는 모두 중요한 점을 지적하고 있다. 나도 개인과 사회단체들이 국경을 넘어서는 관계에서 중요한 역할을 한다는 것은 인정하지만, 사회적 힘이 작동하는 조건(규칙을 포함하는)을 만드는 것은 국가라고 생각한다. 그리고 나는 국제적 갈등이 종종 자체 논리에 따라 심화된다는 것은 인정하지만, 정치 지도자들의 과감한 행동이 불신의 악순환을 끊을 수 있다고 주장한다.

이 책은 다음과 같이 진행될 것이다. 다음 장에서는 우리가 다루는 두 지역, 동아시아와 유럽에 대한 몇 가지 배경 설명을 제시하고, 분석에 사용될 사례 연구 방법론에 관해 논의할 것이다. 3장에서는 프랑스-독일의 화해 과정을 들여다보고, 4장에서는 일본-한국 관계는 어떻게 전개되었는지 살펴볼 것이다. 5장에서는 독일-폴란드의 화해 과정을 분석하고, 6장에서는 중국-일본 관계가 어떻게 전개되었는지를 살펴볼 것이며, 7장에서는 아시아와 유럽 두 지역에서 미국이 수행한 역할에 대해 논의할 것이다. 그러고 나서

8장에서 지역 기구의 역할을 강조하면서 책을 마무리할 것이다. 이 책을 통해 나는 과거에 잔혹하게 지배했던 이웃 국가들의 신뢰를 얻으려면, 해당 국가는 과거사를 참회한다는 말 몇 마디를 하는 것 외에 지역적 유대관계를 구축하기 위해 어떤 방식으로 결정적인 조치를 취해야 하는지를 보여주고자 한다. 독일은 이 측면에서 일본보다 더 나은 결과를 얻었다. 다시 말해 독일은 더 강한(또는 한때 지배했던) 국가로서 그들은 불신의 악순환 고리를 끊고, 서로 협력하겠다는 신뢰할 수 있는 약속을 보여줬다. 그리고 유럽통합 프로젝트와 대서양을 넘는 동맹 구축 과정을 통해 이것을 실행에 옮겼다. 하지만 일본은 이 걸음을 내딛지 않았다.

## 2장
# 두 지역의 피로 물든 역사

역사는 한 집단이 다른 집단에 자행한 끔찍한 전쟁범죄 이야기로 가득하다. 하지만 우리가 오랜 세월 숙적이었던 국가 간의 화해에 대해 연구하기를 원한다면, 20세기 초 아르메니아인 학살이나 1930~1940년대 나치에 의한 홀로코스트, 1994년 르완다의 인종학살 또는 유고슬라비아 해체 과정에서 발생한 보스니아인에 대한 인종청소처럼 한 나라의 국경 안에서 발생한 비극들에 우리의 관심을 집중할 수는 없다. 1990년 이라크의 쿠웨이트 침공과 같이 단기적인 갈등, 또는 2003년 미국의 이라크 침공 같은 최근의 갈등에 집중할 수도 없다.

베트남 전쟁은 잔혹성을 보인 국가 간 갈등이긴 하지만, 학자들은 미국과 북베트남 및 베트콩 사이의 일회적인 갈등을, 미국이 영토 팽창을 추구하는 프랑스 제국주의를 승계해서 발생한 전쟁, 또는 미국과 소련 사이의 갈등을 대신한 일종의 대리전쟁으로 취급하는 경향이 있다. 1941년과 1995년에 페루와 에콰도르에서 발생한 국경 분쟁을 포함하는 남아메리카와 아프리카에서의 국가 간 갈등, 그리고 1998~2000년, 2010~2016년에 발생한 에리트레아와 에티오피아 사이의 국경 분쟁은 특별하게 피로 물들었거나 장기간 지속되지 않았다.

영국이 그들의 식민지였던 인도를 분할한 1947년 이래 인도와 파키스탄은 몇 차례 싸우지 않았다. 첫 번째 갈등이 폭발했을 때 이들 나라는 우리가 연구하고자 하는 분쟁국의 범주에 들어오는 듯 보였다. 분쟁은 장기간 지속되었고 피로 물들었으며, 2개의 독립국가에 의해 수행되었기 때문이다. 하지만 이 분쟁은 대부분 카슈미르라고 하는 제한된 지역에서 벌어졌다(인도가 방글라데시의 탄생으로 이어진 민족해방투쟁에 휘말린 벵골인을 돕는다는 구실로 동파키스탄을 침공했던 1971년 사태는 예외였다). 당시 어떤 나라의 군대가 상대 국가의 수도를 점령한 적은 한 번도 없었다.

자, 그럼 1945년 8월 민간인을 대상으로 핵무기를 사용한 유일무이한 사례인 미국의 히로시마와 나가사키 폭격은 어떤가? 몇 가지 이유에서 우리는 이 사례를 사용할 수 없다. 첫째, 일부 역사학자들(특히 미국인들)은 당시 미국에게 원자폭탄 말고 다른 선택지가 거의 없었다고 주장한다. 비록 일본은 이오지마와 오키나와 전투 이후에 크게 패전하고 있었지만, 항복하기를 거부했다는 것이다.

둘째, 이게 가장 중요할 것인데 미국이 그 전쟁에서 최종적인 승자였기 때문이다. 승자는 역사를 쓸 수 있거나, 적어도 가장 가혹한 비판을 피할 수 있다.

그래서 우리에게는 4개의 분명한 사례가 남아 있다. (1) 독일의 프랑스 침략(1870~1871 프랑스-프로이센 전쟁, 1차 세계대전, 2차 세계대전). (2) 독일의 폴란드 점령. 여기에는 18세기 후반 일련의 분할로 인해 프로이센과 러시아 그리고 기타 국가들이 폴란드를 멸망시킨 사건, 그리고 1939년부터 1945년까지 나치의 침략과 점령이 포함된다. (3) 일본의 중국 침략전쟁(1894~1895, 1931~1945). (4) 20세기 초 일본의 한국 지배(1910~1945)와 16세기 말경 사무라이에 의한 한반도 침략(임진왜란). 다음 두 절에서 이 모든 사례의 배경을 살펴볼 텐데, 과거에 실제로 무슨 일이 일어났는지에 초점을 맞추는 것이 아니라, 그 역사들이 각 나라에서 어떻게 기억되는지에 초점을 맞출 것이다. 그런 다음 이 책에서 진행될 비교연구에 사용된 방법론을 개략적으로 설명할 것이다.


## 유럽 위에 걸린 철십자가

19세기 중반, 유럽에서 국가 간 세력 균형은 느리지만 꾸준히 변해갔다. 영국은 쇠퇴했고, 프로이센이 부상했다. 정략적으로 탁월한 정치가인 총리 오토 폰 비스마르크의 지도하에, 독일연방에서 지도적인 지위를 갖고 있던 프로이센 왕국은 여러 차례 유용한 동맹을 맺었고, 덴마크(1848~1851, 1864), 오스트리아(1866), 프랑스(1870~1871)와 맞서는 일련의 전쟁을 성공적으로 치렀으며, 새로운 통일된 제국 건설은 그 절정이었다.

독일 제국의 군사력은 제조업에 기반을 두었고, 제조업은 신속하게 기술을 채택하는 데에 기초하고 있었다. 국가는 철도에서 화학, 철강에 이르기까지 신흥 산업에 대한 투자를 장려했다. 그 결과 1913년 무렵, 독일은 세계 산업 생산량의 15퍼센트를 차지했다. 이와 대조적으로 영국의 점유율은 10퍼센트로 떨어졌다. 하지만 바로 그 시점에 비스마르크가 정계에서 밀려났다. 그리고 비스마르크가 독일을 중심으로 구성했던 유연하고 다극적인 동맹 체제도 함께 사라졌다.

## 독일의 프랑스 침략

오늘날의 프랑스 시민들은 독일이 적이었던 시대를 잘 기억하지 못한다. 일부 프랑스 지식인들도 그렇다. 2009년 어느 기분 좋은 여름날, 파리의 한 작은 카페에서 브루노 레몽Bruno Rémond을 만났다. 그는 인기 있는 행정학 교수이자 프랑스에서 가장 유명한 정치사가의 아들이기도 하다. 그는 내가 그에게 이메일로 보냈던 이 책의 초안에 뭔가를 적어놓은 사본을 들고, 얼굴을 잔뜩 찡그린 채 내게 다가왔다. 레몽은 자리에 앉자마자 "당신의 연구는 틀렸어요"라고 선언했다.[2] 그는 독일과 폴란드 사이의 경직된 관계를 아시아에서 일본과 이웃 국가들 사이의 문제 있는 관계와 비교할 수는 있을지 모르지만, 프랑스와 독일의 관계는 이와 완전히 다르다고 주장했다. "프랑스와 독일은 깊고 오래된 문화적 유대를 가지고 있어요. 이 관계는 항상 매우 긴밀했으며, 일본과 아시아의 다른 나라들처럼 서로 완전히 이질적이고 오해에 기반한 끔찍한 증오는 존재하지 않습니다." 나는 일본도 한국과 중국 모두와 오랜 세월 문화적 유대를 공유하고 있다는 점을 지적하며 반론을 제기했다. 그러고 나서 불과 지난 70년 동안 독일군이 프랑스를 침공했던 세 차례의 피에 물든 전쟁에 대해 묻자, 그는 이렇게 대답했다. "그것들은 영토 전쟁이지 이념 전쟁이 아니었습니다. 그것들은 이를테면 형제간의 싸움에 가깝습니다."[3]

나는 그의 견해가, 현재 독일과 프랑스 사이에 존재하는 놀라운 수준의 호의, 과거를 지우고 새 출발을 한 것 같은 집단기억에 기초한 그런 호의를 입증하는 증거라고 생각한다. 하지만 양국 관계가 항상 그랬던 것은 아니다. 예를 들어 1차 세계대전 이전, 전쟁 도중, 그리고 전쟁 후에 프랑스 학교에서는 학생들에게 독일인들을 피에 굶주린 군국주의자로 경멸하도록 가르쳤다. 더구나 그것은 지역이나 교사 등에 따라 달랐던 수업 내용이 아니라, 프랑스의 공식적인 교육 정책이었다.[4] 예를 들어 1915년 가을, 공공교육부는 독일의 음모를 중심 주제로 삼아 전국에서 교육학 콘퍼런스를 개최했다. 프랑스 남서부의 도르도뉴에서 열린 콘퍼런스의 기록에는 당시 참석한 교사들이 작성한 결의안이 포함되어 있다.

교육자들의 가장 중요한 의무는 '프랑스가 잊지 않도록' 하는 것입니다. 만약 우리가 잊어버린다면, 우리는 멸망할 운명입니다. 그리고 학교는 모든 프랑스인들의 마음속에 튜턴족에 대한 증오를 유지하도록 도울 수 있습니다. 교사들은 아이들에게 독일을 알려야 합니다. 교사들은 모든 문명에 위협으로 남아 있는, 독일의 극단적이고 무한한 '오만함'을 지적할 것입니다. 그들은 독일인들이 진정한 야만인으로 남아 있다는 것을 보여줄 것입니다. (…) 독일 인종은 비열하고, 혐오스럽고, 위험합니다. 우리 아이들에게 이런 사실을 가르쳐서 독일을 결코 무장해제하지 않을 적으로 여기도록 해야 합니다. (…) 프랑스는 반드시 기억해야 합니다![5]

6년 후 어니스트 라비스Ernest Lavisse(1921 : 266)는 (그의 주장을 둘러싸고 논쟁이 있었지만) 자신이 만든 역사 교과서에서 프랑스 학생들에게 위의 결의안과 같은 긴급한 메시지를 실었다. "거만하고 탐욕스러운 독일은 세계를 착취하기 위해 세계를 지배하려고 했다." 또 다른 역사 교과서에서 고티에Gauthier와 데샹Deschamps(1923 : 233)은 전쟁이 "세계를 지배하려는 독일의 확고한 의지" 때문이라고 비난했다.

그 무렵 프랑스 시민들은 프랑스-프로이센 전쟁(1870~1871)과 1차 세계대전(1914~1918)에서 독일이 저지른 만행에 대한 이야기를 일상적이고 신나게 공유했다.[6] 전자의 경우, 그들은 프랑스를 침략한 독일군이 프랑스인들의 '게릴라'식 저항에 직면하자 민간인을 살해하고, 집을 불태우고, 인질로 잡았다고 비난했다. 그들은 또한 프랑스가 자국 영토인 알자스-로렌을 프로이센에게 빼앗긴 것에 대해서도 불평했다. 후자의 경우, 프랑스 시민들은 1915년 5월 벨기에 예페르 전투에서 독일군이 프랑스(그리고 영국 및 캐나다) 군인들에 대해 전례 없이 염소가스를 사용한 것에 대해서 치를 떨었다. 또한 그들은 독일군이 전투에 참가하지 않은 민간인을 학살하고 여성을 강간하는 등 다양한 전쟁범죄를 저질렀다고 비난했다. 요컨대 프랑스인들은 독일을 악랄한 군사용 기계인 "스팀롤러〔울퉁불퉁한 노면을 평평하게 하는 기계〕와 같이 무자비"하다고 생각했다.[7]

독일에 대한 프랑스의 적대감이 20세기 초에 최고조에 달했고, 독일군에 대한 프랑스인들의 불신이 1930년대에 마지노선의 구축을 촉진했지만, 이러한 적대감과 불신은 2차 세계대전 이후 초기 몇 년 동안에도 여전히 꽤 분명했다. 오라두르쉬르글란에서 벌어진 학살을 비롯한 집단학살들은 독일을 연쇄 전범으로 보는, 그때까지 이미 확고했던 견해를 더욱 굳혔다. 1944년 6월 10일, 독일군은 친위대(SS) 장교를 납치한 것으로 추정되는 사건에 대한 보복으로 그 사건이 벌어진 마을의 주민 642명(여성 247명, 어린이 205명 포함)을 기관총으로 마구 사살하거나 불태웠다. 전쟁이 끝난 후, 샤를 드골 장군은 오라두르쉬르글란을 황폐한 상태 그대로 보존하기로 결정했다. 이는 나치의 만행을 그대로 눈에 띄게, 매우 공개적으로 회상하게 하는 장치였다.

1946년 프랑스 임시정부의 수장으로서 드골은 "비스마르크, 빌헬름 2세, 히틀러의 도구"로 사용되었던 중앙집권적인 독일 제국이 다시는 수립되지 않게 막겠다고 맹세했다.[8] 그런데 그의 후임자가 미국의 압력, 즉 독일 재건을 위해 노력하라고 연합국에 압력을 가하는 미국에게 굴복했을 때, 프랑스 비평가들은 항의의 표시로 울부짖었다. 1948년 6월 12일, 특히 격렬했던 의회의 한 세션에서 인민전선의 지도자였던 피에르 코Pierre Cot는 "독일 공포의 재생"에 대해 경고하면서 "나치 야만주의의 희생자들"을 잊어서는 안 된다고 외쳤다.[9] 그런데 10년도 안 되는 기간에, 프랑스의 민심은 극적으로 변했다. 이것이 내가 3장에서 풀려고 하는 흥미로운 수수께끼다.

## 독일의 폴란드 점령

오래된 과거 언젠가에(구체적으로는 비스마르크가 독일을 통일하기 3세기 전), 프로이센은 하나의 영지, 즉 주로 가톨릭교도인 폴란드 내부에 있었으며, 대부분 프로테스탄트였던 튜턴족의 공작령에 지나지 않았다. 하지만 프리드리히 1세, 그의 아들 프리드리히 빌헬름 1세, 그리고 그의 손자 프리드리히 2세(프리드리히 대왕) 치하에서, 프로이센은 근대적인 관료제와 강력한 군대를 보유한, 유럽의 떠오르는 강대국 중 하나가 되었다. 프로이센은 어떻게 해서 독일연방 가운데 가장 강력한 리더로 부상할 수 있었을까? 이 질문에 대한 답 중 하나는 토지 수탈과 관련이 있다. 1772년부터 1795년까지 단행된 세 차례의 탐욕스러운 공격에서, 프로이센은 폴란드를 분할하기 위해 두 강대국, 제국주의 오스트리아 및 제국주의 러시아와 공모했다. 시간이 지나면서 폴란드인들은 자국의 분할을 종교적인 용어로 인식해, 희생자 국가인 폴란드를 '십자가에 못 박힌' 예수 그리스도와 같은 순교자로, 가해자 이웃 국가들을 '사탄과 같은 사기꾼'으로 보게 되었다(Prokop 1993: 53). 18세기 말까지 프로이센의 영토는 그동안 폴란드의 서부 지역 대부분을 포함할 정도로 확장되었다. 거기에는 단치히(지금의 그단스크), 브레슬라우(브로츠와프) 같은 중요한 상업 중심지와 바르샤바를 포함한 폴란드 중부 지역도 포함되었다.[10]

프로이센은 이 새로운 영토를 신속하게 '독일화'하기 시작해서, 수천 명의 이주자들을 데려왔고 많은 폴란드 상류층을 밀어냈다. 그 정책은 인종적 우월성을 가진 국수주의적 감정의 영향을 받았다. 예를 들어 프리드리히 대왕은 이 지역에 오래 살아온 거주자들을 "사랑스러운 폴란드 쓰레기"라고 불렀으며, 그들을 문명 앞에선, 또는 백인 정착민들의 손에 의해 소멸될 위기에 처한 아메리카 원주민에 비유했다.[11] 폴란드에서 태어난 여행 작가이자 동식물학자인 요한 게오르크 포르스터Johann Georg Forster 같은 독일 지식인들은 폴란드인을 "뒤떨어진 사람들"이라고 폄하하고, 동남아시아의 "야만인들"과 비교했다.[12]

19세기 초 나폴레옹 전쟁에서 패배한 이후, 프로이센 지도자들은 예를 들어 이 지역의 공립학교에서 독일어를 공용어로 정하고, 독일 성직자들이 가톨릭 미사를 이끌도록 요구하고, 행정·사법기관에 독일 관리들을 배치함으로써 독일화 정책을 가속화했다. 이러한 노력들은 폴란드인들의 저항을 촉발했지만, 그 저항은 늘 프로이센 군대에 의해 분쇄되었다.

1871년 통일된 독일의 총리가 된 비스마르크는 식민지 개척운동을 강화하기 위해 프로이센 정착위원회를 설립했다. 이 기구의 목적은 빠르게 성장하는 독일 제국에 대한 잠재적인 반대 세력을 대표하는 폴란드 공동체들을 고립시키고 결국 무력화하는 것이었다. 비스마르크 자신은 폴란드인들을 기회가 올 때마다 제거해야 하는 위험한 동물(늑대)로 바라보았다.[13]

이런 상황에서 폴란드인들이 독일인을 싫어하게 된 것은 놀랄 일이 아니다. 조국을 빼앗긴 많은 폴란드인들은 1차 세계대전이 끝나갈 무렵 제국주의 독일에 맞선 투쟁에 참가했다. 1919년에 체결된 베르사유 조약은 단치히를 새로 설립된 국제연맹이 관할하는 무국적 도시로 만들기는 했지만, 폴란드를 부분적으로 재건했다. 독일의 동부 국경은 대폭 서쪽으로 밀려났다.

그 후 어떤 국제적 요인도 고려하지 않는 보복주의자인 히틀러가 권력을 잡았다. 비뚤어진 국수주의에 사로잡힌 그는 유대인, 동성애자, 로마인〔집시, 유랑 민족의 일종〕, 공산주의자를 극도로 경멸했다. 그러나 그는 무엇보다 1차 세계대전 패전 후 독일 제국이 밀려나는 데 도움을 준 폴란드인을 경멸했다. 1939년 8월 23일 총통은 스탈린과 비밀 의정서를 체결해, 폴란드를 독일과 소련의 '영향권'으로 분할하는 방식으로 외교적인 공격을 감행했다.[14] 불과 며칠 만에 나치 군대는 폴란드 서부로 이동했고, 몇 주 안에 소련의 붉은 군대가 폴란드의 나머지 영토를 차지하면서 폴란드인들이 나중에 '4차 분할'이라고 부르게 되는 사태를 마무리 지었다.

폴란드의 국가 정체성을 최종적으로 말살하려는 새로운 열망에 의해 움직였던 독일의 폴란드 정복은 특히 끔찍한 일이었다.[15] 침략군은 폴란드를 점령한 바로 첫 달에 30개 이상의 도시와 마을에서 주민들을 학살했다. 이때 중심 역할을 한 것은 히틀러의 루프트바페Luftwaffe(공군)였다. 그들은 인구 밀집지역을 집중 폭격했고, 피난민들에게 기총소사를 가했다. 결과적으로 나치 독일은 폴란드 점령 시기에 폴란드 국민 다섯 명 중 한 명을 살해했다. 이렇게 살해된 폴란드인 600만 명 가운데 절반이 유대인이었으며, 그들은 게토, 강제수용소, 가스실에서 살해되었다. 하지만 인종적으로 순

수 폴란드인이었던 사람들도 집단 처형, 노예노동, 잔인한 생체실험 등 나치의 테러를 겪었다.

인명 손실 외에도 폴란드는 전체 국가 재산의 38퍼센트에 해당하는 막대한 재산 손실을 입었다. 1944년 폴란드 국내군이 영웅적이지만 실패로 끝난 무장봉기를 일으켰던 수도 바르샤바는 대대적으로 파괴되었다. 히틀러 군대의 광적인 공격에서 살아남은 것은 바르샤바에 있던 전체 건물의 4분의 1 정도에 불과했다. 다른 주요 도시들도 바르샤바처럼 심각하지는 않지만 막대한 피해를 입었다.

독일과 폴란드의 가톨릭 성직자들이 1960년대에 화해를 위한 비공식적인 캠페인을 시작했지만, 두 나라의 관계는 1990년대까지 회복되지 않았다. 이런 상황이 어떻게 해소되었는지는 5장에서 살펴볼 것이다.


## 아시아에 새로 떠오른 태양

19세기 후반 일본을 이끌었던 메이지 과두정부는 점차 '서구'를 모방했다. 먼저 그들은 은행 시스템에서 보험에 이르기까지 서구의 경제제도를 들여왔다. 그다음에는 정당에서 헌법에 이르기까지 서구의 정치제도를 수용했다. 마지막으로 그들은 사회적 다원주의에서 제국주의에 이르기까지 서구 사상을 추구했다. '문명'은 가장

'원시적'인 사회에서 가장 '선진적'인 사회로 일직선으로 발전했다고 주장한 영국의 자유주의 철학자 허버트 스펜서를 읽은 후, 메이지 사상가들은 이 가정된 이분법에서 자국의 위치가 어디인지 깨달았다. 즉 일본은 유럽보다는 뒤처졌지만, 나머지 아시아 국가, 특히 '문명화되지 않은' 중국보다 훨씬 앞서 있었다. 그리고 그들은 세계에서 일본이 차지하는 새로운 위상을 입증하기 위해 신속하게 여러 조치를 취하기 시작했다.

1894년, 일본은 한반도에 대한 지배권을 둘러싸고 중국과 전쟁을 벌였다. 이 전쟁에서 신속하고 결정적인 승리를 거둔 일본은 타이완과 페스카도리스, 그리고 아주 짧은 기간이긴 하지만 랴오둥반도를 얻었다.[16] 1904년에는 한국과 만주에 대한 전략적 이익을 확보하기 위해 러시아와 전쟁을 벌였으며 제국 해군은 궁극적으로 시어도어 루스벨트 미국 대통령이 "세계가 그동안 본 것 가운데 가장 엄청난 현상"[17]이라고 말한 핵심적인 전투에서 승리했다. 그 결과 일본은 루스벨트가 중재한 포츠머스 조약에서 러시아로부터 사할린의 절반과 만주를 포함하는 커다란 영토적 양보를 얻어냈다. 여기서 무엇보다 중요한 것은 일본이 이토코쿠(일류 국가), 즉 동아시아 최강의 국가라는 국제적 명성을 굳힌 것이었다.

일본은 1942년에 인도네시아에서 중국에 이르는, 그들이 '대동아공영권'이라고 부른 광대한 지역을 정복했다. 그들은 처음에는 해방자 행세를 하며 지역 내 민족주의 세력을 훈련시키고 서구 식민주의가 부과한 멍에를 제거해주겠다고 공언했다. 그러나 얼마 가지 않아 그들이 지역 주민들을 예속하고 반체제 인사들을 잔혹하게 다루는 또 하나의 점령자일 뿐이라는 사실이 드러났다.

　오늘날에도 일본인들은 자신이나 조상들이 싸운 이 전쟁에 어떤 이름을 붙일지를 둘러싸고 논쟁하고 있다. 그것은 단순히 '2차 세계대전'인가, 아니면 '태평양전쟁'인가, 아니면 '대동아전쟁'인가? 아니면 다른 어떤 전쟁인가? 쇼지 준이치로(2011b)에 따르면 이러한 논쟁은 전쟁의 유산이 여전히 일본 내에서 파문을 일으키고 있음을 시사한다.[18]

## 일본의 한국 점령

한국의 수도 서울에는 일본의 만행을 기억하는 많은 기념비가 세워져 있다. 우리는 웅장하게 재건된 경복궁, 옛 조선 왕조의 왕궁에서 그 이야기를 들을 수 있다. 관광객을 위한 안내표지판에 따르면 이 왕궁은 "1592년 임진왜란 때 화재로 인해 완전히 파괴"되었다가 중건되었는데, 20세기 초반 일제강점기 동안 "일본의 사악한 침략 정책으로 또다시 잔인하게 파괴"되었다.[19] 현재 일제에 저항했던 민족운동을 한국인들에게 가르치는 데 전념하는 박물관으로 바뀐 옛 서대문형무소에서도 일본의 만행을 뚜렷하게 확인할 수 있다. 방문객을 위해 세워진 안내판에는 "일본은 독립운동을 잔인하게 탄압하고 애국 투사들을 체포하여 이 건물에 있던 감옥에 가

두었으며 무자비한 고문을 자행했다"라고 적혀 있다.

　오늘날 한국의 민족주의는 대부분 반일감정에 의해 촉진되고 있다. 한국인들의 끓어오르는 분개심과 깊은 분노의 뿌리는 일본의 봉건적 '통일자' 중 하나인 도요토미 히데요시가 두 차례나 한국을 침략했던 16세기 마지막 10년까지 거슬러 올라간다. 그는 침략전쟁을 통해 엄청난 피해를 입혔지만 궁극적으로 한반도를 정복하는 데에는 실패했다. 당시 일본을 물리친 역사는 서울에서 가장 눈에 띄는 조각상인 이순신 장군의 우뚝 솟은 동상으로 기념되고 있다. 이순신 장군의 조선 수군을 상징하는 날렵한 '거북선'은 그들보다 더 큰 일본 전함들을 괴롭혔다.

　몇백 년 뒤인 20세기 초 일본의 한국 점령은 한국인들에게 정치적으로 가장 큰 타격을 주었다. 19세기 후반 1차 중일전쟁에서 승리를 거둔 일본은 한반도에 대한 통제력을 점점 더 강화하기 시작했다. 일부 저명한 한국인들은 점점 커지는 일본의 영향력에 맞서 저항하면서, 이러한 추세에 대응하기 위해 러시아와의 긴밀한 관계를 도모했다. 이에 대응해 한국 주재 일본 공사는 암살자들을 왕궁에 파견하여 일본 통치에 반대하는 중심인물인 명성황후를 살해하기까지 했다. 1905년 러일전쟁이 종결되자 일본은 한반도에 보호령을 수립하고 군대 해산을 포함하는 25개의 '개혁 조치'를 단행함으로써 지배력을 더욱 강화했다. 5년 후에는 한반도를 완전히 병합했다.

식민지 시대(1910~1945)는 혹독했다. 일본인 총독은 한국 관리를 대부분 교체하고 언론을 검열하고 반대파를 폭력적으로 진압하는 등 한반도를 직접적이고 잔인하게 통치했다. 수천 명의 한국 민족주의자들이 투옥되었고 그들 가운데 많은 사람들이 구금 중에 고문을 당했다. 일부는 즉결 처형되었다. 일본은 한반도를 제국의 중요한 일부로 여기고 한국의 경제와 문화를 '일본화'하려 했다. 일본 상인들은 한반도 도시로 이주해 상점과 공장을 세웠고, 일본에서 온 농부들은 한국인의 농지를 차지했다. 데니스 맥나마라Dennis L. McNamara(1990: 53)는 1940년까지 일본인 투자자들이 한반도에 있던 대기업 자본의 95퍼센트를 장악했다고 지적한다. 학교에서는 교사들이 한국어가 아닌 일본어를 사용했고, 한국사가 아닌 일본 역사를 가르쳤다. 한국인 개인들은 창씨개명을 하도록 압박을 받았다.

태평양전쟁이 발발하면서 상황은 빠르게 악화되었다. 식민지 당국은 무려 200만 명에 달하는 조선인을 강제동원해서 일본 공장에서 강제노동을 시켰다(그 결과 히로시마와 나가사키의 원폭 피해자 중에는 약 7만 명의 한국인이 있었다).[20] 동시에 일본군은 수천 명의 한국 남성을 강제 징집해 최전선으로 보냈고, 10만 명의 한국 여성을 소위 유인하거나 속이고 심지어 강제로 '위안소'(또는 군 위안소)로 끌고 가서 성노예로 삼았다.[21]

혹자는 일본이 한국을 식민지화함으로써 한국에 실질적인 이점을 제공했다고 주장할 수 있다. 사회 기반시설, 농업 생산성 향상, 탄탄한 교육 시스템, 강력한 관료 국가 등. 그러나 일본과 한국이 14년 동안(1951년부터 1965년까지) 고통스럽게 국교 정상화 협상을 벌였다는 사실은 당시 한국인들이 식민지 과거에 대해 긍정적으로 생각하지 않았음을 보여준다. 냉전시대에 정치적으로 동맹을 맺었고 경제적으로 통합된 파트너로 남아 있음에도 불구하고 한국이 일본에 대해 여전히 깊은 원한을 품고 있다는 점은 대단히 주목할 만하다. 우리는 4장에서 이 모든 문제를 살펴볼 것이다.

## 일본의 중국 침략

일본은 명나라 시대에 절정에 이르렀던 중국 중심의 동아시아 질서에 한국만큼 깊이 얽힌 적은 없었지만, 중국으로부터 종교·건축·문자·정치제도 등 여러 분야에서 많은 것을 차용했다. 따라서 19세기 후반에 급속도로 산업화되고 '서구화'되고 있던 일본이 한때 강대했던 이웃 나라 중국을 멸시하기 시작한 것은 아이러니한 일이었다. 1차 중일전쟁 직전에 일본의 종교 지도자였던 우치무라 간조內村鑑三는 자신의 조국인 일본을 "동아시아에서 진보의 챔피언"으로, 그리고 중국을 "진보를 증오하는 구제불능의 나라"라고 불렀다.[22]

과거에는 자국에 조공을 바치던 국가에게 패배한 중국의 엘리트들은 이런 상황에 뼈아픈 굴욕감을 느꼈다. 하지만 그것은 시작에 불과했다. 1915년 일본은 악명 높은 '21개조 요구 사항'을 발표해, 중국이 만주와 산둥반도에서 확장된 일본의 영향력을 인정하고, 일본 투자자에게 새로운 권리를 부여하며, 중국에 거주하는 일본인들에 대한 추가적인 법적 보호를 보장하도록 압박했다. 1931년 일본은 류탸오거우柳條溝 사건〔일본 관동군이 만주를 침략하기 위한 구실을 만들기 위해 1931년 9월 18일 류탸오거우에서 남만주철도 선로를 폭파하고 이를 중국인의 소행으로 조작한 사건〕을 이용해서 중국 동북부에 만주국이라는 꼭두각시 국가를 세우는 것을 정당화했다. 6년 후 도쿄의 군국주의 정권은 중국의 법과 질서를 자신들의 새로운 지배영역으로 만들겠다면서 중국과 전면전을 벌였다.

이 전쟁은 유난히 추악했고 중국인들에게는 난징 대학살로 상징화되었다. 중국과 서방 국가 및 일본의 일부 자료는 일본군이 1937년 12월 난징을 점령한 후 광포한 행동을 자행하면서 민간인을 무자비하게 학살하고, 집을 약탈한 후 불태우고 여성들을 강간했다고 주장한다. 중국 이외의 역사가들은 당시의 사상자 수에 대해 계속 논쟁하고 있지만, 중국공산당은 다음 사실들이 의심의 여지가 없다고 본다. 역사 교과서와 인상적으로 리모델링된 난징의 박물관을 통해서 그들은 정확히 30만 명이 살해당했다고 반복해서 주장하고 있다.[23] 난징 대학살은 일본군이 저지른 만행의 상징이 되었지만, 이는 완전히 고립된 별개의 사건은 아니었다. 중국의 다른 해안 도시들에서도 많은 사상자가 발생했고, 시골 마을들은 전쟁이 확산되면서 가혹한 '평정' 작전에 직면했다. 일본군은 그들이 내걸었던 "모두 죽이고, 모두 불태우고, 모두 파괴하라"라는 구호로 악명 높았다. 중국인 남성들은 버마 철도를 비롯한 일본의 건설 프로젝트에서 고된 노동을 했고, 중국인 여성은 일본군의 매춘부로 일하도록 강요당했다. 만주로 돌아온 일본군 731부대는 화학 및 생물학 무기를 개발하고 인간 고통의 한계를 알기 위해 살아 있는 중국인들을 대상으로 생체실험을 수행했다(일본군은 이들을 감각이 없는 '통나무'라는 의미의 마루타丸太라고 불렀다). 일본 군의관들은 그들에게 치명적인 세균을 주입하는 등 끔찍한 잔학행위를 저질렀다. 심지어 팔다리를 잘라 다른 곳에 붙이기도 했다. 이런 역사는 하얼빈 외곽에 설립된 731부대 박물관에 잔인하고 기괴하게 재현되어 전시되고 있다.[24]

중국 정부는 2차 중일전쟁에서 무려 1000만 명의 중국인이 사망한 것으로 추산하고 있다. 일본의 폭력적인 점령과 야간 공습으로 인해 다치고 외상을 입은 사람들은 이보다 더 많았다. 이미 취약한 상태였던 국가 경제는 완전히 파괴된 도로나 교량과 함께 황폐화되었다. 일본이 항복한 지 약 4년 후인 1949년 10월, 마오쩌둥과 중국공산당은 내전에서 결국 승리했으며, 장제스와 국민당은 타이완으로 도피했다.

'새로운 중국'(중화인민공화국)의 처음 30년 동안, 마오쩌둥은 난징 대학살을 포함한 일본 전쟁범죄의 역사적 증거들을 그대로 덮

어두었다. 그의 정권은 국내의 지지 기반을 강화하기 위해 과거에 중국이 겪은 굴욕에 연연하기보다는 공산당과 중국 인민의 영웅적인 저항을 강조하기로 결정했다. 미국이 주도하는 봉쇄에서 벗어나 동아시아에서 새로운 동맹(희망컨대 사회주의적인 동맹)을 확보하기 위해 중국은 이웃 국가 일본의 전시 행동에 대한 책임을 전적으로 일본군에게(일본인이 아니라) 돌리는 방식으로 그들의 마음을 사로잡고자 했다.

그러다가 마오쩌둥이 사망했다. 베이징에 수립된 새 정권은 공산당이 시장 자유화(자본주의)를 수용하기 시작한 1980년대에, 공산당 정권의 정당성을 유지하기 위해 그들의 역사를 수정했다. 그들은 갑작스럽게 일본의 과거 만행과 이러한 과거를 인정하지 않는 일본의 현재 자세를 지금까지와는 다른 각도에서 조명하기 시작했다. 그 결과 두 나라는 무역과 투자 관계를 통해 경제적으로 점점 더 긴밀해졌지만, 정치적으로는 여전히 멀리 떨어져 있다. 이 과정에 대해서는 6장에서 다룰 것이다.


## 방법론


스탠리 리버슨Stanley Lieberson(1991)과 같은 일부 학자들은 정성 분석은 이 책에서 제기된 것과 같은 수수께끼를 푸는 데에는 거의 절망적으로 무딘 도구라고 주장한다. 하지만 나는 이에 동의하지 않는다.[25] 적절하게 설계되고 실행된다면, 사례들에 대한 비교연구는 양적(또는 대규모 N 통계) 분석만큼 아주 유용할 수 있다. 비결은 밀Mill의 차이법을 따르는 것이다. 이 방법은 결과가 뚜렷한 차이를 보이는 사례들을 조사해서 그들 사이의 차이점을 찾아내는 방식으로, 인과적 요인 또는 설명 변수들을 식별해낸다. 바로 이것이 내가 이 책에서 하려는 작업이다.

독일은 프랑스 및 폴란드와 화해하는 데 성공한 반면, 일본은 한국 및 중국과 화해하지 못했다. 이 차이를 어떻게 설명할 수 있을까? 이 네 가지 경우를 조사함으로써, 우리는 다음과 같은 가능한 원인들 가운데 가장 설득력 있는 요인을 구별해낼 수 있다.

- 지정학, 특히 냉전이 양자 관계에 미친 영향
- 양자 관계에서 정권의 유형 또는 서로 다른 2개의 정치 체제의 본성이 미친 영향
- 양자 관계를 구성한 상대 국가의 발전 수준 또는 1인당 GDP
- 경제적 상호의존성 또는 양자 간 무역 결합도
- 과거 피해자와의 관계에서 가해자가 보인 행동에 대한 담화 또는 사과의 성격(보상 포함)
- 협력기구, 또는 지역 내 정치적 협력의 깊이

우리는 비교연구에서 얻는 결과의 일부를 쉽게 예상할 수 있다. 예를 들어 독일과 프랑스는 (일본과 한국처럼) 자본주의 국가이고, 냉전 기간 동안 친미 동맹국이었기 때문에 우리가 사용할 설명 변수에서 '지정학'은 우선적으로 무시할 수 있다. 마찬가지로 독일과 폴란드는 (일본과 중국처럼) 냉전 기간 동안 경쟁 국가였다. 만약 우리가 다루는 유럽 사례와 아시아 사례에서, 어떤 한 요소가 차이를 보이지 않는다면 그 요소는 유럽과 아시아에서 나타난 서로 다른 결과를 설명할 수 없다.

우리는 또한 '정권의 유형'이란 변수를 배제할 수 있다. 여기서 연구된 6개 국가 가운데, 지난 반세기 동안 일관되게 권위주의적인 국가는 오직 중국뿐이다. 한때 군사독재 국가였던 한국 역시 이 기간 내내 권위주의적이었다면 아마 '정권 유형'이란 변수는 설명력을 가질 수 있을 것이다. 하지만 한국은 1980년대 후반에 민주화되었는데, 오히려 일본에 대한 적대감은 더 깊어졌다.

마지막으로, 우리는 '발전 수준'이란 변수도 배제할 수 있다. 2021년에 독일인들은 평균적으로 프랑스인들보다 약간 더 부유했지만, 폴란드인들보다는 거의 세 배 더 부유했다. 아시아에 대한 데이터도 이와 마찬가지로 유용하다. 2021년 일본의 1인당 GDP는 한국보다 약간 높았지만, 중국보다는 거의 네 배 높았다.[26] 유럽에서는 발전 수준 차이가 크건 작건 상호 화해에서 유사하게 성공하는 결과를 보인 반면, 아시아에서는 발전 수준 차이에 상관없이 모두 상호 화해에서 실패한 것이다. 발전 수준의 차이라는 변수로 두 지역의 차이를 설명하기엔 역부족이라는 뜻이다.

아래에 이어질 사례 연구에서, 이러한 변수들에 대해 적어도 일부를 언급하겠지만, 현재 여전히 설득력이 있는 요소들(경제적 상호 의존성, 담론 및 제도)에 좀 더 관심을 집중할 것이다. 앞으로 전개할 이야기가 독자들에게 흥미롭고 명징하게 다가가기를 희망한다.

# 3장

# 독일과 프랑스

### 창조해가는 연합

1950년대와 1960년대 전반부에 독일의 보수적인 정치 엘리트들은 과거에 대해 공개적으로 반성하는 내용의 성명을 꺼렸다. 첫 번째로 선출된 총리인 콘라트 아데나워는 나치 전쟁범죄는 "독일의 이름으로" 저질러졌다고 말한 것으로 유명하다. 국가nation 자체는 비난받을 수 없다는 것처럼 말한 것이다.[1] 아데나워 정부는 신생 국가인 이스라엘에 사과를 표명했지만, 유럽의 이웃 국가들에게는 이와 비슷한 회한을 표명하지 않았다. 오히려 당시 독일 정부는 독일의 전시 역사를 잊기를 열망했다. 그렇지만 과거의 악행을 인정하지 않으려는 이런 완고한 자세가 프랑스와 독일 간 화해의 길이 신속하게 진행되는 것을 막지는 못했다. 그로서(1967: 6)는 2차 세계대전이 끝날 무렵 프랑스인들에게는 이 세상에 "독일 외에는 적이 없다"라고 썼다. 그런데 불과 10여 년이 지난 후 "독일 외에는 친구가 없다"라고 썼다. 그와 마찬가지로, 도이치Deutsch, 에딩거Edinger, 마크리디스Macridis, 메리트Merritt 등도 전쟁이 끝난 지 불과 15년 정도 사이에, 프랑스에서 실시된 여론조사에서 독일에 대한 호감도가 "괄목할 만큼 증가했다"는 점에 주목하고, "2차 세계대전 직후에 보였던 반독일적인 태도는 거의 완전히 사라진 것 같다"라고 결론지었다(각각 1967: 247, 67).

분명히 사과를 표명하는 것과는 다른 어떤 일이 일어나고 있었는데, 그것은 유럽의 방위, 더 나아가 유럽의 경제적 통합에 관한 프랑스와 독일 사이의 협력이었다. 파리가 해방된 지 6년 후, 프랑스 외무장관 로베르 쉬망은, 원자재와 제조 능력에 대한 통합 관리를 기반으로 하는 유럽석탄철강공동체(ECSC)를 설립하겠다는 자신의 제안을 정당화하면서 독일과 프랑스가 치열하게 대결했던 역사를 과거로 돌리기 시작했다. "이렇게 생산에서의 연대가 확립되면 프랑스와 독일 사이의 전쟁은 생각할 수도 없고 물질적으로도 불가능한 일이 될 것이다."[2] 유럽석탄철강공동체는 성공적이었고, 그 성공은 유럽경제공동체(EEC)로 이어졌으며, 그것은 다시 유럽공동체(EC)로 이어졌고, 또 그것은 궁극적으로 유럽연합(EU)을 탄생시켰다. 이 과정에서 프랑스와 독일은 항상 운전석에 함께 앉아 있었다.

유럽의회 의원과 국방장관을 역임하고 프랑스 은행 부총재를 지냈던 프랑스의 고위 관료 실비 굴라르Sylvie Goulard는 "그것은 신뢰를 쌓는 문제였다"고 설명한다.[3] "여러분은 연설을 통해 신뢰나 상호 이해를 달성하지 않습니다. 여러분은 행동과 공동 프로젝트를 통해 거기에 도달합니다. 그리고 1950년대에 프랑스와 독일의 지도자들이 한 일이 바로 그것입니다. 그들은 새로운 유럽, 평화롭고 번영하는 유럽을 만들기 위한 공동 계획Joint Initiative에 헌신했습니다."

이것은 국가 간 화해가 주로 계속 진화하는 유럽통합 프로젝트에 대한 협력 작업을 통해 달성되었다고 하는 놀라운 이야기다. 경쟁적인 여러 설명 변수들을 좀 더 자세히 살펴보기 전에 이 이야기를 좀 더 넓은 맥락에서 다시 설명하고자 한다.


## 'Oui'(예스)에 다가가기

### 제1단계(1945~1951): 파트너 되기

조제프 로방Joseph Rovan은 유대교에서 가톨릭으로 개종한 프랑스 철학자로, 2차 세계대전 당시 레지스탕스에서 활약하다가 게슈타포에 체포된 후 다하우 강제수용소에서 10개월을 보냈다. 그의 동지들 중에서 그는 정말 특별했다. 2차 세계대전이 끝나자, 그는 프랑스로 돌아와 연합국, 특히 프랑스는 독일 제3제국의 폐허 위에 민주적인 독일을 건설해야 할 도덕적 책임이 있다고 주장하는 중요한 에세이를 썼다. 로방은 "우리는 한 사람과 사람들, 그의 국가와 모든 국가를 사랑해야 한다"라고 선언했다(1945: 11). "왜냐하면 바로 자신들이 신봉하는 주요 원칙의 이름으로 독일의 재교육에 참여할 프랑스인들에게는 다음과 같은 의무가 있기 때문이다. 그들의 손에 맡겨진 독일 정신을 프랑스의 주요 원칙에 따라 예우하고 존중하고 사랑할 의무다."[4]

로방은 종전 초기의 순간에 예외적인 인물이었다. 왜냐하면 당시 프랑스인들은 전반적으로 독일을 재건하거나 개혁하기를 원하지 않았기 때문이다. 그들은 1차 세계대전 이후에 그랬던 것처럼, 독일의 재건과 개혁을 통제하거나 프랑스의 이해에 맞게 조정하기를 원했다. 그들은 독일의 부활이 반복되는 것을 막고 싶었다. 전쟁이 끝난 직후 프랑스인들에게는 독일에게 자비를 베푸는 것이 아니라 징벌을 가해야 한다는 압도적인 충동이 지배적이었다. 임시정부의 수장인 샤를 드골은 독일이 재건되면, 심지어 서방 연합국 점령 지역이 통합될 경우 만들어질 독일조차도 언젠가 다시 프랑스를 공격할 것이라고 예측하면서, 3개국(미국, 영국, 프랑스) 점령 지역의 통합을 반대했다. "우리가 독일의 이웃이라는 사실, 그리고 우리가 한평생에 세 번이나 독일의 침략을 받았다는 사실을 되새기고, 우리는 다시는 이웃에 제국이 성립되는 것을 원치 않는다고 결론을 내립시다."[5] 몇 년 후 프랑스 대통령 뱅상 오리올(재임 1947~1954)은 미국 관리들에게 독일인들은 "복수심이 있고 민족주의적이며 신뢰할 수 없다"고 경고했다.[6] 그와 마찬가지로 다른 프랑스 지도자들은 독일을 약하고 분산된 연방국가로 분할하고, 군대를 영구히 해체하며, 군수 관련 공장을 폐쇄하려는 계획을 지지했다. 프랑스 시민들 역시 이 가혹한 접근법을 열렬히 지지했다. 마르코비츠Markovits와 라이히Reich(1997: 125)에 따르면, "가장 가혹한 처리 방식 그리고 독일을 종전 직후의 폐허와 같이 열등한 상태로 유지하는 방안에 대한 광범위한 공감대가 있었다. (…) 과격하고 가혹하기만 하면 어떤 조치도 받아들일 수 있는 것처럼 보였다."

하지만 이러한 합의는 유지될 수 없었다. 미국이 독일연방공화국(서독의 공식 명칭)을 유럽에서 공산주의의 팽창에 맞서는 견고한 방벽으로 바꾸어야 한다고 주장하기 시작했을 때, 프랑스 정치 엘리트들은 이에 적응해야 했다.[7] 마셜플랜에 따라 미국의 원조를 확보하기 위해서, 그들은 바로 이웃에 있는 오랜 숙적의 재무장과 재건을 지원해야 했다.

그래서 프랑스는 독일을 다자간 협력기구에 연결하기 위해 정교하게 기획했으며, 미국이 승인한 플랜 B를 채택했다. 쉬망 계획은 모네 계획의 수정 버전으로, 모네 계획은 프랑스의 사회주의자이자 외교관인 장 모네의 이름을 따서 지어졌는데, 그는 "프랑스-독일 문제는 유럽의 문제가 되어야 한다"라고 주장했다.[8] 독일 총리 아데나워(1966: 245)는 루르 계곡에서 석탄을 공동 개발하고 철강

생산과 유통 분야에서 협력하자는 제안을 흔쾌히 받아들였다. "프랑스와 독일의 연합은 현재 심각하게 병든 유럽에 새로운 생명과 활력을 줄 것입니다. (…) 나아가 그것은 두 나라 사이에 경쟁이 사라지게 할 것입니다."

1951년 파리 조약은 유럽석탄철강공동체를 만들었지만, (더 중요하게는) 이와 관련된 정책을 개발하기 위한 위원회, 규칙을 설정하기 위한 위원회, 심지어 분쟁을 해결하기 위한 법원과 같이 오늘날 유럽연합의 뼈대가 된 많은 핵심 기구들을 설립했다. 독일과 프랑스는 이제 이탈리아, 벨기에, 네덜란드, 룩셈부르크와 함께 유럽적인 경제 거버넌스 및 (그 규모가 점점 커진) 사회 거버넌스 프로젝트의 파트너가 되었다. 이런 관계는 시간이 지남에 따라 더 긴밀해질 것이고, 회원국들과 특히 이들을 이끄는 공동 리더인 프랑스와 독일 사이의 신뢰는 점점 더 강화될 것이다.

### 제2단계(1952~1963): 파트너십 강화

저명한 소설가인 토마스 만은 전간기 동안 한 차례 외로운 성명을 발표했는데, 이것은 궁극적으로 1950년대와 1960년대 초 독일 중도우파 정부의 지배적인 철학이 되었다. "우리는 독일적인 유럽이 아니라 유럽적인 독일을 원한다."[9] 집권 정당인 기독교민주연합(CDU, 이하 기민련)은 지역적으로 통합된 영토에 자본주의적이고, 민주적이며, 친미적인 국가를 정착시키기 위해 열성적으로 노력했다. 독일에게 유럽은 어떤 지리적인 장소 그 이상이었다. 그것은 다음 두 가지 연관된 목표를 통해서 역사를 극복하는 데 필요한 정치적 도구였다. 국제적인 통합verflechtungen과 이에 대한 국가적으로 자발적인 결속selbsteinbindung.

프랑스가 독일이 제시하는 새로운 비전에 담긴 진정성을 높이 평가하는 데는 시간이 좀 걸렸다. 1954년 프랑스 국회는 독일을 유럽 대륙의 안보동맹체제 안에 포함시키는 유럽방위공동체 안을 거부했다. 비평가들은 독일이 결국 이 초국적 기구를 장악해서 또다시 프랑스에 대해 지배력을 행사하게 될 것이라고 우려했다. 그렇지만 결국 프랑스는 이를 대체하는 새로운 대안을 받아들이게 되었다. 즉 1955년 독일의 나토 가입을 수용한 것이다. 물론 이것은 독일이 핵무기와 장거리 미사일, 대형 전함 등을 만들지 않겠다고 약속한 후, 그리고 오직 나토의 지휘하에서만 군대를 운용하기로 약속한 후에 비로소 이루어졌다. 결국 프랑스는 마지못해 나토하에서 독일의 재무장을 받아들였고, 그것도 미국이 유럽 대륙에 자국 군대를 주둔시키기로 완전히 약속한 후에야 겨우 수락했다.

이 시기에 프랑스와 독일의 개인과 단체들이 서로에게 손을 내밀었던 것은 사실이다. 예를 들어 무역과 투자에 박차를 가하고자 하는 사업적 관심에서 그들은 프랑스-독일 상공회의소를 설립했다. 지방자치단체들은 관광, 교육, 그리고 국경을 넘는 교류를 촉진하면서 '자매 관계'를 만들기 시작했다(2021년 기준으로 그러한 '자매 도시' 또는 '자매 지역' 단체는 2317개에 달한다).[10] 역사학자들은 기록을 공유하기 시작했고, 평화운동가(특히 평화를 위한 화해행동서비스Action Reconciliation Service for Peace[독일의 복음주의 루터교인들에 의해 설립된 단체])들도 협력하기 시작했다. 하지만 이러한 보통 사람들의 노력에는 한계가 있었다. 이런 노력이 동력을 얻기 위해서는 파리와 본의 지원이 필요했다.

1957년, 프랑스와 독일은 다자간 협력을 주도해서 로마 조약을 체결한 결과, 유럽석탄철강공동체를 지역 내 무역을 촉진하고 농업을 지원하기 위해 설계된 유럽경제공동체로 전환하고, 유럽원자력공동체를 설립했다. 이렇게 유럽통합이 심화되자, 독일에 대한 프랑스의 우려는 더욱 감소했고, 그 결과 일련의 양국 정상회담이 열렸다(1962년 7월 아데나워 총리가 프랑스를 방문해서 프랑스-독일의 군사 퍼레이드를 사열하고 랭스 대성당의 미사에 참석했다. 드골 대통령은 이에 대한 예의로 9월에 독일을 방문했다). 마침내 두 정상은 프랑스-독일 화해 조약에 서명했다.

1963년의 엘리제 조약은 오랜 적이었던 양국 관계를 정상화했을 뿐만 아니라 미래 협력을 위한 로드맵을 만들었다. 거기에는 양국의 국가 원수들, 외교부 장관들과 국방부 장관들, 그리고 교육과 청소년 문제 담당자들이 1년에 두 차례 정례 회의를 연다는 규정도 있었다. 또한 이 조약은 양국 시민사회를 연결하는 네트워크를 수립하기 위한 기반도 만들었다. 예를 들어 양국은 프랑스-독일 청년지원청을 설립했는데, 이 기관은 현재 매년 약 20만 명의 학생들이 독일-프랑스 국경을 넘어 여행하는 것을 지원하고 있다.[11] 독일 외교부에서 프랑스와의 관계를 감독하던 롤랑 셰퍼Roland Schäfer는 프랑스 유학을 떠나는 독일 청년들의 초기 물결에 합류했다가 프랑스 여성과 결혼했다. 그의 개인적인 경험은 그가 수행한 전문적인 활동뿐만 아니라 지역 협력을 통해 화해가 이루어진다는 강한 믿음을 갖게 해주었다. 그는 내게 "프랑스와 독일의 관계는 유럽 연합이라는 제도적 틀 안에서 영구적이고 효과적입니다"라고 말했다.[12]

### 제3단계(1964~2010): 프랑스-독일 '역사'의 끝?

다른 많은 사람들처럼 셰퍼는 엘리제 조약을 탐탁지 않게 생각한다. "꽤 오랜 기간 동안 그것은 제대로 작동하지 않았다"는 것이다. 그런데 그 이유는 적어도 당시 정치 엘리트들의 개인적인 성격과 관련이 있다. 예컨대 드골은 아데나워의 후임자들과 거칠게 옥신각신한 것으로 유명하다. 드골의 후임자이며 또 다른 중도우파 지도자인 조르주 퐁피두는 1969년에 총리가 된 사회민주당(SPD, 이하 사민당)의 당수 빌리 브란트와 드골 때보다는 더 좋은 관계를 유지했지만, 그 차이는 근소했을 뿐이다. 하지만 엘리제 조약이 추구하는 비전이 충실히 이행되지 않은 더 중요한 이유는 두 나라가 추구하는 전략적 지향점이 달랐기 때문이다. 프랑스는 여전히 국익에 집중하는 입장에 머물렀으며, 나토 내부에서 자국의 자치권을 지키는 데 열심이었고, 유럽을 확대하려는 제안들에 맞서 지속적으로 저항했다. 반면 독일은 대서양 양안을 포괄하는 통합 비전과 유럽에 열정적인 자세를 보였으며, 미국이 주도하는 군사동맹과 통합된 유럽을 확대하는 데 전념했다.

그렇다고 해서 엘리제 조약 체결 이후 20년 동안 프랑스와 독일의 협력 체계가 무너졌음을 암시하는 것은 아니다. 양국 정상회담과 각료회의는 중단되지 않고 계속 진행되었다. 그리고 지도자들은 1969년 항공기를 (에어버스로) 공동 생산하는 계획에 이어, 1972년에는 통화 정책에서 더 많은 협력을 추진하는 계획을 포함한 중요한 협정들에 서명했다. 양국 관계는 관성적으로 진행되는 것처럼 보였다.

그러다 1980년대 초 헬무트 콜과 프랑수아 미테랑이 각각 독일 총리와 프랑스 대통령으로 정권을 장악한 후 변화가 생겼다. 두 지도자는 국방, 경제·재정, 문화·환경에 대한 프랑스-독일 실무추진단을 만드는 등 양국 관계에 대규모 투자를 했다. 그들은 상대국의 공무원들을 초빙해서 자국 대사관과 외교부에서 근무하도록 조치했다. 그리고 그들은 문화 프로그램만 전담하는 프랑스-독일 공동 텔레비전 채널(아르테Arte)을 설립했다. 나아가 그들은 프랑스-독일 여단(유럽합동군Eurocorps의 기반이 된)을 창설했는데, 이는 한때는 상상조차 할 수 없었을 상호 안보 협력을 향한, 작지만 진지한 발걸음이었다.

그 10년 동안 양국 관계는 여러 가지 도전에 직면했는데, 1989년 11월 서독이 동독을 흡수할 것이라고 발표한 콜의 계획보다 더 큰 도전은 없었다. 미테랑은 거의 모든 프랑스인들과 마찬가지로 처음에는 상당히 긴장했다. 더 크고 더 강해진 독일이 불안정하고 또다시 보복주의를 표방하는 나라가 되지는 않을까? 이번에도 유럽 대륙을 지배하려고 하지는 않을까? 통일 문제에 관해 자신과 다른 사람들을 안심시키기 위해, 프랑스 대통령 미테랑은 본이 유럽에 다시 전념할 것을 요구했다.

독일 통일은 유럽통합 이후에 이루어져야 합니다. 만약 그렇지 않으면 1차 세계대전에서 독일 및 오스트리아와 맞서 싸웠던 세 나라, 즉 프랑스·영국·러시아의 삼국동맹이 당신들에게 맞서는 상황을 보게 될 것이고, 그것은 결국 전쟁으로 비화될 것입니다. 유럽통합 이후에 독일 통일이 이뤄지면 우리는 당신들을 도울 수 있습니다.[13]

콜은 유럽의 화폐 통합을 지원하겠다고 신호를 보냄으로써 미테랑의 요구에 응답했다. 콜이 보낸 신호는 공식적으로는 1992년 2월 마스트리히트 조약에서 효력이 발휘된 극적인 움직임으로서, 유럽 통화제도에서 가장 강력하고, 사실상 유럽 통화제도의 화폐

였던 독일 마르크화의 종말과 새로운 유로화의 탄생을 예고하는 것이었다.

1990년대 독일과 프랑스의 관계는 견고하고 안정적이었다. 양국의 쓰라린 과거사가 완전히 사라진 것은 아닐지라도, 이제 과거의 망령이 더 이상 두 나라에 떠돌아다니지는 않는 것처럼 보였다.[14] 실제로 그들은 유럽의 확장을 추구하고, 폴란드를 바이마르 삼각지대로 알려진 유럽연합 정책 코커스로 초대하고, 공동 외교 정책을 수립하고, 예산 개혁을 실행하면서, 유럽을 강화하는 데에 공동의 노력을 집중했다. 클로디 에뉴레Claudie Haigneré(2004: 69)는 "유럽 프로젝트가 매번 새로 발전할 때마다 프랑스와 독일의 협력이 그 심장부를 차지한다"라고 썼다. 프랑스 대통령 자크 시라크는 심지어 이를 더욱 강렬하게 표현했다. "독일과 프랑스가 사이좋게 지내는 한 유럽은 발전할 것이고, 그들의 사이가 나빠지면 유럽은 침체될 것이다."[15]

분명히 이런 진행 과정에 여러 차례 삐걱거림이 있었다. 예를 들어 유럽연합이 대부분 중부 유럽이나 동유럽 국가인 10개의 새로운 회원국을 2004년에 받아들이기로 하는 과정에서, 프랑스가 반대하고 나섰다. 프랑스는 독일과 마찬가지로 유럽연합에 새로운 책임을 부과함으로써 유럽연합을 '심화'하는 것에는 매우 열정적이었지만, 이제까지는 상당 부분 프랑스 농민들에게 지급되었던 농업 보조금을 두고 경쟁할 새로운 회원국을 받아들이는 유럽의

'확대'에 대해 독일과는 달리 매우 차가운 태도를 보였다.

양국 최고 지도자의 성격 차이도 프랑스-독일 관계의 근본적인 긴장을 악화시켰다. 2007년에 프랑스 대통령이 된 화려함을 좋아하는 니콜라 사르코지는 2005년에 독일 총리가 된 규율을 존중하고 진중한 앙겔라 메르켈과 잘 맞지 않았다. 그들은 유럽헌법조약Constitutional Treaty이 일부 회원국의 비준을 받는 데 실패한 사태에 어떻게 대응해야 할지(메르켈은 새로운 리스본 조약을 체결할 때 유럽헌법조약의 가장 중요한 부분을 구제하기를 원했지만, 사르코지는 이를 꺼려했다), 그리고 경제위기에 어떻게 대응할지(사르코지는 유럽연합 차원의 경기부양책을 포함한 공격적인 정책 패키지를 추진했지만, 메르켈은 좀 더 온건한 구제금융 계획을 선호했다)에 대한 협상을 포함해, 몇 차례 서로 충돌한 것으로 유명하다.

하지만 두 나라는 항상 그들의 차이점을 해결하는 것처럼 보였다. 유럽연합 외부의 문제에 대해서도 프랑스와 독일은 한 팀으로 움직이는 것으로 보였다. 예를 들어 시라크 대통령과 슈뢰더 총리는 미국과 영국의 엄청난 압력에도 불구하고 2003년 미국의 이라크 침공에 함께 단호하게 반대했다. 그러다가 2009년 사르코지 대통령과 메르켈 총리는 글로벌 경기침체의 여파 속에서 미국의 버락 오바마 대통령, 그리고 G20에 속한 다른 17개 회원국과 은행개혁에 대해 협력했다. 또한 프랑스와 독일은 엘리제 조약 체결 40주년인 2003년 1월, 유럽통합 문제에 대해 더욱 긴밀하게 협력해, 유럽연합 정책을 나란히 함께 이끌어가기로 다짐했다. 나아가 2010년 두 강대국은 무너지는 아일랜드 경제를 유럽연합이 지원하도록 하는 데에 리더십을 발휘하기도 했다.

독일과 프랑스 관계사에서 갈등을 통과하는 시험대인 '역사'는 이제 그 명을 다했거나, 아니면 적어도 국가들이 공식적으로는 역사를 기억하고 있을 때조차 끝난 것처럼 보였다. 2009년 11월, 사르코지 대통령은 1차 세계대전 종전 기념식에 참석하기 위해 파리를 방문한 메르켈 총리를 정중하게 영접했다. 그는 프랑스-독일 관계를 '보물'이라 불렀고, '회개'의 시간은 이제 과거가 되었다고 선언했다.[16]

### 제4단계(2011~): 위기에서 개선으로

2011년경, 세계적인 경기침체는 재정이 불안정한 유럽 국가에 심각한 위기를 초래했다. 그중에서도 그리스는 재정 상태가 너무 심각해서 유럽 차원의 또는 글로벌한 구제금융 없이는 채무 불이행 상황이 될 것임이 드러났다. 프랑스는 조건을 달지 않고 그리스를 지원하고자 했지만, 독일은 그렇지 않았다. 메르켈 총리는 그리스에 대한 구제금융 패키지에 조건, 특히 정부 지출을 대폭 삭감하라는 요구 사항을 첨부하도록 강력하게 추진했다.

양자 사이의 이견은 유럽에 대한 재정 및 통화정책을 둘러싼 고통스러운 협상으로 이어졌다. 기본적으로 독일은 유럽중앙은행의

자율성을 강화하고, 유로존의 회원국들에게 더 많은 재정 책임을 요구하는 입장이었다. 반대로 프랑스는 유럽중앙은행에 더 큰 정치적 영향력을 행사하고, 회원국들을 위한 거시경제적 유연성을 추구했다. 2012년, 유럽연합은 회원국들에게 예산 적자와 특정 수준 이상의 금융 부채를 지는 것을 금지하는 재정 안정성 조약을 채택했다. 다시 말해 양국의 힘겨루기에서 독일이 승리한 것이다.

프랑스 유권자들은 곧 사회주의자인 프랑수아 올랑드를 대통령으로 선출했다. 그는 유럽연합 회원국의 경제를 활성화하기 위해 유럽연합집행위원회European Commission가 지출 부양책을 추진할 필요가 있다고 주장했다. 하지만 위원회에서 합의된 금액은 소규모여서, 프랑스 경제는 계속 침체되었고, 국가 부채는 증가하기 시작했다. 마치 독일의 꾸짖음과도 같이, 유럽연합집행위원회(2013: 43~44)는 프랑스 경제가 회복력이 떨어지면서 적자에 빠지고 있다고 지적하면서 "부채를 확실하게 줄여야 한다"고 조언했다.

유럽연합의 긴축정책은 프랑스의 노동자, 학생, 사회주의자들을 힘들게 만들었다. 그들은 독일, 특히 메르켈 총리가 프랑스에 경제 성장, 임금, 정부 지출을 제한하는 재정 운용 원칙을 부과했다고 비난했다. 이런 조치는 그들에게 새로운 점령처럼 느껴졌다. 이번 점령은 독일 군대에 의한 것이 아니라, 거시경제학이 명령하는 점령이었다. 이 상황을 제임스 풀로스James Poulos(2015)는 다음과 같이 묘사했다.

이 나라의 대중과 정치인들은 오랫동안 유럽을 주도하는 이념인 메르켈주의에 대해 불평해왔다. 메르켈주의는 사르코지의 정책과 비슷하게 긴축재정으로 유도하는 시도였지만, 그보다 훨씬 대폭적이고, 유럽 어디에나 적용되는 공동의 원칙을 따라야 한다는 약속과 책임 면에서 엄청나게 독일적이었다. 유로존을 건전하게 유지하기 위한 메르켈의 접근방식은 많은 유럽인들에게 이류경제학 또는 도덕적 파산으로 보였다. 무엇인가를 꽉 움켜쥔 죽은 자의 손과 같은 메르켈주의는 과거 나치 점령에 대한 기억을 불러일으킬 만큼 도발적이었다.

브루스 스토크스Bruce Stokes(2013)는 독일과 프랑스가 유럽연합에 대한 각자의 견해를 내놓으면서 양국 관계에 균열이 커지고 있다고 보았다. 독일인들은 유럽통합에 대해 여전히 긍정적으로 생각하는 반면, 높은 실업률 때문에 화가 난 프랑스인들은 새롭게 유럽 회의론을 드러냈다. 2013년 퓨리서치센터의 여론조사에서, 프랑스 응답자의 41퍼센트만이 유럽연합에 대해 호의적인 의견을 보였는데, 6년 전에는 62퍼센트가 호의적이었다.

그리스와 남부 유럽의 다른 국가들이 긍정적인 GDP 성장을 보이고 재정 건전성도 개선되면서, 유로존 위기는 마침내 가라앉았다. 하지만 2017년 많은 유럽인들, 특히 독일인들은 프랑스의 대통령 선거를 걱정하게 되었다. 극우와 극좌 포퓰리스트들이 메르켈

이 이끄는 유럽연합에 대한 분노 때문에 서로 단결했고, 그들이 상 승세를 보였기 때문이다. 그렇지만 결국 중도주의자로 전향한 사 회주의자 에마뉘엘 마크롱이 선거에서 승리하면서 프랑스를 다시 유럽통합 프로젝트에 진입시켰다.

마크롱과 메르켈은 유럽연합을 움직였던 프랑스-독일 축을 되 살리기 위해 발 빠르게 움직였다. 실제로 두 지도자는 유럽을 위한 두 가지 주요 계획에서 협력했다. 우선 그들은 유럽 공동 안보정책 의 틀 안에서 유럽연합 상비군 창설을 촉구했다. 이 새로운 군대는 나토를 보완하고, 1990년에 유럽연합 회원국들이 위기에 더 신속 하게 대응할 수 있게 하려는 목적으로 창설했던 5개국 유럽군단을 대체하는 것이었다.[17] 또한 두 지도자는 유로존 회원국들이 그들의 재정 상태를 유지하고 경제를 안정시키기 위한 개혁을 추진하도록 지원하기 위해 유럽연합의 예산을 새로 편성하는 계획을 공동으로 수립했다.[18]

2019년 초, 메르켈과 마크롱은 독일의 아헨에서 만났다. 아헨은 중세 시대에 샤를마뉴 왕의 거주지였고, 2차 세계대전이 끝날 무 렵 연합군이 처음 점령한 독일 도시였다. 독일과 프랑스의 두 지도 자는 (나토를 약화시키지 않으면서) 군사적으로 서로를 방어하고, 양국 국민 간의 교류를 촉진하며, 청정에너지 프로젝트에서 협력하고, 국경을 넘어서는 새로운 기반시설을 건설하기로 약속하는 새로운 양자 조약에 서명했다. 새로운 조약은 무엇보다 유로화 위기, 브렉시트, 민족주의 대두와 함께 갑자기 위험에 처한 것처럼 보였던 유럽통합을 위해 더 긴밀하게 협력할 것을 촉구했다. 당시 정세는 독일 내부에서 제기된 불만 때문에 메르켈 총리가 이미 기민련 당대표직에서 사퇴했고, 프랑스에서는 대규모 시위가 마크롱 정권을 위협하는 상황이었다.

아헨에서 메르켈 총리는 "유럽연합 내에서 독일과 프랑스의 책임을 재정립할 것"을 촉구했다. 마크롱은 훨씬 더 멀리 갔다. 그는 "유럽은 세계에서 불어오는 새로운 폭풍으로부터 우리 국민들을 보호하는 방패"라고 선언했다.[19]

2021년 프랑스의 여론조사 결과는 프랑스 시민 84퍼센트가 독일을 믿을 만한 파트너로 생각한다는 것을 보여줌으로써, 이제 그들이 이웃 국가를 신뢰하게 되었다는 사실을 확인해주었다. 이 정도의 신뢰 수준은 다른 유럽 국가들이나, 미국(60퍼센트)을 포함한 북아메리카 국가들에 대한 신뢰 수준보다 훨씬 높은 것이었다.[20]


## 제반 요인

### 사과 담론과 행동

린드(2008: 155)가 지적하듯이, 독일-프랑스 사례는 반성 없이 화해가 가능하다는 것을 보여준다. "독일이 실행한 주목할 만한 과거사 극복Vergangenheitsbewältigung은 프랑스-독일 화해 프로세스에 앞서 이루어진 것이 아니라, 그 뒤를 따른 것이었다." 린드는 이를 더 포괄적으로 표현해서, 공식적인 사과가 국가 사이의 긴장을 완화하는 데 도움을 줄 수도 있지만, 항상 필수적인 것은 아니라고 주장했다.[21] 이것은 논란의 여지가 있는 주장이다. 개인적인 삶에서, 우리 대부분은 불량배들이 자신들의 죄 또는 그로 인한 수치심을 공개적으로 인정하는 표현으로 머리를 숙일 때까지 그들을 친구로 받아들이는 것을 거부한다. 학자들은 국제 시스템 속에서 개별 국가들이 마치 운동장에 있는 개인들처럼 움직인다고 생각하는 경향이 있다. 예를 들어 토머스 버거(2012: 247)는 2차 세계대전 종전 직후 독일의 "속죄"가 "불완전"했다는 사실은 인정하지만, 그럼에도 불구하고 "독일의 사과와 보상은 유럽통합 프로세스를 점점 심화시키는 데 도움이 되었고, 프랑스와 지속적인 파트너십을 구축할 수 있게 해주었다"라고 주장했다.

여기서 내가 제시하는 증거는 버거가 아니라 린드의 주장을 뒷받침한다. 2차 세계대전 종전 후 20년 동안 독일은 자국의 군사적 침략에 대해 프랑스에 공식적으로 사과한 적이 없다. 물론 1958년 9월 프랑스 대통령의 사저에서 이루어진 아데나워와 드골의 회동과 같이 세간의 이목을 끄는 정상 간의 만남은 있었다. 하지만 당시 과거사에 대한 어떤 반성의 말이나 애도의 제스처는 없었다. 앞에서 언급했듯이, 독일 지도자들은 국가에 의한 집단범죄를 명시적으로 인정하지 않는 경향이 있었지만, 나치 정권하에서 유대인들이 당한 고통에 대해서는 인정했다.[22] 아데나워는 1952년 체결된 룩셈부르크 조약의 일부로 이스라엘에 35억 마르크를 지불하기 위해, 이를 주저하는 독일연방의회를 설득하기도 했다.[23] 그리고 마침내 본은 12개 유럽 국가들과 협정을 맺고, 종교·국적·이념 또는 인종 때문에 나치에 의해 박해받은 개인들에게 보상금을 지불할 것을 약속했다. 하지만 1969년까지 독일을 통치했던 아데나워와 기민련의 다른 저명한 지도자들은 프랑스에 사과를 표명하지 않았다.

그 당시 독일인 대부분은 과거를 잊고 싶어 했고, 만약 그들이 나치 시대의 어떤 것을 기억하고자 했다면 그것은 그들이 당한 엄청난 피해였다. 당시에 세워진 몇 안 되는 공식 기념물 중 하나는 1952년 베를린의 메링담에 있는데, 전쟁이 끝난 후 유럽 각지에 흩어져 있던 그들의 집에서 강제추방당한 독일인들을 위한 것이다.

자신들이 당한 전쟁 피해가 아니면, 독일인들은 모두 입을 닫았다. 강제수용소와 독일의 만행을 보여주는 다른 현장들은 대부분 파괴되거나 평화 시 목적으로 전환되었다. 독일의 항복 기념일인 5월 8일은 해마다 별도의 예고나 눈에 띄는 행사 없이 지나갔다.[24] 독일의 역사 교과서들도 침묵에 빠져 있었고, 그 대신 바흐나 괴테, 그리고 더 먼 목가적인 과거에 초점을 맞추었다. 불프 칸슈타이너Wulf Kansteiner(2006: 111)는 "교사들은 아예 현대사를 가르치는 것에서 손을 떼었다"라고 말했다.

기민련의 침묵은 전반적인 여론을 반영한 것이었다. 그들은 탈나치화나 전쟁범죄자로 추정되는 사람들에 대한 재판을 더 추진하라는 요구에 반대했다. 전쟁으로 초토화된 국가를 전면적으로 재건해야 하는 시기에 독일을 분열시킬 것을 우려했기 때문이다. 아데나워는 국민들에게 "과거사를 뒤로 미루도록" 격려했다.[25]

분명 모든 독일인이 기억상실증에 걸린 것은 아니었다. 독일 사민당은 역사의식을 심화하기 위한 캠페인을 벌였으며, 평화를 위한 화해행동서비스와 같은 비정부기구들은 정부가 과거를 기억할 때, 나치즘과 이전 군국주의에 의해 희생된 비독일인들에게 초점을 맞추도록 압박했다. 그러나 과거를 기억하는 일에 전념하는 독일 기관들의 네트워크인 '테러의 토포그래피 박물관'〔독일 베를린에 있는 야외 및 실내 역사박물관. 1933년부터 1945년까지 나치 정권에 의해 자행된 테러 관련 기록을 전시·보존함으로써 나치 과거사 청산에 기여하고자 나치의 테러 기구들이 위치해 있던 장소에 설립되었다〕의 책임자 토마스 루츠Thomas Lutz는 자신을 포함해 과거사 문제를 성찰하고 반성하는 입장을 가진 사람들은 1960년대 후반과 1970년대 초반까지는 "작은 소수"에 불과했다고 말한다. 그러다가 "학생운동으로부터 변화가 시작되었다. 우리가 독일 국민뿐만 아니라 다른 사람들이 겪은 고통에 대해서도 관심을 보이기 시작한 것은 바로 그때부터."[26]

1969년, 사민당이 전후 처음으로 본에서 권력을 잡았고, 그것은 과거사에 대한 담론을 즉각 변화시켰다. 신임 총리 빌리 브란트는 연방의회에서 2차 세계대전 말기 독일인들이 끔찍한 고통을 겪은 것은 사실이지만, 그것은 다름 아닌 독일의 침략으로 인한 것이라고 말했다. 그의 후임자인 또 다른 사민당 소속 헬무트 슈미트는 1978년 11월 9일, 유대인 박해가 본격적으로 시작된 이른바 '제국 수정의 밤' 40주년 기념일 밤에, 독일인들은 나치의 만행 앞에서 안일했으며, 그것이 바로 독일인들이 전후에 느낀 "비통과 수치심의 원인"이라고 외치는 열정적인 연설을 했다.[27]

그런데 독일은 사민당이 권력을 잡기 이전에, 그래서 독일이 역사에 대한 담론을 수정하기 훨씬 전에, 이미 프랑스와 화해를 이루었다. 그것은 "미안하다"는 말도 없이 이루어졌다. 1964년 여론조사에서 프랑스 응답자의 53퍼센트는 독일에 대해 호감을 느끼거나 매우 호감을 느낀다고 말했는데, 이는 10년 전의 9퍼센트에서 대폭 상승한 것이었다. 사실상 양국 관계의 돌파구는 1957년에 처음으로 긍정적인 견해가 부정적인 견해(긍정 21퍼센트 대 부정 18퍼센트. 1년 후인 1958년에는 37퍼센트 대 8퍼센트. 도표 3.1 참조)를 앞질렀을 때 이미 마련된 것이나 다름없었다.

이후 이러한 변화 추세는 뒤집어지지 않았다. 심지어 1980년대에 독일의 과거 기억을 이른바 다른 나라들이 하는 수준으로 '정상화'하고 독일의 죄의식을 완화하려는 새로운 노력을 이끌었던 기민련의 재집권조차도 그렇게 할 수 없었다. 프랑스와 독일은 통일된 유럽에서 대등한 파트너 또는 유럽을 이끄는 공동 지도자였

[도표 3.1] 독일(서독)에 대한 프랑스인의 인식 (1954~1964)　　　　　　(단위: %)

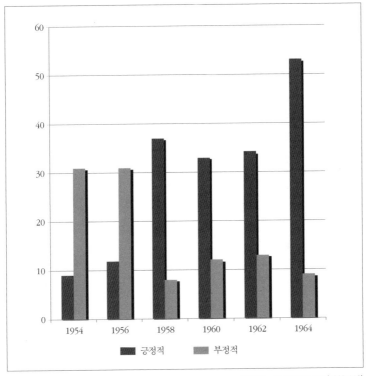

출처: Merritt and Puchala (1968: 119)

다. 그리고 양국의 이러한 지정학적 관계는 미테랑과 콜이 1차 세
계대전 당시 피비린내 나는 격전지 중 하나로 독일군에 의해 파
괴된 프랑스 마을 베르됭을 함께 방문함으로써 상징적으로 표현
되었다. 1984년 9월, 양국 지도자는 그곳, 프랑스와 독일 군인들
의 무덤 앞에서 손을 꼭 잡았다. 발레리-바르바라 로수Valérie-Barbara

Rosoux(2001:193)는 당시의 역사적인 장면을 다음과 같이 묘사했다.

> 독일과 프랑스가 치열하게 싸웠던 과거의 전쟁은 이제 함께 겪은 집
> 단적인 고통을 보여주는 공동의 과거로 제시되었다. 양국은 더 이상
> 공식적인 기억 속에서 서로 맞서 있는 집단으로 묘사되지 않는다. 그
> 들은 서로 떨어져 사는 집단이라는 이질적인 성격을 버리고, 함께 겪
> 은 쓰라린 고통을 서로 아파하는 형제가 되었다.

양국 관계를 연구하는 프랑스와 독일의 전문가들은 사과와 반성
을 표명하는 말과 제스처가 중요하다는 것을 인정한다. 그러나 그
들은 대부분 프랑스-독일 화해의 경우 이런 요소들이 지역 또는
범대서양 협정만큼 영향력이 크지 않았다는 것을 알고 있는 듯하
다. 베를린자유대학교에서 재직하다 은퇴한 프랑스 학자 에티엔
프랑수아Étienne François는 이렇게 말했다.[28] "물론 독일은 사과도 하
고 배상금도 지불했습니다. 하지만 이것들은 중요한 요소가 아니
었어요. 가장 중요한 요소는 유럽 프로젝트를 통해 공동의 관심사
를 개발하고 상호 이해를 증진한 것이었습니다."

## 경제적 상호의존성

유럽 대륙의 경제 강국이자 이웃 국가인 프랑스와 독일은 이제 긴
밀한 무역 파트너다. 하지만 그들은 서로 화해를 이루기 전까지는

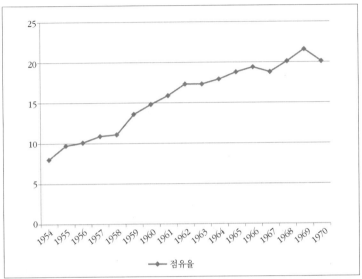

**[도표 3.2] 프랑스의 무역에서 독일이 차지하는 비중 (1954~1970)**　　　　(단위 : %)

출처: 세계은행의 WITS

상호의존하지 않았다.

　프랑스 시민들이 독일에 대해 긍정적인 의견을 표현하기 시작
했던 1958년, 독일이 전체 무역에서 프랑스에 의존하는 비중은
5.5퍼센트 정도에 불과했다. 프랑스와 독일의 화해가 확고하게 정
착된 1969년에는 13퍼센트로 증가했다. 이 사안의 프랑스 버전도
비슷하다. 1958년, 프랑스의 전체 무역에서 독일이 차지하는 비중
은 그리 많지 않은 11퍼센트였다. 프랑스 전체 무역의 20퍼센트가
독일에 의존하게 된 것은 이로부터 10년 후인 1968년, 즉 양국이
화해를 이룬 지 한참 후였다(도표 3.2 참조).

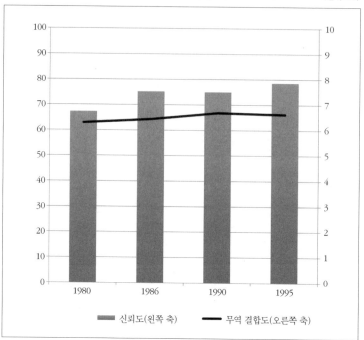

출처: 유로바로미터 & 세계은행의 WITS

경제적 상호의존의 효과를 평가하는 또 다른 방법은 독일과 프랑스 사이의 무역 결합도 또는 양국 사이의 종합적이고 전반적인 무역 점유율을 조사하는 것이다. 이들 지표는 1980년과 1995년 사이에 비교적 일정한 반면, 유로바로미터의 여론조사에서 측정된 독일에 대한 프랑스의 신뢰도는 증가했다(도표 3.3 참조). 무역 결합도 및 점유율과 양국의 화해 사이의 상관관계에 대한 더 많은 증거

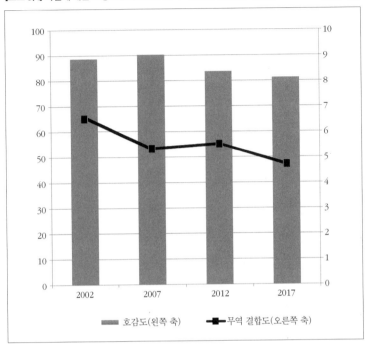

[도표 3.4] 독일에 대한 프랑스인의 호감도와 무역 결합도 (2002~2017)    (단위: %)

호감도(왼쪽 축)　━━ 무역 결합도(오른쪽 축)

출처: 유로바로미터 & 세계은행의 WITS

는 2002~2007년의 양국 간 무역 결합도를 조사한 결과에서 발견된다. 양국 간 무역 결합도는 2002년에서 2007년 사이에 다소 하락했지만, 퓨리서치가 조사한 독일에 대한 프랑스인들의 견해는 일관되게 긍정적인 모습을 보여주었다(도표 3.4 참조). 반면 2007년에서 2017년 사이에 무역 결합도가 (또다시) 소폭 하락하는 동안 독일에 대한 프랑스의 시각도 근소하게 하락했다. 이것이 지금까지 프랑스-독일의 화해를 설명하는 요소로서 경제적 상호의존성이 가지는 정합성을 보여주는 유일한 증거다.

프랑스와 독일은 서로 상대국 경제에 많이 투자한다. 2021년 중반에 2700개 이상의 프랑스 회사들이 독일에 진출해 있었고, 약 3200개의 독일 회사들이 프랑스에서 운영되고 있었다.[29] 실제로는 훨씬 더 많을 수 있다.[30] 하지만 프랑스와 독일이 함께 설립한 다국적기업들이 국경을 넘어 대규모로 투자한 것은 비교적 새로운 현상이다. 어쨌든 프랑스와 독일의 해외 직접투자는 그들이 화해한 지 한참 후인 1990년대 후반까지도 한 나라에서 다른 나라로 대규모로 유입되지 않았다. 여러 해 동안 미국과 영국의 기업들이 프랑스와 독일에 각각 훨씬 더 많이 투자했다.[31]

따라서 상호 직접투자는 독일과 프랑스의 강력한 경제적 상호의존성을 보여주는 지표가 아니다. 관광 관련 자료도 마찬가지다. 독일 연방통계청에 따르면 독일이 프랑스에 보낸 단기 방문객은 어떤 다른 나라보다 많았던 반면, 프랑스는 독일을 방문하는 해외 관광객 가운데 여섯 번째 국가다. 그러므로 만약 이런 흐름 속에 어떤 상호의존성이 있다면, 그것은 의존성이 매우 비대칭적이라는 사실이다.

## 공식적 협력

여기에 내가 제시하는 증거는 독일이 이웃 국가 및 지역과 협력함으로써 프랑스와 화해했음을 시사한다. 즉 독일은 자국을 유럽공동체와 범대서양공동체 안에 정착시키는 일련의 양자 및 다자간 유대관계를 구축함으로써 과거라는 유령에서 벗어났다. 경제 및 안보 기구의 두터운 네트워크에 참여하는 데 동의함으로써, 독일은 초국가주의를 추구하며 잔인한 군국주의적 노선으로 치닫던 과거 패턴과 단절했다. 이웃 국가들을 지배하려고 하지 않고 그들과 협력하겠다는 신뢰할 수 있는 행동을 보여준 것이다. 유럽석탄철강공동체는 그 첫 단계였으며, 곧 나토, 그리고 유럽원자력공동체와 유럽경제공동체가 뒤따랐다. 이들 기구는 모두 프랑스 정치인 모리스 포르Maurice Faure가 프랑스와 독일을 연결하는 "수천 개의 작은 연결고리"라고 부르는 것을 대표하며, 그 고리들은 미래에 두 나라 사이의 갈등 발생을 줄여줄 것으로 기대되었다.[32]

여론조사 자료에 따르면, 독일의 유럽화는 1950년대에 시작되어 점점 가속화되었으며, 그 과정에서 그들이 보여준 헌신적인 자세는 1964년경 프랑스인들이 그때까지 독일에 대해 갖고 있던 좋지 않은 감정, 그리고 의심과 적대감을 내려놓도록 만들었다. 즉 독일과 프랑스 두 나라는 유럽의 제도적 통합 첫 단계가 완료된 1960년대 중반에 화해를 이룬 것이다.

슈뢰더 총리 정부 시절 독일-프랑스 관계에 대한 자문역을 지낸 독일의 프랑스 역사학자 루돌프 폰 타덴은 "누구도 역사를 되돌릴 수는 없다"라고 설명한다.[33] "2차 세계대전 이후 우리는 새로 시작할 필요가 있었으며, 새로운 유럽을 건설하려는 노력에 헌신함으로써 우린 그것을 해냈다."

물론 유럽통합 프로젝트는 1960년대 중반 이후에도 계속 진행되어, 유럽통화제도(EMS), 유럽공동체, 유럽연합, 유럽통화동맹이 설립되었고, 수많은 조약들이 새로 체결되었다. 프로젝트가 진행되면서 피비린내 나는 과거의 기억은 더욱 희미해졌다. 프랑스의 정치학자 슈테판 마르탱Stephan Martens(2002~2003:14)은 다음과 같이 결론짓는다. "오랜 세월 프랑스와 독일의 관계를 괴롭혀온 많은 문제들, 특히 한 세기도 안 되는 기간에 일어난 세 차례 전쟁은 유럽연합이라는 다자간 협력의 틀 밖에서는 해결될 수 없었을 것이다."

독일 지도자들은 반복해서, 유럽통합 프로젝트는 독일이 폭력적인 과거에서 벗어나 평화로운 미래로 가는 길이라고 언급했다. 1장에서 언급한 바와 같이, 헬무트 콜 총리는 1994년에 이를 "민족주의, 쇼비니즘, 인종차별주의의 재등장에 맞서 대비하는 가장 효과적인 보험"이라고 말했다.[34] 콜의 후계자인 기민련 당대표 볼프강 쇼이블레Wolfgang Schäuble는 1997년 6월 독일 외교관계위원회에서 "20세기 전반의 경험들은 우리 독일인들에게 스스로를 서방에 결속selbsteinbindung시킴으로써 〔유럽〕 통합verflechtungen에 모든 것을 걸라고 가르쳤다"고 말했다.[35]

프랑스 문제 전문가들도 이에 동의하는 경향이 있다. 존스홉킨스대학교와 파리정치대학교에 소속된 프랑스 정치학자 니콜라 자브코Nicolas Jabko에 따르면, 지역 협력기구, 특히 유럽연합은 프랑스-독일 관계를 공고히 하고 화해를 촉진하는 '접착제' 역할을 했다.[36] 이미 앞서 인용했던 두 사람, 즉 프랑스 관료인 실비 굴라르와 베를린자유대학교에서 재직하다 퇴임한 프랑스 역사가 에티엔 프랑수아도 같은 결론에 도달했다.

비록 유럽통합 프로젝트를 시작한 것은 본/베를린과 파리의 정치 지도자들이지만, 두 나라의 시민들은 결국 유럽통합을 받아들였다. 이는 국경의 양쪽에서 서로 짝을 이루어 협력관계를 구축한 지방자치단체들의 활동에서 분명하게 나타난다. 나는 2009년 독일 마인츠시와 자매결연을 맺은 프랑스 디종의 한 '자매 지역'에 있는 단체를 방문했다. 최근까지 하우스 라인란트팔츠Das Haus Rheinland-Pfalz(프랑스어로는 Maison Rehanenie-Palatinat)를 담당했던 독일 국적의 틸 마이어Till Meyer는 그의 단체가 유럽통합이 전개되는 과정의 일부라고 보았다. 그는 내게 "이것은 중앙 정부가 아닌 지방 정부를 통해 유럽을 창조하는 새로운 방법입니다"라고 말했다.[37] "유럽은 이제 어떤 추상적인 현상이 아니라 일상적인 삶이 이루어지는 곳입니다."

처음에는 공식적이고 법적인 합의를 통해, 그리고 이제는 일상적인 삶을 통해 이루어지는 양국의 협력은 프랑스와 독일의 화해를 이루어냈다. 그것은 1950년대에 시작되어 오늘날에도 계속되고 있다.

# 요약

이번 사례 연구는 독일과 프랑스가 1960년대 중반, 즉 사민당이 본에서 권력을 차지하고 과거의 전쟁범죄를 인정하기 전, 양국의 경제가 다소간 상호의존적이 되기 이전에 이미 화해를 이루었다는 것을 보여준다. 화해는 한때 서로 피비린내 나는 적이었던 두 나라가 경제통합에서 안보동맹에 이르기까지 양자 간 프로젝트, 지역 및 범대서양 프로젝트에서 공동의 기반을 발견한 후에 이루어졌다. 1950년대에 시작된 공식적인 협력은 아시아 지역에서와는 다른 결과를 만들었다.

프랑스와 독일의 대표자들은 이제 기대감을 갖고 미래를 바라본다. 그들은 더 이상 과거 역사에 연연하지 않는다. 그리고 적대적이었던 과거라는 유령들이 더 이상 양국 관계를 괴롭히지 않는 것처럼 보인다.

베를린에 있는 독일외교정책학회Deutsche Gesellschaft für Auswärtige Politik(DGAP)에서 프랑스 학자 클레어 뎀스메이Claire Demesmay는 이렇게 말했다. "우리는 화해 이후의 시기에 있습니다. 물론 프랑스와 독일은 서로 다른 정치 문화, 다른 경제 구조를 가진 다른 나라이고, 두 나라 사이에는 다른 모든 양국 관계에서처럼 약간의 긴장감이 있습니다. 그러나 이들 사이에서 전쟁은 이제 상상할 수조차 없어요. 이는 과거와 엄청나게 다른 것입니다."[38]

파리에 있는 프랑스-독일연구소Institut Franco-Allemand에서 연구를 수행했던 독일인 컨설턴트 볼프람 포겔Wolfram Vogel도 이에 동의한다. "우리는 더 이상 화해에 대해 이야기하지 않습니다. 화해라는 단어는 더 이상 대중 담론의 일부가 아닙니다. 화해는 끝났습니다. 그것은 이미 오래전에 완성되었습니다."[39]

# 4장

# 일본과 한국

### 동맹 사이의 적대감

일본과 한국은 모두 민주주의 체제와 선진 자본주의 경제를 갖고 있으며, 미국과 안보동맹 관계를 맺고 있다. 따라서 두 나라는 오늘날 바로 독일과 프랑스가 그렇듯이, 국제 체제와 이웃 관계에서 자연스러운 파트너 국가로 보인다. 그러나 사실 일본과 한국은 서로 잘 지내지 못했다. 그들은 독도/다케시마(이하 '독도')의 소유권을 둘러싸고 끊임없이 논쟁을 벌여왔으며 과거를 어떻게 기억할 것인가를 둘러싸고도 늘 충돌해왔다. 2021년 9월, 한국인의 거의 40퍼센트가 여론조사에서 도쿄를 군사적 위협으로 간주한다고 밝혔다.[1] 다른 여론조사(2019년 봄)에서는 한국 응답자들이 미국(10만 점 가운데 5.84)이나 중국(3.64)보다 일본(3.32)에 대해 훨씬 덜 호의적이었다.[2] 또 다른 여론조사(2019년 11월)에서는 한국인의 46퍼센트가 만약 북한과 일본 사이에 전쟁이 벌어지면 북한을 지지할 것이라고 밝혔다. 일본을 지지하겠다고 밝힌 사람은 15퍼센트에 불과했다. 남한과 북한이 수십 년간 호전적으로 대치하고 있음에도 불구하고, 한국인들은 일본보다 북한을 선호하는 모습을 보였던 것이다. 1950년 북한의 남침, 1970년대 수많은 한국 시민들의 납치, 1987년 수많은 인명을 살상한 KAL기 폭파 사건, 2010년 천안함 격침과 연평도 포격, 그리고 최근 몇 년 동안 핵무기를 사용해 서울을 '불바다'로 만들겠다는 평양의 거듭된 위협[3] 등에도 불구하고 말이다.

2015년에서 2018년 사이에 한국인의 반일감정은 점차 줄어들었고, 이는 양국 관계가 개선될 것이라는 희망을 갖게 했다. 하지만 안정적이던 시기가 끝나갈 무렵 발생한 일련의 사건들은 다시 상호 불신과 새로운 비관론을 불러일으켰다. 이런 상황은 익숙하다. 외교를 통해 일본과 한국 사이의 긴장이 완화되는 듯 보였던 1990년대 말에도 희망이 무르익었었다. 그러나 그 순간 역시 오래가지 않았다. 결국 제대로 된 화해는 이루어지지 않았다.

일본에서 상당한 기간을 체류했던 한국인들도 여전히 일본에 대해 적대적이다. 2009년 나는 당시 유럽연합 주재 한국 대사였던 박준우를 만나기 위해 브뤼셀을 방문했다. 그는 1990년대 도쿄 주재 외교관으로 한국 외교통상부의 일본 국장을 역임했다. 그는 내게 "한국에 대한 일본의 만행은 단지 최근의 일만이 아니고, 오랜 과거로 거슬러 올라갑니다"라고 말했다.[4] "일제강점기에 그들은 우리

민족을 투옥하고 고문했으며, 우리 문화를 말살하려 했습니다. 그 전에는 명성황후를 시해했으며, 16세기에는 우리를 완전히 멸망시키려 했습니다."

온건한 성향의 많은 한국 학자들도 여전히 일본에 대해 분노하고 있다. 예를 들어 사회학자이자 서울대학교 명예교수인 신용하는 일본이 독도 영유권을 주장할 때마다 감정이 끓어오른다고 인정했다. 그는 내게 "그런 주장은 일본에서 제국주의가 부활하고 있다는 것을 보여주며, 이는 또다시 한국의 독립을 위협하는 일입니다"라고 말했다.[5] "이것은 일본에겐 사소한 일일지 모르지만 우리에게는 매우 중요합니다. 독도는 우리 민족의 주권을 상징하기 때문입니다."

자, 그렇다면 과거는 왜 이렇게 일본과 한국의 관계를 계속 괴롭히고 있는 것일까? 일왕을 비롯한 일본의 관료들은 한국인들에게 진심 어린 뉘우침의 언어를 사용하고 구체적인 범죄를 확인하며 한국인들에게 사과했다. 도쿄 정부는 2차 세계대전 당시 일본군을 위해 성노예나 '위안부'로 강제동원되었던 사람들에게 보상하기 위한 공식 기금과 제한적이지만 보조금과 차관의 형태로 보상을 제공했다. 그리고 양국 경제는 견고하지만 비공식적인 형태의 투자 및 무역 관계 등을 통해 비교적 상호의존적인 관계를 유지하고 있다. 유럽의 사례와 비교할 때 여기에서 무언가 중요한 것이 빠졌다면, 그것은 지역주의(공식적인 무역 또는 안보 협정)다. 지역주의가 실현되었다면, 일본은 그들이 이웃 국가들과 상호 협력을 위해 노력하겠다는 약속을 입증할 기회를 얻었을 것이다.

한일관계가 화해에 이르지 못하는 원인이 무엇인지에 대해 분석을 시도하기 전에 우리는 어떻게 해서 과거라는 유령이 현재까지 양국 관계에서 사라지지 않고 있는지 밝혀내야 한다.


## 지속적인 적대감

### 1단계(1948~1992): 가부장제에서 독재, 그리고 민주주의로

일본, 그리고 한일관계에 대한 일본의 역사 서술을 바라보는 한국의 태도에는 주목할 만한 연속성이 있다. 알렉시스 더든Alexis Dudden (2008: 81)은 1945년 독립 이후 초기에 한국에서 여론을 주도한 사람들이 "지금과 크게 다르지 않은" 방식으로 일본을 비난했다고 지적한다. 예를 들어 1949년에 〈조선일보〉는 일본 정부가 한국 해역에서 "은밀하고 불법적으로" 이루어지는 일본 어부들의 어로 활동을 배후에서 지원한다고 비난하며, 서울의 정치인들은 도쿄의 정치인들이 보복주의적인 야망, 다시 말해 패전 이전 상태로 회복하고자 하는 야망을 품고 있다며 분통을 터뜨렸다고 전했다.[6] 1951년 이승만 대통령은 일본이 "과거의 잘못에 대해 반성한다는 구체적이고 건설적인 증거, 그리고 현재와 미래에 우리를 공정하게 대하겠다는 새로운 결의"를 보여줄 것을 요구했다(Lee 1985: 37). 이어진 발언에서 그는 "만약 일본 측이 이러한 요구에 응한다는 입장을 재확인해주지 않는다면, 한국인들은 일본이 단지 한반도를 '다시 지배하기'를 원한다고 믿을 수밖에 없다"라고 선언했다.[7]

이승만은 한국의 후견 국가인 미국이 내세운, 아주 무능한 지도자는 아니더라도 부패한 지도자였다. 그의 정통성은 거의 전적으로 항일 행적에 달려 있었기 때문에, 그는 과거 한국을 식민통치한 국가와 수교하는 것을 몹시 꺼렸다. 일본과의 수교는 1961년 군사쿠데타로 정권을 잡은 전직 일본 제국군 장교 박정희에게 넘어갔다. 일본어를 구사하며, 자신의 전 고용주에 대해 뚜렷한 원한을 품지 않은 박 장군은 일본과의 국교정상화 협상에 들어갔다. 일본이 식민지배에 대한 배상금 지불을 면제받는 대신, 한국에 8억 달러의 원조(무상 3억 달러, 저금리 차관 2억 달러, 상업/민간 차관 3억 달러)를 제공할 것을 요구하는 협상이었다. 이렇게 협상 테이블에 오른 국교정상화 협정은 비평가들이 "매국賣國"이라고 부른 사태에 저항하는 대규모 거리 시위를 촉발하면서 한국에서 엄청난 논란을 불러일으켰다(Lee 1990: 65).

계엄령으로 통치하는 무자비한 독재자였지만, 그럼에도 불구하고 박 대통령은 1964년 한일 국교정상화 조약에 서명하기 전에 일본에게 '과거 침략'을 공개적으로 인정할 것을 요구해야 한다는 압박감을 느꼈다. 이것은 민감한 사안이었다. 많은 일본 지도자들은 일본이 한반도를 식민통치하는 동안 끔찍하게 지독한 방식으로 잘못 행동했다고 생각하지 않기 때문이다. 그러나 일본 주재 미국 대사 에드윈 라이샤워는 한일 협상이 마무리되기를 간절히 바랐다. 그래서 그는 도쿄 정부에 압력을 행사해서, 내용이 다소 모호하더라도 관련 사안에 관한 성명을 발표하도록 했다. 그 결과 1965년 2월에 일본 외무대신 시나 에쓰사부로가 서울을 방문해서 "우리나라의 오랜 역사 속에 일어난 불행한 시기"가 있었던 점에 대한 "진정한 유감"과 "깊은 반성"을 표명했다. 당시 상황에서는 이것으로 충분했음에 틀림없다. 조약은 몇 달 후에 비준되었다.[8]

그러나 조약이 비준되었다고 해서 한일관계가 갑작스레 개선되지는 않았다. 1973년 오랜 야당 지도자 김대중이 도쿄에서 한국 정보기관 요원들에게 납치되었을 때 양국 관계는 더욱 악화되는 것처럼 보였다. 1974년에는 일본어를 구사하는 한 재일교포가 일본 여권으로 서울에 들어와 박 대통령을 암살하려다, 대통령 부인을 저격해 살해하는 사건이 발생했다.

무역은 양국 경제가 서로 가까워지도록 했지만, 항상 양측에게 만족스러운 방식은 아니었다. 한국은 일본과 많은 무역을 했다. 1960년대 말부터 1970년대 중반까지 과거 식민 지배국이었던 일본과의 무역은 때로는 한국의 전체 무역에서 40퍼센트를 차지할 정도였다.[9] 사실 한국의 제조업체들은 지나칠 정도로 일본 기술에 의존하게 되어서, 결과적으로 대일 무역 적자가 급증하기 시작했다. 장기영 전 부총리는 1975년 한일협력협회에서 행한 연설에서 이런 무역 불균형 상황에 대해 신랄하게 비판했다. "한국에는 꿩도 먹고 알도 먹는다는 속담이 있습니다. 그런데 일본은 꿩과 알뿐만 아니라, 알에서 갓 태어난 병아리까지 먹고 있습니다."(Lee 1985: 57) 그는 일본이 한국에 자금을 대출해줄 때, 일본 제품 구매를 조건으로 달고 있으며, 기술도 일본산 기계 및 부품의 수입이 필요한 기술을 제공하고 있다고 주장했다. 달리 표현하면, 일본 기업들이 이런 방식으로 그들의 작은 이웃을 지배할 수 있다는 것이었다. 과거에 했던 것처럼.

1980년대에는 국제적인 신냉전으로 인해 양국이 더욱 가까워졌다. 레이건 미국 대통령은 일본과 서울이 미국의 핵우산 아래서 모스크바와 평양에 맞서 연합전선을 형성하기를 원했다. 한국의 새로운 군사 독재자 전두환은 일본으로부터 7년에 걸쳐 40억 달러의 저리 대출을 받게 되어 기뻐했다. 나카소네 야스히로 총리는 1983년에 서울을 방문해 이전 일본 지도자들보다 더 과거사를 뉘우친다는 목소리를 냈다. 1년 후 전두환이 도쿄의 왕궁을 방문해 나카소네의 호의에 보답했을 때, 히로히토 일왕은 국빈 만찬 자리에서 직접 일어나서 식민 과거에 대해 살짝 언급하며 사과를 표했다.

그렇지만 일보 전진 후에 일이보 후퇴하는 식의 한일관계에는 어떤 결정적인 돌파구 같은 것이 없었다. 한일관계는 1982년에는 문부성 인가 일본 교과서에서 사용된 용어를 둘러싼 논란[해당 역사 교과서에서 침략을 '진출'로 표현한 것 등 때문에 한국 내에서는 '일본 역사 교과서 왜곡 사건'으로 불린다). 그리고 1985년 나카소네의 야스쿠니 신사 참배(1978년에 신도神道 사제들이 A급 전범 14명의 유골을 합사하기로 결정한 이후, 일본 총리가 행한 첫 공식 참배) 논란에 휩싸인 채 수렁에 빠졌다. 그 과정에서 양국 외교는 심각한 곤욕을 치렀다.

또 한 명의 군부 지도자 노태우가 1990년 5월, 도쿄를 국빈방문해 부친이 사망한 후 후계자 역할을 맡은 아키히토 일왕, 그리고 가이후 도시키 총리를 만났다. 두 사람은 추가적인 사과 성명을 요구하는 노 대통령의 요청에 응했다. 새 일왕은 그의 부친보다 더 분명하고 더 힘 있는 단어를 사용했고, 총리는 명백하게 사과했다.

이것만으로는 분명 충분하지 않았다. 냉전이 종식되고 민주화의 문이 열리면서 한국의 시민단체들은 과거사에 대한 새로운 우려를 제기하기 시작했다. 예를 들어 일부 단체들은 일제강점기에 많은 조선인들이 일본의 '대동아공영권'에 속하는 전체 지역에 강제동원되어, 공장과 광산에서 노예노동자로 착취당했던 사실에 대해 문제를 제기했다. 많은 조선인들이 일본으로 건너가 공장 빈민가에 밀려들어 2등 시민 취급을 받고 살았다. 강제노동을 위해 시베리아 해안의 사할린과 같이 멀리 떨어진 곳으로 보내지기도 했는데, 이 지역은 2차 세계대전 종전 후 영유권을 주장하는 소련에 반환되었다. 한국의 시민단체 활동가들은 일본과 미국에서 제기된 다양한 소송에서 강제동원되었던 한국인들을 대변했다.

1991년 8월, 김학순 할머니가 텔레비전 카메라 앞에 서서 태평양전쟁 당시 일본군에게 끌려가 성노예로 강제노동을 당한 눈물겨운 이야기를 들려주면서 더 큰 논란이 일었다. 풀뿌리 페미니스트 단체(한국정신대문제대책협의회)로부터 용기를 내어 목소리를 내도록 격려받은 다른 여성들의 증언이 곧 그 뒤를 따랐다. 그리고 전 세계 언론이 '위안부' 여성들의 비극적인 이야기를 다루었다. 10만 명에서 20만 명에 이르는 여성들 가운데 다수가 한국인이었다. 이들은 강제, 회유, 혹은 감언이설에 속아서 군 위안소에 팔려갔으며, 이제 인생의 끝에 다가가는 나이였다. 분노는 한국에서 가장 격렬했다.[10]

1992년 1월, 일본 역사학자 요시미 요시아키吉見義明가 '위안소'를 설치하고 운영하는 데 일본 정부가 수행한 역할을 드러내는 군사 문서를 폭로한 후, 미야자와 기이치 총리 내각은 "말로 표현할 수 없을 정도로 고통을 겪은 분들께 진심으로 사과한다"라고 밝혔다. 그러나 이 성명은 '위안부' 관련 스캔들이나, 양국 관계를 악화시킬 또 다른 논쟁들을 끝낼 수 있는 수준에는 이르지 못했다.

양국 관계의 전문가인 나의 오랜 친구 이정복은 1992년 여름 서울에서 열린 한일 지식 교류 국제학술대회에서 열정적으로 발표를 했다. 그는 물었다. "우리 두 나라 사이의 두꺼운 장벽은 이제 허물어진 것일까요? 안타깝게도 우리는 이 질문에 긍정적으로 대답할 수 없습니다. 어쩌면 한국이 전후 일본에 대해 지금보다 더 좌절감

을 느낀 적은 결코 없었다고 할 수 있습니다."(1992: 9)

## 2단계(1992~2001): 희망을 가질 몇 가지 이유

1992년, 민간인이었던 김영삼은 일부 사람들이 한국 최초의 자유
롭고 공정한 대통령 선거라고 간주하는 대통령 선거에서 승리했
다. 한국은 이제 민주주의 국가가 되었다. 한국은 또한 젊었다. 인
구의 80퍼센트 이상이 한국이 일제강점으로부터 해방된 후에 태어
났다. 김 대통령은 1994년 3월 일본 국회에서 행한 연설에서 2차
세계대전 이후와 냉전 이후의 미래에 초점을 맞추었다. "우리는 과
거를 완전히 뒤로해야 합니다. 한국인들은 기꺼이 미래를 내다보
고 더 밝은 미래를 건설하기를 원합니다. 새로운 아시아 태평양 시
대를 여는 데 필수적인 새로운 한일관계를 구축하는 데 도움이 되
도록, 일본 국민들은 역사의 진실을 정면으로 직시하고 역사가 주
는 교훈에 부응할 용기를 가져야 합니다. 우리는 감정적 잔재나 민
족적 편견이 수그러들지 않은 채 남아서, 성숙한 양자 파트너십의
발전을 방해하는 것을 용납해서는 안 될 것입니다."

일본 역시 극적인 방식으로 앞으로 나아가고 있는 것처럼 보였
다. 1993년 일본 신당의 호소카와 모리히로가 이끄는 연립정당은
놀라운 움직임을 보이면서, 38년 만에 처음으로 보수적인 자유민
주당(이하 자민당)을 패배시키고 집권하는 데 성공했다. 이례적으로
젊고 카메라를 잘 받았던 지도자 호소카와는 일련의 연설을 통해

일본을 과거를 새롭게 인식하는 나라로 자리매김하게 만들었다. 그는 일본의 아시아 침략에 대해, 그리고 35년간 한국에서 자행한 육체적으로 끔찍하고, 문화적으로 잔인했던 식민주의에 대해 공개적으로 사과했다.

그리고 1년 후인 1994년에 자민당이 그들의 오랜 숙적인 일본사회당과 협력해 정권을 되찾았을 때, 일본사회당은 파트너십의 전제조건으로 자신들 중 한 명을 총리로 임명할 것을 요구했다. 일본의 좌파들은 일본 제국주의에 관해서 한국과 중국의 시각을 공유하는 경향이 있었는데, 평화주의자이자 사회주의자인 무라야마 도미이치도 예외는 아니었다. 그는 2차 세계대전 종전 50주년 기념 행사에서 일본의 군국주의적 과거에 대해 "진심 어린 사과"를 하고 "깊은 반성"을 표함으로써, 과거에 대한 반성의 새로운 기준을 세웠다. 그리고 일본 국회는 다소 완화된 사과 성명을 승인했다.

일본은 양국 관계에서 가장 골치 아픈 문제 중 하나인 '위안부' 문제조차도 기꺼이 수용하고자 하는 것처럼 보였다. 일본 정부는 성노예 혐의를 조사했고, 역사적인 고노 담화에서 많은 경우 군대나 그들이 위탁한 자들이 여성들에게 '위안부' 행위를 강요하거나 압력을 가했다는 것을 인정했다.[11] 1995년 일본은 아시아여성기금을 위한 민간 기부를 요청하기 시작했는데, 이 기관은 자신이 성노예로 일했다는 것을 입증할 수 있는 모든 여성에게 (재임 중인 총리의 사과 편지뿐만 아니라) 200만 엔을 보상하기로 약속했다.

양국 관계의 해빙 무드는 1998년 한국 좌파의 영웅인 김대중 대통령이 도쿄에서 그보다 정치적으로 훨씬 덜 화려한 상대인 오부치 게이조 일본 총리와 만났을 때 최고조에 달했다. 양국 지도자는 공동성명에 서명했는데, 거기에는 일본의 첫 번째 서면 사과(이후의 모든 사과와 마찬가지로 무라야마 담화를 모델로 한)와 이에 대한 한국의 수락이 포함되어 있었다. 두 정상은 "21세기를 위한 새로운 한일 동반자 관계" 구축을 촉구하며 양국에 커다란 의미를 갖는 경제적 조건에 합의했다. 김 대통령은 한국의 IMF 외환위기 극복을 위해 일본으로부터 30억 달러의 원조를 제공받기로 했다. 그리고 오부치 총리는 한국 정부가 오랫동안 유지해온 일본 문화 상품(영화나 음악 등)에 대한 수입 금지 조치를 점진적으로 완화할 것이라는 약속을 확보했다. 이어진 회담에서 한일 양국은 심지어 2002년 월드컵 축구대회를 공동 개최하기로 합의했다.

그러나 이렇듯 대체로 평온했던 날들에도 양국 사이에 분쟁이 전혀 없었던 것은 아니다. 최근 민주화를 통해 정부 검열이라는 굴레에서 해방된 한국인들의 목소리는 일본에 대한 한恨, 즉 가차 없는 분노를 표출하면서 더욱 날카로워졌다. 한 예가 1993년 KBS TV 특파원으로 도쿄에서 활동한 최초의 한국 여성이 쓴 책《일본은 없다》였다. 저자인 전여옥은 깊은 감정을 담은 그 책에서 자신이 인종차별주의적이고, 성차별주의적이고, "어린애같이 미성숙"하다고 묘사한 일본인들과의 많은 불쾌한 만남에 대해 기록했다.

그 책은 한국에서 금세 베스트셀러가 되었다. 같은 해에 김진명이 쓴 노골적인 항일소설, 《무궁화꽃이 피었습니다》도 마찬가지였다. 독도에 대한 일본의 공격을 그린 이 소설에서 남북한은 핵무기를 공동 제작해 일본을 격퇴한다. 이 소설은 빠르게 영화로 제작되었다. 서울의 영화 관람객들은 한국이 일본을 향해 치명적인 무기를 발사하는 장면에서 자리를 박차고 벌떡 일어나서 환호했다.[12]

심지어 일본 문제에 비교적 유화적인 자세를 보였던 정치인들도 대중적 입지를 강화하기 위해 일본 때리기로 돌아섰다. 1995년 김영삼 대통령은 한때 국립중앙박물관으로 개조되었던 옛 조선총독부 건물의 철거를 지시함으로써 일본의 항복 50주년을 기념했다. 1년 후 일본의 외무장관이 다시 독도 영유권을 주장하면서 독도에 접안 시설을 짓는 작업을 중단하라고 한국에 요구했을 때 김 대통령은 "말로 표현할 수 없을 정도로 격분"했다.[13] (한국 시위대는 일장기를 불태우고 주한 일본 대사관에 소금을 던지면서 대통령의 분노를 공유했다.) 1999년, 역사를 과거 속에 묻겠다고 맹세했던 지도자 김대중은 삼일절 기념일에, 1945년 한반도가 분단된 책임이 다른 강대국들과 함께 일본에 있다고 말했다. 2년이 지난 같은 날, 그는 일본인들에게 '올바른' 역사관을 채택하도록 강력히 요구했다.[14]

한일 양측은 공동 개최하기로 합의했던 2002년 월드컵 축구대회의 추진 계획을 둘러싸고서도 반복해서 갈등을 겪었다. 예컨대 한국 시위대는 대회를 관리하는 국제기구인 FIFA 측에, 만약 일본이 현재 일본 주최 측이 표기하고 있는 것처럼 대회의 공식 명칭으로 FIFA 월드컵 '일본/한국' 대신 월드컵 '한국/일본'을 사용하는 데에 명백하게 동의하지 않으면, 일본으로부터 주최국의 어떤 역할도 박탈해달라고 요구했다. 국제적인 스포츠 행사에서조차 양국 사이에 드리운 과거의 고통이 현재를 관통하고 있었던 것이다. 앨러스테어 맥라우클란Alastair McLauchlan(2001:497)은 도쿄 주재 한국 대사가 "만약 일본의 교육 시스템, 교과서, 공식 발표가 '위안부'나 다른 역사적 문제에 대해 '진실을 왜곡'한다면 2002년 월드컵은 심각한 위험에 처할 것이라는 분명한 경고를 보냈다"라고 썼다.

### 3단계(2001~2015): 유령 같은 과거의 끈질김

결과적으로 한일 양국이 공동 개최한 월드컵은 비교적 성공적이었고, 양쪽 모두에서 사기를 북돋웠다. 비록 일본 팀이 개막 리그를 넘어 다음 단계에 진출하지는 못했지만, 오사카에 거주하는 한국인 오구삭은 〈재팬 타임스〉 기자에게 "많은 평범한 일본인들과 일본 언론들이, 다음 라운드에 진출한 한국 팀을 응원하고 있다는 사실은 양국 관계의 미래가 더 나아질 것이라는 긍정적인 신호"라고 말했다.[15]

이러한 낙관론에는 다른 더 중요한 이유들이 있었다. 이 기간에 양국 사이에 경제 및 인적 교류가 빠르게 증가했다. 2005년 일본과 한국 간의 상품 무역은 720억 달러에 달했는데, 이는 10년 전보다 거의 두 배 수준이었다.[16] 양국의 기업들은 전략적 파트너십을 구축해 상대방이 가진, 특히 기술과 유통 분야에서의 다양한 강점들을 활용했다. 예를 들어 일본의 교세라와 한국의 하나로텔레콤은 고속 데이터 통신 부문에서 협력했으며, 한국의 LG전자는 일본 홋카이도의 최대 유통업체 호마크와 협력해 일본에서 가전제품을 판매했다.[17] 그리고 이전보다 더 많은 관광객이 상대국을 방문하기 시작해, 1994년 270만 명에서 2004년에는 400만 명으로 증가했다 (Ku 2008:31).

또한 한국 청년들은 일본의 대중문화, 특히 만화와 애니메이션을 수입하기 시작했다. 케미스트리와 같은 J-팝 그룹들이 한국에서 돌파구를 열었다. 그러는 동안 일본에서는 한국의 TV 드라마 〈겨울연가〉가 대히트를 치면서(그리고 잘생긴 남자 주인공 배용준이 일본에서는 '욘사마'로 불리게 되면서), 한국 남성에게 관심이 있는 일본 여성들을 대상으로 하는 새로운 다국적 중매 사업이 시작되기도 했다. 다른 문화 수출품들도 마찬가지였다. 궁중 드라마 〈대장금〉은 한국 전통 음식에 대한 일본인들의 관심을 촉발시켰다. 그리고 'K-팝의 여왕' 보아를 비롯한 한국 가수들이 삿포로에서 후쿠오카까지 전 일본에 걸쳐 팬들을 끌어 모았다. 일본 언론인들과 학자들(Kuwahara 2014)은 한국에 대한 이러한 깊은 관심을 '한류'라고 묘사했다.

하지만 한일관계의 이런 붐이 반전되기까지 그리 오래 걸리지 않았다. 한 가지 징후는 일본 만화 〈혐한류嫌韓流〉의 인기였는데, 이 만화 표지에는 젊은 주인공이 "우리는 더 이상 한국인에게 사과하거나 보상할 필요가 없어!"라고 선언하는 장면이 등장했다. 이 만화책은 2005년에 출간된 후 첫 3개월 동안 30만 부 이상 팔렸다. 한일관계에서 반전을 암시하는 또 다른 조짐은 소셜미디어, 특히 온라인 게시판 '2-채널'에서 분명히 나타났는데, 그 채널에는 일상적으로 한국(또는 북한이나 중국)을 공격하는 인종차별적이고 외국인 혐오적인 게시물이 가득했다.[18] 일본 학계에서도 민족주의적 성향의 목소리가 훨씬 커졌다. 일본이 위험할 정도로 '자학적'이 되었다고 불평하는 보수적인 역사학자들이 연합해 중학생들을 위한 새 역사 교과서, 즉 의도적으로 애국적인 색채를 지닌 역사 교과서를 집필했다. 이 역사 교과서는 일본의 군사적 침략이나 "위안부의 강제동원" 같은 전쟁범죄에 관한 내용을 생략하거나 축소했다. 2001년에 일본 문부성이 이 교과서를 승인했을 때, 실제로는 소수의 학교들만이 이 교과서를 채택했음에도 불구하고 한국의 (그리고 중국의) 분노한 민족주의자들은 거리와 인터넷에서 항의 시위를 벌였다. 그리고 한국의 90개 비정부기구 대표들이 일본의 역사 교과서 개정을 위한 운동 단체를 결성했다. 그들이 보기에 일본에서 고개를 드는 수정주의 경향에 맞서기 위한 것이었다.[19] 나아가 한국 정부는 도쿄 정부에 문제가 된 이 역사 교과서와 7종의 다른 검정 교과서에서 발견되는 35개 항목의 "오류, 왜곡, 생략 사항"을 시정할 것을 요구하는 공문을 발송했다.

논란이 크게 일자 한일 양국은 양측 전문가들로 구성된 위원회를 만들어 공동으로 한일관계사를 검토하기로 합의했다. 하지만 이러한 노력은 어떤 돌파구를 마련하지 못했다. 이 위원회는 2005년과 2010년에 연구 보고서를 만들었지만, 공동 역사 교과서를 만들 수는 없었다. 사실 이 위원회에선 과거를 기억하는 방법을 둘러싼 양국 간의 의견 차이를 드러내는 격렬한 논쟁이 있었던 것으로 잘 알려져 있다.[20]

고이즈미 준이치로는 새천년의 첫 5년 동안(2001~2006) 일본의 총리였다. 이 사실은 처음엔 그리 중요하지 않은 것처럼 보였다. 민족주의자이며 신자유주의적인 자민당 지도자 고이즈미는 취임한 지 몇 달 후, 일본 식민 당국이 한국의 반체제 인사들을 투옥·고문·처형했던 서울의 옛 서대문형무소를 방문해 일본이 점령 기간 동안 자행한 잔혹한 행동에 대해 "진심 어린 회한"을 표했다.[21] 그는 평양도 방문해서 별일 아닌 듯 유사한 사과를 표명했다. 그렇지만 고이즈미 총리는 재임 기간 동안 한국인들과 중국인들의 분노를 샀는데, 그가 자민당 총재 선거 때 내걸었던 공약을 이행한다면서 매년 야스쿠니 신사를 방문했기 때문이다.

따라서 새천년의 시작은 아주 희망적이었지만, 그 첫 10년 동안 일본과 한국의 관계는 점차 악화되었다. 역사 교과서와 야스쿠니 신사 참배를 둘러싼 새로운 갈등에 더해, 독도에 대한 의견의 불일치는 최고조로 끓어올랐다. 2004년 5월, 일본 남서부 지방의 우익 운동가들은 "다케시마 탈환"을 위한 작은 원정대를 조직했다. 일본 해안경비대는 한국의 군사적 대응을 우려해서 이 원정대를 돌려보냈지만, 이러한 조치는 일본 정부가 독도에 대한 원정대의 주권 주장을 강력하게 지지한 후에야 비로소 이루어졌다. 일본 내에서 독도 주변의 바다에 비교적 가까운 시마네현의 지역 정치인들은 일본이 이 섬들을 신생 제국에 편입시킨 지 100년이 되던 2005년에 기념행사를 개최하면서, 중앙 정부가 시마네현과 함께해달라고 요청했다. 도쿄 정부는 이들의 '다케시마의 날' 제정에 대해 공식적으로는 침묵했지만, 지역 축하 행사가 진행되도록 허용했고, 다시 한번 그들의 영유권 주장을 지지했다.

그러자 한국에서는 민족주의적인 분노가 폭발했다. 일반 시민들은 서울의 일본 대사관 앞에서 매일 그리고 도발적으로 시위를 벌였다. 심지어 한 중년 남성은 분신했고, 한 어머니와 아들은 '용서할 수 없는 일본 제국주의의 부활'에 항의하기 위해 자신들의 작은 손가락을 잘라냈다. 텔레비전, 라디오, 신문 등 한국의 각종 언론들은 격분한 정치인들의 인터뷰뿐만 아니라, 독도는 한국의 영토라고 주장하는 좀 더 냉정한 전문가들의 논평도 다루며 시위를 열렬히 보도했다. 더든(2008: 4)은 모든 혼란 속에서 노무현 대통령은 일본이 이 섬에 대해 "진실을 배울 것"을 요구했다고 쓰고 있다. 이후 고이즈미 총리가 독도에 측량선을 파견하자 한국 대통령은 그 배를 침몰시키는 경우가 발생할지라도 이를 저지하라고 단호하게 대응했다(kimura 2019: 163). 노 대통령은 일본에 이 섬들을 둘러싼 '외교전쟁'을 벌이게 될 것이라고 경고했다.[22]

한국의 시민, 언론인, 정치인들이 일본에 대한 분노를 터뜨리던 2006년 무더운 여름, 나는 일본 정치를 연구하는 이정복 서울대학교 교수와 다시 접촉했다. 우리는 수년간 알고 지냈기에, 나는 그가 외교적 실패의 원인을 각국의 포퓰리스트들 책임으로 돌리는, 부드럽지만 학문적인 가르침, 냉철한 분석을 할 것으로 기대했다. 하지만 이 교수로부터 들은 얘기는 완전히 다른 것이었다. 점심식사를 함께하면서 그는 내게 이렇게 말했다. "역사 문제에 있어서, 일본은 책임감 있게 행동하지 못했어요. 일본과 우리나라의 관계가 왜 이렇게 나빠졌는지를 이해하고 싶다면, 당신은 일본에서 고개를 들고 있는 점점 더 수정주의적이고 민족주의적인 태도를 고려해야 합니다. 이런 태도는 대단히 위험하지요."[23]

이런 상황을 보자면 독도, 역사 교과서, 야스쿠니 신사 참배 문제가 한일관계의 온난화 추세를 돌이킬 수 없게 역전시켰다고 여겨질 법하다. 한국의 주요 신문 중 하나인 〈동아일보〉가 실시한 여론조사는 2000년과 2005년 사이에 일본에 대한 한국인의 생각이 상당히 냉각되었다는 사실을 보여주었다. 하지만 데이터를 자세히 살펴보면, 사실은 1990년대 수준으로 되돌아간 것으로 드러난다. 즉 오랜 원한과 뿌리 깊은 적대감이 세기가 바뀔 때 일시적으로 잠깐 수그러들었을 뿐이라고 볼 수도 있는 것이다.[24]

2006년 고이즈미 총리가 퇴임한 후, 일본이 과거사 문제를 신중하게 다루려고 노력했음에도 불구하고, 한일관계는 크게 개선되지 않았다. 이때부터 2013년까지 차기 총리들은 야스쿠니 신사를 멀리했다. 모두 1995년의 무라야마 담화를 수용했으며, 일본의 한국 점령과 2차 세계대전 중에 일본이 한국인들에게 자행한 행위에 대해 일반적인 용어로 사과를 반복했다. 이러한 외교 노선을 따르지 않은 공무원들은 대체로 징계를 받았다. 예를 들어 다모가미 도시오 장군은 일본이 아시아를 서구 제국주의로부터 해방시키기 위해 2차 세계대전에 참전했다는 수정주의적 글을 쓴 후 항공자위대 사령관직에서 해임되었다.[25] 심지어 '위안부'에게 매춘부가 되도록 강요했는지에 대해 의문을 제기한 민족주의자 아베 신조 총리조차도, 일본의 전시 정책과 성노예 관행에 대한 일본의 공식적인 사과의 근거가 된 1993년 고노 담화를 따를 것을 서약했다.

하지만 이 중 어느 것도 양국 사이의 외교적 냉각기를 깨뜨리지 못했다. 2012년, 한국의 이명박 대통령은 일본과 군사정보를 공유하기로 하는 협정에 서명하겠다고 발표했다가 정치적 위기에 직면했다. 야당 정치인들은 그가 민족을 배신했다고 비난했고 국회에서 불신임 투표를 하겠다고 위협했다. 여론의 위세에 밀린 이 대통령은 군사정보보호협정(지소미아GSOMIA)을 취소했을 뿐만 아니라, 남은 임기 내내 반일감정을 드러냈다. 예를 들어 그는 독도를 방문한 최초의 한국 대통령이 되었다. 독도를 방문한 며칠 후, 그는 아키히토 일왕이 일본 식민주의의 희생자들에게 '새로운' 사과를 하기 전까지는 한반도에서 환영받지 못할 것이라고 말했다(일왕과 그의 부친은 이미 두 차례 공식적인 사과 성명을 발표했었다). 그런 다음 그는 일본군에 의해 인권이 침해된 '위안부'들에 대해 "책임 있는 조치"를 취할 것을 일본에 요구했다.[26]

　이명박 대통령과 마찬가지로 보수적인 박근혜 후임 대통령은 적어도 취임 초기에는 일본에 대해 심지어 전임자보다 더 호전적이었다. 외교적으로는 베이징에 더 가까이 다가갔고, 도쿄에서는 더 멀어졌다. 2013년 초 청와대에 들어간 후, 박 대통령은 일본 측 인사와 정상회담을 갖기로 합의하기까지 거의 3년(2015년 11월 1일까지)을 보냈다. 박 대통령은 아베 총리에게 일본의 잔혹한 한반도 점령에 대한 책임을 인정하고 독도에 대한 주장을 포기할 것을 거듭 요구했다.

### 4단계(2015~): 해빙인가 또 다른 헛된 희망인가?

오랜 기다림 끝에 성사된 박근혜-아베 정상회담이 끝난 지 한 달 만에 양국은 '위안부 논란'에서 중대한 돌파구에 도달했다. 일본 정부는 생존한 여성들에게 직접 보상을 제공하겠다고 약속했고, 한국 정부는 일본 정부에 대해 불평하는 것을 그만두겠다고 약속했다. 그 후 2016년 11월에는 논란이 심한 또 다른 협약, 즉 4년 전 이명박 정부를 뒤흔들어놓았던 지소미아의 수정 버전이 체결되었다. 한국 국방부는 일본과의 협력이, 최근 5차 핵실험을 감행한 북한의 군사적 움직임과 관련된 정보 공유로 제한될 것이라고 맹세했다. 그러나 이러한 합의는 분명 양국의 외교적 유대가 해빙 무드로 넘어가고 있음을 보여주었다.

박근혜 대통령은 대통령직에 오래 머물지 못했다. 엽기적인 부패 스캔들은 그녀를 탄핵(그리고 결국 수감)으로 이끌었고, 새로 치러진 선거에서는 문재인이 이끄는 중도좌파 정부가 들어섰다. 신임 대통령은 처음에는 박근혜 정부 당시 일본과 체결한 두 협정 모두에 대해 비판적이었다. 하지만 2018년 1월, '위안부' 문제와 관련해 일본과 재협상을 추구하지는 않을 것이라고 발표했다. 또한 문 대통령은 매년 계약 갱신이 필요한 지소미아가 적어도 1년은 더 유효하도록 조치했다.[27]

2018년 말, 이제 한일관계에서 새롭고 더 긍정적인 변화가 일어날지 모른다는 기대가 높았다. 하지만 그때, 모든 기대가 무너지는 것처럼 보이게 하는 사건이 발생했다. 역사상 처음으로 대한민국 대법원이 일본의 한 제철소에 대해 일제강점기에 강제동원되었던 한국인들에게 배상하라는 판결을 내린 것이다. 일본의 관점에서, 이 결정은 1965년 한일 국교정상화 조약의 조건을 위반하는 것이었다. 또한 이때 한국 정부는 생존한 '위안부'에 대한 지원을 제공하기 위해 2015년 일본과 맺은 협정의 일부로 설립된 '화해 및 치유 재단'을 폐쇄하기로 결정했다. 문 대통령이 '위안부' 합의 자체를 무효화하지는 않았지만, 그의 결정은 사실상 '위안부' 합의를 종료시키면서 양국 관계를 위태롭게 했다. 이에 맞서 아베 총리는 한국의 반도체 산업에 필요한 화학소재에 대한 수출 통제 조치를 내렸으며, 추가적인 무역 제재를 가하겠다고 위협했다.[28]

전진과 후퇴를 반복해온 양국 관계는 냉랭한 상태로 돌아갔다. 그리고 그것은 특별히 위험한 순간으로 이어졌다. 2018년 12월, 도쿄 정부는 한국 군함이 사격 통제 레이더를 일본 초계기에 조준함으로써 적대적인 의도를 드러냈다고 주장하며 한국에 공식적으로 불만을 제기했다. 한국의 군부는 일본 전투기가 위험할 정도로 저공비행을 했다고 비난함으로써 이에 대응했다. 한 전직 주일 한국 대사는 단도직입적으로 "한일관계가 양국 수교 이후 50년 만에 유례없이 복합적 균열을 겪고 있다"고 논평했다.[29]

2022년 3월, 보수주의자인 윤석열이 한국 대통령 선거에서 승리했다. 그는 취임 즉시 한일 양국의 냉랭한 관계에 대해 비판하며, 양국 간 우호적 관계가 갖는 "전략적 중요성"을 강조했다.[30]


## 제반 요인

### 사과 담론과 행동

1965년 시나 에쓰사부로 일본 외무상이 국교정상화 조약을 체결하기 위해 한국을 방문했을 때부터, 일본은 과거에 저지른 잘못에 대해 거듭 사과했다. 그리고 이러한 사과의 표현은 시간이 지남에 따라 발전해왔다. 실제로 제인 야마자키Jane W. Yamazaki(2006: 38, 52, 53)는 2차 세계대전에 대한 일본의 사과를 분석한 훌륭한 연구에서, 일본의 초기 진술은 '부적절'했던 것으로 입증되었고, 이후의 진술은 한국 대중을 만족시키는 데 궁극적으로 성공하지 못했지만 상당한 수사적 진전을 나타냈다고 주장한다.

와카미야 요시부미(1998: 243~246)에 따르면, 1984년 전두환 대통령이 도쿄를 방문했을 때, 히로히토 일왕은 "후회스러운" "불행한 과거"에 대해 모호하게 언급했지만, 나카소네 총리는 포괄적인 표현으로 일본이 "크나큰 고통"을 초래한 "잘못"을 범했다는 사실을 인정했다. 한국 정부와 언론들은 이러한 사과들을 환영하고 심지어 받아들이는 것처럼 보였지만, 역사 논쟁은 여전히 남았다. 야마자키(2006: 38)는 사과에 있어서, "구체적인 언급은 더 많이, 점잖은 완곡한 표현은 더 적게, 그리고 더욱 진심 어린 후회의 표현"을 할 필요가 있다고 지적한다.

그 모두가 1990년대에 어느 정도 충족되었다. 일본인들의 사과가 이제 그들이 저지른 특정한 범죄나 공격을 대상으로 하는 경향을 보이고, 구체적인 언어를 사용하며, 더 큰 진정성과 감정을 전달하는 경향을 보인 것이다. 신임 총리(가이후 도시키)와 새 일왕(아키히토)은 1990년 노태우 대통령에게 일제강점기 동안 한국인들이

겪은 끔찍한 고통에 대해 사과했다. 가장 중요한 것은 가이후 총리가 지금까지 일본이 공식적으로 사용해온 '유감'이란 표현을 넘어, '사과'를 뜻하는 일본어 단어(오와비ぉゎび)를 명시적으로 사용했다는 것이다. 그는 일본이 한국에 끼친 "참을 수 없는 슬픔"에 대해 "솔직한 후회의 마음"을 느낀다고 인정했다.

한국 국회에서 이루어진 연설(1992)에서 미야자와 기이치 총리는 이 수사학적 토대 위에, "식민지배의 가해자"(카가이샤ゕがいしゃ)였던 일본의 손에 의해 식민지화되었던 "피해자"(히가이샤ひがいしゃ) 한국이 과거에 경험한 "참을 수 없는 고통과 슬픔"이라는 표현으로 사과했다. 이는 일본의 책임을 명백하게 인정하는 것이었다. 미야자와는 거기서 멈추지 않고, 2차 세계대전 당시 일본 정부가 당사자의 의지에 반해 일본군을 위한 매춘부로 복무한 한국 여성들을 "용서할 수 없는" 방식으로 취급했다고 비난하면서, 당시 일본 정부의 이런 정책은 "가슴을 아프게 한다心に痛む"고 말했다.

호소카와 총리는 1993년에 발표한 한 성명에서 아시아에 대한 일본의 "침략"과 한국에 대한 "식민지배"에 대해 사과했다. 그는 같은 해 김영삼 대통령과의 정상회담에서 일본이 가해자로서 식민지화된 한국인들에게 일본어를 사용하도록 강요하고, 창씨개명을 강요하고, 일본군을 위한 매춘부로 복무하도록 강요함으로써 "참을 수 없는 고통"을 초래했음을 인정하면서 더욱 진지하게 뉘우치는 모습을 보였다.

무라야마 총리는 1995년 자택에서 기자회견을 열어 일본의 "식민지 지배와 침략"에 대해 더욱 깊이 사과했다. 아키히토 일왕은 1996년 한 국빈 만찬에서 일제강점기 한국이 겪은 "커다란 고통"에 대해 "깊은 슬픔"을 표현했다. 오부치 총리는 1998년 김대중 대통령과의 공동성명에 무라야마 담화를 모델로 한 사과문을 포함시켰다.

그러나 이러한 사과들은 한일관계에 거의 영향을 미치지 않았다. 비록 "더 나은", 또는 "더 강한" 사과의 진술이었다 할지라도, 그들은 한국 여론을 한 치도 움직이지 못했다. 도표 4.1이 보여주듯이, 1990년대 〈동아일보〉가 실시한 여론조사에서 일본에 대해 호의적인 견해를 보인 한국인은 10퍼센트도 되지 않았다. 일본이 가장 진심 어린 사과를 발표했던 1995년에는 응답자의 거의 70퍼센트가 일본에 대해 '부정적인' 견해를 보였다.[31]

그런데 이 신문의 여론조사는 장기적으로 볼 때 세 번에 걸친 예외적인 현상을 보여준다. 1984년, 한국인들이 일본에 대해 비교적 '따뜻함'을 보인 짧은 순간이 있는데, 당시 일본을 싫어한다고 밝힌 응답자는 전체의 '겨우' 39퍼센트에 불과했다. 그러다가 이보다 약간 긴 기간인 1999년에서 2000년 사이에는 응답자의 42퍼센트 정도가 일본을 싫어한다고 밝혔다. 2010년의 또 다른 짧은 순간에는 다시 이전보다 줄어든 36퍼센트가 일본을 부정적으로 본다고 보고했다. 물론 대개는 일관되게 적대적인 것으로 나타났지만, 이

[도표 4.1] 일본에 대한 한국인의 인식 (1984~2015)　　　　　　　　(단위: %)

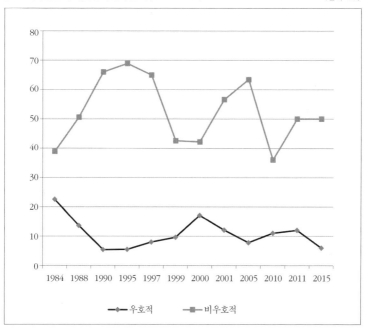

런 상황에서 조금이나마 벗어났던 순간은 히로히토 일왕이 과거사에 대해 완곡하게 언급한 것, 오부치 총리가 문서로 사과한 것, 그리고 하토야마 유키오와 같이 과거사에 대해 더 반성하는 모습을 보이거나 적어도 아시아 친화적인 정치인들이 주도하는 민주당이 부상한 것에 대해 한국인들이 단기적으로 반응한 결과일 수 있다. 확실히 이런 수사적 제스처는 한국에서 널리 주목을 받았고, 대부분 환영받았다.

하지만 일반적인 추세에서 벗어난 몇몇 여론조사 결과들은 해당 기간 동안에 한국이 일본과 맺은 양자 간 및 3국 간 협정에 대해 점점 높이 평가하는 여론을 반영하는 것일 수도 있다. 이에 대해서는 뒤에서 상세하게 다룰 것이다.

한국인들은 일본에 더 진정성 있는 사과를 요구하면서도, 그런 사과가 양국 화해에 긍정적인 영향을 미칠지에 대해서는 회의적인 듯 보인다. 예를 들어 아산정책연구원의 김지윤, 카를 프리드호프 Karl Friedhoff, 강충구(2012: 4) 연구원은, 한 여론조사를 통해, 당시 제안되어 있던 일본과의 군사정보 공유 협정을 반대하는 한국인들의 여론이 강하다는 사실을 발견했다. 나아가 이 여론조사는 반대자들에게, 만약 일본이 한반도의 식민지배에 대해 더욱 분명하게 사과한다면, 이 문제에 대해 다르게 느끼게 될지를 물었다. 70퍼센트 이상이 아니라고 답했다. 사과한다고 해서 일본과의 군사정보 공유 협정에 반대하는 그들의 입장이 누그러지지는 않을 것이라는 뜻이었다.

비교사적 관점에서 접근하면, 우리는 전후에 독일이 프랑스에 사과하지 않고 지원한 것과 달리, 일본은 한국에 사과를 표현했다는 사실을 눈여겨볼 수 있다. 물론 우리는 일본이 발표한 다양한 사과 성명의 질에 대해 논쟁할 수 있겠지만, 한 가지 사실은 분명하다. 그 성명들은 일본이 한국과 화해하는 데 도움이 되지 않았다는 것이다. 반면 독일은 사과 한마디 없이도 프랑스와 화해할 수 있었다.

독일은 전후 프랑스와 협상할 때 먼저 물질적 보상을 제공했지만, 일본은 공식적으로 한국에 대해 어떠한 물질적 또는 심리적 피해도 보상하지 않았다. 앞서 언급한 바와 같이, 일본은 국교정상화를 위한 초기 비용으로 한국에 8억 달러의 보조금과 장기 저금리의 차관을 제공했다(그리고 1984년과 1998년을 포함한 이후 몇 년 동안 추가 자금을 지원했다). 일본은 항상 이것을 '지원'이 아닌 '원조'라고 부르겠다고 했다. 그리고 1965년에 체결된 한일조약에 대해 협상할 때, 그들은 조약 체결 후에는 개인의 청구권을 비롯한 어떤 청구도 포기하도록 한국 정부를 설득했다. 이 조약에 분개한 한국인들(이제 일본 정부만이 아니라 자국 정부에 대해서도 분노한)은 계속해서 강력하게 보상을 추진했지만, 2007년에도 일본 대법원은 이 1965년 협정을 근거로 관련 손배소송을 기각했다. 그렇지만 도쿄는 한편으로 공공 및 민간 자원을 활용해 1995년 아시아여성기금을 설립했다(정식 명칭은 '여성을 위한 아시아평화국민기금'. 2007년에 해산했다). 이 기구는 '위안부' 개인들에게 현금으로 보상하기 위한 창구였지만, 이는 정대협이 요구한 사항, 즉 일본 정부가 피해자에게 직접 보상금을 지급하라는 요구와 달리 우회하는 것이어서 한국인들의 여론에 추가적인 원성만 불러일으켰다. 이후 2015년 협정에 따라 도쿄는 정부 자금으로 10억 엔(약 100억 원)을 조성했지만, 이 협정은 정대협과 다른 시민단체들로부터 형편없이 적은 금액이라는 비판을 받으면서 논란의 대상이 되었다.

비교할 점은 아직 남아 있다. 일본은 2차 세계대전 이후 한국을 대할 때, 독일이 프랑스에 했던 것보다 더 인색했던 것은 아니다. 그런데 독일은 프랑스와 화해하는 데 성공한 반면, 일본은 실패했다.

사과를 표명한 담화가 한일 양국의 화해 수준에 미치는 영향을 측정하기 위해서는, 세간의 이목을 끄는 '과거사 부정' 발언에 대한 평가를 포함시켜야 한다. 1장에서 언급한 바와 같이, 상대국에 대한 공개 사과는 항상 자국 내에서 일정한 정도의 반발을 불러일으킨다. 전 세계의 민족주의자들은 자국의 정치 지도자들이 과거 자국의 외교정책에서 벌어진 실수를 모호하게라도 인정하면, 이에 대해 분노로 반응한다. 따라서 더든(2008: 34)이 "수백만 달러짜리 과거 부정 사업denial industry"이라고 부르는 사안을 이끌고 있는 것은 일본만이 아니라고 말하는 것이 타당하다.

그러나 일본의 우익 정치인들은 더 나아가 정치 지도자들의 공식적인 사과나 선언에 화가 나서, 종종 역사에 대한 일반적인 교훈마저도 거부함으로써 한국 대중의 분노에 불을 지폈다. 2013년 오사카 시장이자 단명한 일본유신회의 공동 창립자인 하시모토 도루는 일본군이 '위안소'에서 성노예로 삼을 여성들을 강제로 모집했다는 주장에 의문을 제기했다. 그는 "만약 한국인들이 이 사실을 믿는다면, 우리에게 그 증거를 제시하라"고 선언했다. 나중에 하시모토는 일본군이 '위안부'를 이용한 사실을 옹호하면서, '위안부'는

"사격 라인에 있던 용감한 군인들에게 휴식을 주기 위해서" 필요했다는 주장을 폈다.[32]

이와 같은 '사과 거부'가 일본이 한국과 화해를 이루지 못하고 있는 상황을 설명하는 데 도움이 될까? 나의 대답은 '아니요'다. 나는 방금 인용한 하시모토의 이단적안 진술과 그들에 대한 국제 언론의 열띤 관심이 일본의 공식적인 반성 담론을 훼손하고 있다는 린드(2008, 2013)의 의견에 동의한다. 하지만 동시에 그들은 일본 정부에 정치적으로 지속적인 손실을 입히기에는 지나치게 고립되어 있고, 그저 단발적인 이슈를 던지는 데 그치는 정도라고 생각한다. 한국인들, 특히 교육받은 엘리트들은 일본의 '사과 거부자들'이 일본 안에서도 대세에 거슬러 헤엄치고 있다는 것을 알 필요가 있다.

물론 상황이 항상 그렇지는 않았다. 1950년대와 1960년대 초에는 '사과 거부자들'이 일본 정계에서 지금보다 확고하게 주류의 자리를 차지하고 있었다. 전후 초기 일본의 지도자들은 자국의 식민지 정책이 정당하고 적절했다고 믿는 경향이 강했다. 그들은 또한 이러한 식민지 정책들이 결국 한국의 신생 경제에 유익했다는 사실이 증명되었다고 생각했다. 1953년, 일본 외교관 구보타 겐이치로는 일본이 식민지 한국에 실시한 대규모 투자는 한국이 요구하는 배상 규모를 상쇄하고도 남는다고 주장함으로써 한국의 협상가들을 격분시켰다. 이러한 발언으로 협상을 위태롭게 한 구보타는 외무성 수장인 오카자키 가쓰오 외무상으로부터 질책을 받기는커녕 오히려 격려를 받았다. 당연히 협상은 결렬되었다.[33] 하지만 최근에는 '사과 거부자들'이 한국에서뿐 아니라, 일본 내의 진보주의자, 재계 지도자, 주류 정치인들로 구성된, 다양하지만 정치적으로 막강한 진영으로부터도 비난을 받고 있다. 문부성 장관 후지오 마사유키가 1986년 7월 기자에게 일본의 한국 병합은 "법적으로 완벽하게 적절"했다고 말했을 때, 그는 국내외적인 위기를 초래해 이 발언에 대해 사과했을 뿐 아니라 장관직에서도 물러나야 했다.[34] 그리고 2013년에 하시모토의 '위안부' 발언을 둘러싸고 언론이 소동을 벌이고 있는 동안, 심지어 고노 담화에 대한 하시모토 시장의 회의론을 일부 공유했던 민족주의자 아베 총리조차도 '위안부' 문제에 관한 그의 논평들과 거리를 두려고 무진 애를 썼다.[35] 당시 도쿄 주재 한국 대사는 하시모토의 견해가 일본인들 사이에 널리 공유되지 않고 있다는 점을 만족스럽게 언급했다.[36]

게다가 우리는 아베 전 총리와 같은 유명 인사를 포함한 일본의 과거사 부정론자들이, 한일관계가 개선된 최근 몇 년 동안 (2015~2018)에도 적극적으로 활동하고 있었다는 사실을 깨달아야 한다. 이렇듯 과거사 관련 담화와 행동은 한일관계 개선에 거의 특별한 영향을 미치지 않은 것으로 보인다.

## 경제적 상호의존성

기무라 칸Kimura Kan(2013, 2019)과 구민교(2005)는 모두 신자유주의적 제도주의 관점을 취해, 일본과 한국의 관계는 무역과 투자의 관계, 또는 전반적인 경제적 상호의존성 수준에 의해 형성된다고 주장한다. 이것이 상업적 평화commercial-peace 원리다. 경제적 유대관계가 강화되면서 외교관계가 개선되며, 반대도 마찬가지라는 것이다. 그러나 내가 볼 때, 관련 증거 자료들은 세 가지 이유로 한국과 일본의 사례에서 상업적 평화 원리를 뒷받침하지 않는다.

첫째, 일본과 한국의 경제적 상호의존성은 고도로 비대칭적이었다. 한국은 다른 나라들과 비교할 때 일본의 상품과 기술을 훨씬 더 높은 비율로 수입함으로써, 일본에 훨씬 더 많이 의존하고 있다. 2020년, 한국은 일본과의 무역에서 210억 달러의 적자에 직면했는데, 이는 1988년의 40억 달러에서 지속적으로 증가한 것이다.[37] 이러한 무역 불균형은 일반적으로 관련국들이 상호 친밀하고 따뜻한 감정을 갖게 하는 조건이 아니다. 사실 한국인들은 오랫동안 일본이 무역과 투자를 통해 과거의 지배를 재현하고 있다고 불평해왔다.

둘째, 양국 간에 경제적 친밀감이 증가한 시기는 정치적 거리감이 증가한 시기와 일치한다. 1980년, 한일 무역 결합도(나라 사이의 무역이 두 나라의 세계 무역에서 차지하는 점유율)는 2.85퍼센트였고, 1989년에는 역대 최고 기록인 5.05퍼센트였다. 그러나 같은 시기

**[도표 4.2] 한국의 수출 대상국 비중 (1989~2019)**    (단위: %)

출처: 세계은행의 WITS

에 일본에 대한 한국인의 인식은 좋지 않았다(도표 4.1 참조).

셋째, 이들 국가 사이의 경제적 상호의존성은 특히 최근 몇 년 간 약화되었지만, 외교관계는 그에 상응하는 식으로 악화되지 않았다. 사실 외교관계는 최근 몇 년 동안 오히려 일시적이긴 하지만 미미하게 개선되었다. 이렇듯 상업적 관계와 외교관계 사이의 상관관계는 무시할 수 있거나 심지어 부정적인 것으로 드러난다.

1980년대 후반, 일본은 한국이 전 세계에서 수입하는 물자의 약

[도표 4.3] 한국의 수입 대상국 비중 (1988~2018)　　　　　　　　　(단위: %)

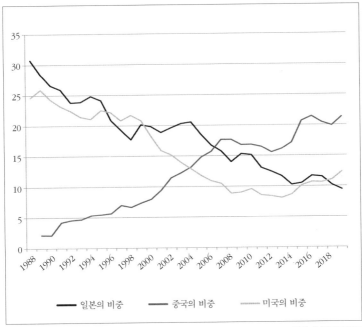

일본의 비중　　중국의 비중　　미국의 비중

출처: 세계은행의 WITS

30퍼센트를 차지했고, 전 세계로 나가는 수출의 약 20퍼센트를 차
지했다. 그러나 도표 4.2와 도표 4.3에서 알 수 있듯이, 이러한 점
유율은 시간이 지나면서 지속적으로 하락해서 1990년대 후반에는
전 세계 수입의 20퍼센트 미만과 수출의 약 10퍼센트를 차지하게
되었고, 2016년에는 전 세계 수입의 12퍼센트 미만과 수출의 약
5퍼센트까지 떨어졌다. 다시 말해, 한국이 지난 30년 동안 일본(그
리고 미국)과의 무역에 의지하던 비중은 대폭 낮아졌다. 그 대신 한

4장 일본과 한국　141

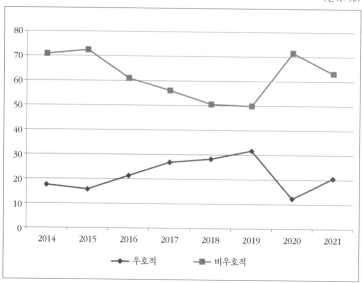

국은 중국과의 무역에 점점 더 의존하게 되었다.

　그럼에도 불구하고 여론조사는 일본에 대한 한국인들의 인식이 크게 변하지 않았음을 시사한다. 도표 4.1은 1984년과 2015년 사이에 약간의 변동을 보여주지만, 한국인들이 일본에 대해 갖는 호감도가 장기적으로 하락한 것은 아니다. 그리고 서울의 동아시아연구원이 실시한 여론조사 결과를 이용한 도표 4.4는 실제로 2015년과 2019년 사이에 호감도 측면에서 상당한 개선이 있음을 보여준다(일본에 대한 한국인의 인식은 2020년에 다시 급격히 부정적으로 바뀌었고, 2021년에 그동안 하락했던 부분을 일부 회복했다).

일본에 대한 여론에서 4년에 걸쳐 나타난 개선 추세는 상업적 평화 이론의 취약성을 보여준다. 만약 주요 무역 파트너였던 일본의 지위가 한국의 중요한 무역 상대국이 된 중국에 의해 가려지고 있다면, 그럼에도 불구하고 적어도 한동안 한국인들이 그들의 옛 지배자들에 대해 점점 더 긍정적인 이미지를 갖게 되었다는 사실을 어떻게 설명할 수 있을까? 이제부터 그 질문에 답하려고 한다.

## 공식적 협력

우리는 1990년과 2015년 사이에 한국과 일본의 외교관계가 긴장 상태를 유지하는 추세를 목격했다. 그런데 이 시기에도 크게 변하지 않고 계속 작용해온 한 가지 인과적 변수가 있다. 두 나라는 그 어떤 지역 협력 체제 또는 심지어 중요한 양자 간 협력 체제에도 들어가지 않았다. 수년간 동북아시아의 국가 지도자들은 때로는 안타까운 마음으로, 한국·중국·일본으로 구성되는 동북아시아가 지역적·정치적 협력이 부족하다는 점에서 세계에서 유례가 없다는 사실을 지적해왔다. 그들 중 일부는 심지어 변화를 요구하기도 했다. 예를 들어 한국의 노무현 대통령은 2003년 취임 연설에서 자신이 오랫동안 동북아시아에 "현재 유럽연합에 존재하는 것 같은 평화와 번영의 질서"가 수립되기를 꿈꿔왔다고 털어놓았다.[38] 그리고 하토야마 유키오는 2009년에 일본 총리로 취임하자, 아시아 교

역 상대국 간에 형제애를 촉진할 목적으로, 유럽연합을 모델로 한 동아시아 공동체를 제안했다.[39]

그러나 이러한 계획들은 결코 실현되지 않았다. 한국과 일본은 2005년에 출범한 동아시아 정상회의에 공동으로 참가했을 뿐 아니라, ASEAN＋3(동남아시아국가연합 10개 회원국과, 평소에는 이 기구에 소속되지 않은 한국·중국·일본)에도 참가했다. 그러나 한일 두 나라는 대부분 소원한 관계를 그대로 유지했다.

이는 양국이 '위안부' 문제와 군사정보 공유에 대한 합의를 도출한 2015년과 2016년에 다소 변화를 보였다.

첫 번째 합의는 충분히 의미심장했다. 한국의 활동가들과 정치인들은 2차 세계대전 당시 일본군을 위해 매춘부나 성노예로 일했던 한국 여성들에게 보상하기 위해 민간기금을 조성하겠다고 한 일본의 1993년 약속에 대해 대부분 눈 하나 깜짝하지 않았었다. 그들은 일본 정부가 국가적 책임을 인정하기를 바랐다.[40] 그래서 2015년 아베 총리가 태도를 바꾸어 '위안부' 여성들에 대한 보상기금에 공적 자금을 투입하기로 동의했을 때 많은 한국인들은 적지 않게 놀랐다. 그렇지만 이와 동시에 한국인들은 일본 정부가 한국에게 다음 사항, 예를 들어 서울의 일본 대사관 앞에 설치된 위안부 소녀 동상을 철거함으로써 '위안부' 문제를 단숨에, 그리고 완전히 종식시킬 것을 요구하는 이 협정에는 지지할 준비가 전혀 되어 있지 않았다. 서울의 소녀상은 전국과 세계 곳곳에 세워진 비슷한 동상들처럼, 공적 자금이 아닌 민간 자금으로 만들어졌기 때문에 국가 간 논란에서 다소 거리를 두고 있다. 그럼에도 불구하고 2017년에 집권한 한국의 중도좌파 정부는 2015년에 시작된 양국의 평화 프로세스를 막지 않았다. 대통령 후보 시절 문재인은 '위안부' 관련 한일 협약이 "심각한 결함"을 갖고 있다고 비판했지만, 대통령이 된 후 국가 간 협약을 준수하는 데 동의했다.

두 번째 협정인 지소미아는 양국 관계에서 획기적인 사건이 될 수 있었다. 2016년 말에 이루어진 이 협정은 미국을 포함하여 양국 간의 국방 협력이 심화되는 결과를 가져왔다(Heginbotham and Samuels 2018). 최근에는 한국 전투기가 일본 수송기를 호위하며 적의 모의 공격으로부터 이를 지키는 적기赤旗 훈련에 양국이 공동으로 참가했다. 양국은 또한 퍼시픽 드래곤 미사일 훈련에도 공동으로 참가해서 기술적인 자료를 공유하기도 했다. 과연 이들은 한일관계 개선을 보여주는 전조였을까? 도표 4.4는 이러한 개선 징조가 그저 잠시 동안이었음을 암시한다. 2018년 12월에 발생한 일본 초계기와 한국 군함 사이의 긴장된 조우를 포함한 다른 사건들뿐만 아니라, 2019년 여름에 고조되기 시작한 양국의 무역 분쟁들이 누적되면서, 결국 한일관계의 진전에 걸림돌이 되었다. 문 대통령은 2019년 8월 지소미아가 그해 11월에는 소멸되도록 허용하겠다고 밝혔다(지소미아는 1년 후 다시 회생했지만, 이는 단지 미국이 개입했기 때문이다).

## 요약

외관상 일본-한국 사례는 독일-프랑스와 매우 유사해 보인다. 두 나라 모두 자유주의 국가이자 오랜 무역 파트너인 동시에 미국의 냉전 동맹국이다. 그러나 독일-프랑스와 달리 일본-한국은 2015년에서 2018년 사이에 그 관계가 부분적으로 개선되었지만, 아직 화해하지 않고 있다.

20세기 전반기에 일본이 한국을 식민지화한 것이 한반도에 쓰디쓴 감정을 남겼다는 것은 부정할 수 없는 사실이다. 우리는 복원된 조선 왕궁인 경복궁을 찾는 방문객을 위한 안내판에서 이 씁쓸함을 맛보는데, 거기엔 "이 궁궐은 일본의 사악한 침략 정책에 의해 잔인하게 파괴되었다"고 쓰여 있다. 또한 우리는 일제 식민통치의 잔인함을 생생하게 기록하는 국립(민족주의)박물관으로 변신한 서울의 옛 감옥, 붉은 벽돌로 지어진 서대문형무소를 둘러보면서도 그것을 본다. 그리고 현지인들과의 대화에서도 그것을 듣는다.

한국을 세 번 방문하면서 나는 수십 명을 인터뷰했다. 일본에 대해 긍정적인 감정을 표현한 사람은 단지 소수에 불과했다. 이 지역 역사에 대한 공동의 이해를 발전시키기 위해 3국(한국, 중국, 일본)의 노력으로 탄생한 동북아역사재단에 참여한 한국 외교관 신길수가 다음과 같이 주장한 이야기를 한국인 대부분에게서 들을 수 있었다. "우리는 과거를 뒤로하고 싶지만, 일본의 태도, 즉 그들의 왜곡

된 피해의식은 끊임없이 우리의 분노를 불러일으킵니다. 그들(일본 엘리트)이 계속해서 일본이 과거에 저지른 잘못된 행동을 변호하거나 심지어 미화한다면, 우리가 양국 관계에서 미래를 지향하고 긍정적인 자세를 갖는 것은 매우 어렵습니다."[41]

이렇게 유령과 같은 과거의 존재가 오늘날에도 계속해서 한일 관계를 괴롭히고 있다. 그것은 일본의 사죄나 양국의 경제적 상호 의존으로 지워지지 않았다. 독일과 프랑스의 관계를 변화시킨 방식, 즉 지역적 또는 심지어 양자 간 협력이 이루어질 때 과거 기억도 수그러져 유령의 모습은 점점 희미해질 것이다. 그러나 이 방식은 일본과 한국의 경우에 아직 덜 개발된 상태다. 우리는 2015년에야 한일관계에서, 특히 2016년 군사정보 공유 협정에서 이런 방향의 초기적인 협력을 목격하기 시작했다. 그러나 그 협력은 계속 이어지지 않았으며 양국 관계에서 오랜 세월에 걸쳐 장기적으로 만들어진 궤적은 아직도 변하지 않은 것 같다.

# 5장

# 독일과 폴란드

장막을 걷다

프랑스와 독일의 화해가 놀라울 정도로 견고하다면, 폴란드와 독일 간 화해를 향한 진보는 이보다 훨씬 더 탄성을 자아낸다. 2장에서 보았듯이, 오랜 세월 유럽의 대륙 세력(처음에는 프로이센, 나중에는 독일 제국)은 수 세기 동안 동쪽의 이웃을 괴롭혔다. 그들은 폴란드를 세 차례나 작은 조각들로 분할했고, 그 후에는 전쟁을 통해 동쪽의 시민들을 학살했다.

신빙성 있는 여론조사가 이루어진 첫 번째 해인 1993년, 폴란드인 응답자의 53퍼센트는 단호하게 독일을 싫어한다고 답했다. 독일을 좋아한다고 응답한 폴란드인은 23퍼센트에 그쳤다. 거의 30년이 지난 2022년에는 그 수치가 훨씬 나아졌다. 이제는 폴란드인의 44퍼센트가 독일에 대해 확실히 긍정적인 반면, 24퍼센트만이 완전히 부정적인 의견을 갖고 있다고 답했다. 게다가 이런 결과는 양국 사이에 때때로 긴장관계가 있었던 기간 동안에 나온 것이었다.[1] 몇 년 전, 나는 폴란드 총리가 베를린에서 독일 총리를 방문하는 동안 폴란드 총리의 자문위원을 만났다. 그녀는 양국 관계에 대해 매우 낙관적이었다. "과거는 이제 그것이 속한 곳, 즉 과거에 있습니다. 우리는 양국 사이에 새로운 정상 상태, 새로운 현실을 창조했습니다."[2]

독일이 종전 초기에 서쪽의 이웃 국가들과 이룩했던 화해는 동쪽 이웃 국가들과의 관계 회복을 위해 더욱 도전적인 노력을 추진하는 데 모델로 작용했다. 당시 독일의 집권당이던 기민련의 외교정책 대변인인 프리드베르트 플뤼거Friedbert Pflüger(1996)는 폴란드는 "동쪽에 있는 우리의 프랑스"라고 선언했다. 그는 독일과 폴란드의 화해를 위해서는 더 넓은 (유럽) 공동체에 뿌리를 둔 양자 간 유대가 필요하다고 제안했다. 양국은 "단순한 친구가 아니라 결혼한 한 쌍의 부부처럼 되어야 한다."

그러나 독일과 프랑스의 화해와 달리 이번 화해는 천천히 그리고 종종 고통을 겪으며 진행되었다. 초기엔 냉전이 걸림돌이었다. 2015년, 우파 포퓰리즘 정당인 법과정의당(PiS)이 바르샤바의 정권을 잡고 반反이민, 반反민주주의 정책을 추진해서, 유럽(독일을 포함) 지도자들로부터 공식적인 질책을 받았다. 이러한 비판은 독일이 1939년 침공과 그에 따른 점령에 대해 폴란드에게 보상해야 한다는 주장을 재개했던 법과정의당 지도자들을 화나게 했다. 그러나 폴란드인들은 독일의 배상 문제에 대해 양가적인 입장을 갖고 있는 것으로 보이며, 따라서 자국 정부가 독일(또는 유럽연합)에 대해 가끔 분노하는 것에 동의하지 않고 있다.[3]

1990년대 중반 폴란드는 유럽연합과 나토 가입을 간절히 원했고, 이 과정에서 독일은 빠르게 폴란드의 유럽연합과 나토 가입을 지원하는 후원자로 등장했다. 독일은 이러한 역할을 수행하면서 폭넓은 신뢰를 얻었으며, 두 기구, 특히 유럽연합에서 폴란드와 지속적으로 긴밀하게 협력해왔다. 앞으로 살펴보겠지만 바로 이것이 역사의 망령을 (대부분) 성공적으로 길들이는 과정에서 유효하게 작용한 열쇠였다. 먼저 독일과 폴란드 사이의 화해 프로세스를 자세히 살펴보자.

## 'Tak'(예스)에 다가가기

### 제1단계: (1945~1990): 차가운, 냉전

2차 세계대전이 끝난 후 20년 동안 서독(독일연방공화국. 이하 독일로 표기)과 폴란드는 적어도 공식적으로는 서로 아무런 관계가 없었다. 폴란드는 소련 및 동독(독일민주공화국)과 동맹을 맺었다. 물론 독일과 폴란드 양국의 시민사회 대표자들 사이에는 상호 교류가 점차 증가했다. 가장 중요한 예로, 성직자들이 이 기간에 분열을 메우는 역할을 수행했다. 그들은 1965년에 독일인들을 기독교의 천년 축하 행사에 초대하는 폴란드 주교들의 유명한 편지를 보냈으며, 나치 독일에 의해 점령되고 폭력에 고통받은 폴란드인과 종전 후 폴란드 지역에서 강제추방된 독일인 모두의 고통을 인정하고, 서로 용서를 구하고 용서해주었다. 물론 두 국가는 대부분의 경우 서로에 대해 냉담하고 의심을 품고 있었다. 궁극적으로 그들은 냉전의 라이벌이었다. 독일은 미국이 주도하는 나토 회원국이었던 반면, 폴란드는 소련이 주도하는 바르샤바조약기구 회원국이었다. 본의 지도자들은 독일이 자본주의 서구에 통합되는 데에 정책의 초점을 맞춘 반면, 바르샤바의 지도자들은 붉은 군대의 도움으로 권력을 유지했다.

1969년 빌리 브란트가 독일 총리에 취임하고, 철의 장막 저편에 있는 독일의 동쪽 이웃 국가들을 향한 동방정책Ostpolitik을 추진하면서 얼음이 조금씩 녹기 시작했다. 사민당 소속 신임 총리는 이제까지 본에 있던 보수적인 전임 총리들이 프랑스와 관계를 개선했던 것처럼, 폴란드와의 관계 개선에 특히 열의를 보였다. 1970년 12월에 폴란드 수도 바르샤바를 방문했을 때, 브란트 총리는 바르샤바 게토 봉기 당시 나치 친위대 부대에 의해 학살된 유대인들을 추모하는 위령비 앞에서 슬픔에 잠겨 무릎을 꿇었다. 브란트(1992: 164)는 훗날 회고록에 이렇게 적었다. "나는 독일과 프랑스의 우정과 마찬가지로 폴란드와 독일 간의 화해에도 동일한 역사적 지위가 부여되어야 한다고 확신했다."

　운명적인 바르샤바 방문 두 달 전, 브란트와 그의 상대자인 폴란드 총리는 양국 사이에 학문과 관광을 포함한 무역 관계를 회복하기로 합의했다. 그리고 12월, 1972년에 양국의 외교 정상화를 이루기 위한 토대를 마련하고 오데르-나이세선을 폴란드의 서쪽 국경으로 잠정적으로 인정하는 바르샤바 조약에 서명했다. 오데르-나이세선은 2차 세계대전 말 연합군이 오데르강과 루사티아 나이세강을 경계로 독일과 폴란드를 나누기 위해 그은 선이었다. 1950년대와 1960년대에 보수적인 기민련이 이끈 독일 정부는 종전 직후 체결된 포츠담 선언의 결정을 명시적으로 거부했다. 당시 포츠담 선언은 1939년 나치가 폴란드 침공 동안에 점령했던 영토는 독일 영토라는 주장을 부정할 뿐만 아니라, 오히려 폴란드 국경을 더 서쪽으로 이동시켜서 폴란드 영토가 과거 독일 제국에 속했던 슐레지엔의 거의 전부, 포메라니아의 절반 이상, 브란덴부르크의 동부, 작센의 일부, 이전의 자유 도시 단치히, 동프로이센이었던 마수리아와 바르미아 지역을 포함하도록 결정했었다(연합국은 폴란드가 동부 영토의 일부를 연합국의 일원인 소련에 넘겨주게 되자, 이에 대한 보상으로 영토 경계선을 서쪽으로 다시 옮겼던 것이다). 바르샤바 조약에 서명하기로 한 브란트의 결정은 이러한 영토 분쟁을 궁극적으로 해결하지는 못했다. 포츠담 선언은 연합군과 통일 독일 사이의 평화 정착을 요구했다. 그러나 오데르-나이세선을 인정하는 것을 포함한 바르샤바 조약은 브란트 정부가 폴란드에게 제공한 커다란 양보였지만, 사민당에게는 국내 지지 세력을 희생하는 결과를 가져왔다. 전쟁이 끝난 후 그 지역에서 강제로 추방당한 많은 주민들을 포함한 독일 민족주의자들은 여전히 그 땅을 독일 영토로 간주했다.

브란트와 그의 후임자인 헬무트 슈미트의 집권하에서 사민당이 주도하는 독일 정부는 폴란드에 사과하고 피해자들에게 보상금을 지불하기 시작했다. 또한 그들은 독일 역사가들에게 독일과 폴란드 두 나라의 교과서가 어떻게 하면 과거의 고통스러운 사건에 대해 더 정확하게 기술할 수 있을지에 관해 폴란드의 동료 역사학자들과 논의를 시작할 수 있는 권한을 부여했다.[4] 하지만 양국의 화해를 향한 이러한 진전은 냉전시대의 국제적 논리에 의해 제약을 받았다. 특히 기민련의 헬무트 콜이 이끄는 보수연합이 1982년 독일 연방의회에서 과반수 의석을 되찾은 이후에 그런 현상이 벌어졌다. 당시 새 총리는 오데르-나이세선의 적법성을 인정하지 않는, 완고한 반대자였다. 그는 로널드 레이건 정부 시절 소련과의 핵 대결을 재개한 미국의 반공산주의 정책과도 긴밀히 협력했다. 본에서 나타난 이러한 변화는 이미 보이치에흐 야루젤스키 장군이 그단스크의 레닌 조선소에서 확산된 정치 불안 및 노동 불안을 진압하기 위해 계엄령을 선포했던 바르샤바에 경보를 울렸다. 폴란드 정부가 자유노조 운동을 탄압하자, 헬무트 콜이 한목소리로 규탄

하는 서방 진영에 가세했을 뿐만 아니라, 나아가 독일이 커다란 빚을 진 이웃 국가 폴란드에 대한 원조 제공을 중단한 것이다. 그러자 이에 분노한 바르샤바는 독일이 신파시즘과 보복주의를 추구한다는 날선 비난의 화살을 퍼부었다.

이렇듯 1980년대 신냉전이 폴란드와 독일의 관계를 악화시켰지만, 그렇다고 이미 시작된 양국 화해 프로세스의 시계를 완전히 되돌리진 않았다. 콜은 독일 통일을 이루겠다고 결심하면서, 동독의 지도자인 에리히 호네커와 좋은 관계를 유지하려면 독일과 폴란드의 협력에 크게 의존해야 한다는 사실을 깨달았다. 그래서 그는 1985년 양국 간의 경제관계를 한 단계 개선하기 위해 상무부 장관을 바르샤바로 파견했다. 독일은 폴란드와 수출신용보증을 재개해 무역을 촉진하는 데 합의했고, 폴란드의 국제통화기금(IMF) 가입을 지지하기로 약속했다. 2년 후 콜은 상무부 장관을 다시 바르샤바로 보내 폴란드가 독일에 차관을 갚는 기간을 또다시 연장하도록 협상했다.

양국 관계에서 극적인 돌파구는 1989년 폴란드 최초의 자유선거에서 바르샤바의 공산당 지도부가 패배하면서 마련되었다. 신임 폴란드 총리가 된 타데우시 마조비에츠키는 독일에게 따뜻한 손길을 내밀며 "진정한 화해"를 촉구했다.[5] 그러나 전략적 이유(원로 보수주의자들의 일부 정치적 반대를 포함해)에서, 그는 본이 가장 열렬하게 원했던 독일 통일에 대한 폴란드의 지원 여부는 분명하게 밝히려 하지 않았다.

콜은 폴란드가 독일 통일을 지지해주는 대가로 두 가지를 원한다는 사실을 깨달았다. 첫째, 폴란드는 그들의 서부 국경과 관련해 여전히 매듭지어지지 않은 문제에 대한 최종 해결책을 원했다. 둘째, 폴란드는 서방의 지역 기구들, 특히 유럽공동체(EC, 유럽연합의 전신)뿐만 아니라 나토의 회원 자격도 간절히 원하고 있었다. 마치 운명과도 같이 독일 총리 헬무트 콜은 1989년 11월 베를린 장벽이 무너졌을 때 폴란드를 순방 중이었다. 잠시 본으로 돌아온 콜은 통일을 위한 10개 조항 프로그램을 발표한 후, 폴란드에 대한 공식 방문을 재개해 역사적인 순간을 차지했다. 그는 마조비에츠키와 양국 외무부의 정례 회담부터 양국의 문화 교류에 이르는 모든 분야에서 11개 협정을 체결했다.[6]

이 시점부터 통일을 둘러싼 협상은 국경 문제를 둘러싼 협상과 병행해 진행되었다. 폴란드는 1990년 7월, 2개의 독일이 통일 문제에 관한 '2+4 회담', 즉 미국·영국·프랑스·소련 4개국의 협상 테이블에 합류하는 것을 예의 주시했다. 이 '2+4 회담'은 9월에 마무리됐고, 그로부터 한 달 뒤인 10월, 동독은 공식적으로 서독에 흡수됐다. 그리고 폴란드와 새로 통일된 독일은 11월에 오데르-나이세 국경선을 확인하고, 양국에게 서로의 주권을 존중할 의무를 부여하며, "상호 이해와 화해"를 요구하는 국경 조약을 신속히 체결했다.

## 제2단계(1991~2003): 협력으로의 초대

폴란드와 독일의 관계 측면에서는 20세기 마지막 10년이 불길하게 시작되었다. 1991년 4월, 폴란드인에 대한 입국 비자 제한을 철폐한 후, 독일 정부는 오데르강의 우정의 다리에서 환영 행사를 조직했다. 그런데 구동독 출신 네오나치 약 150명이 극우민족주의적 구호를 외치며, 폴란드 방문객을 태우고 다리를 건너던 차량에 돌을 던져서 환영 행사를 쑥대밭으로 만들었다. 시위자들은 사실 극히 소수인 극우 단체들만을 대표했지만, 그들은 많은 대중들 사이에 존재하는 미묘한 감정을 대변했다. 즉 독일이 이미 통일 자금 조달 때문에 경제적으로 고군분투하고 있는 상황에서 가난한 이웃을 포용하는 것이 옳은가에 대해 우려의 목소리가 있었던 것이다. 또한 그들은 역사는 하룻밤 사이에 사라지지 않는다는 점을 폴란드인들에게 상기시켰다. "우정? 하! 이 사람들의 정신 속에는 여전히 히틀러가 있어요." 그날 밤 나이 든 폴란드 여성이 기자에게 말했다.[7]

하지만 일부 시민들의 의혹과 우려에도 불구하고 양국의 정치 엘리트들은 인내심을 유지했다. 1991년 6월, 그들은 양국의 선린 관계 및 우호협력에 관한 조약에 서명했고, 이를 통해 국경을 넘어서는 협력 문제를 다룰 독일-폴란드 위원회와 독일-폴란드 청년사무소(프랑스-독일 청년 사무소를 모델로 한)를 포함하는 새로운 기관을 설립했다. 8월에는 독일과 폴란드 양국이 한걸음 더 나아가 프랑스와 협력해 이른바 바이마르 삼각지대를 구축했다. 이는 무엇보다도 폴란드의 유럽연합 가입을 보장하기 위한 최초의 공동 노력이었다.

시간이 지남에 따라 폴란드와 독일 사이에 다양한 정치적 협상이 이루어지면서, 양국 관계를 획기적으로 개선할 길이 열리기 시작했다. 하지만 이 과정은 다자간, 유럽적 맥락에서 진행되었다. 1993년 초 두 나라는 안보 협력을 향한 작은 첫걸음을 내디뎠다. 우선 양국은 서로에게 자국 사관학교를 개방하기로 결정했다. 폴란드 장교들은 곧 독일에서 훈련을 받기 시작했다. 얼마 지나지 않아 양국 군인들이 합동군사훈련에 참가했다. 독일 국방부 장관 폴커 뤼에에 따르면 이는 엄청난 변화를 의미했다. "역사를 조금이라도 아는 사람이라면 폴란드와 독일 군인이 함께 군사훈련을 수행하는 게 일상적인 사건이 아니라는 것을 안다. 이는 독일과 폴란드의 관계가 얼마나 발전하고 있는지 잘 보여준다."[8] 이러한 돌파구는 나토 확대라는 보호막 아래서 이루어졌다. 나토 동맹국 가운데 폴란드의 나토 가입을 가장 먼저 지지한 국가가 독일이었다.

마찬가지로 양국은 경제 협력을 강화하는 데에도 힘을 쏟았다. 독일의 해외직접투자(FDI)가 폴란드, 특히 제조업 부문에 많이 유입되면서 양자 간 무역은 급속히 증가했다. 이러한 형태의 협력 역시 지역 공동체의 범위 내에서 이루어졌다. 폴란드는 유럽공동체 가입에 분명한 관심을 갖고 있었다. 폴란드는 유럽의 풍부하고 통합된 시장에 더 자유롭게 접근하는 것뿐만 아니라, 유럽공동체를 통해 자국 경제가 보다 효과적이고 생산적이며 시장 지향적인 경제로 전환할 수 있기를 바랐다. 독일 역시 폴란드가 유럽연합에 가입하는 데 큰 관심을 갖고 있었다. 그들은 독일의 동쪽에 안정적이고 번영하는 이웃, 그래서 독일 상품의 소비자가 될 수 있는 경제, 나아가 독일 제조업체에 값싼 반#숙련 노동력을 제공해줄 원천을 원했다. 그래서 독일은 유럽연합의 확대 과정에서 폴란드를 위해 투쟁하는 전사로 떠올랐다.

1994년부터 2010년까지 독일 사민당 소속 연방 의원이었던 앙겔리카 슈발뒤렌Angelica Schwall-Düren은 이렇게 말했다. "폴란드가 유럽연합에 가입할 때 우리는 독일이 폴란드의 가장 친한 친구라는 사실을 보여주었습니다. 우리는 폴란드가 1부 라운드에 진출해야 한다는 점을 분명히 했습니다. 그리고 우리는 어느 나라보다 물질적인 지원을 많이 했습니다."[9]

### 제3단계(2004~2014): 민족주의 역사의 극복

독일 외교관인 후베르트 크니르슈Hubert Knirsch의 말을 듣다 보면 역사가 흔들리지 않고 일직선으로 나아가는 게 아니라는 사실을 금방 깨닫게 된다. 크니르슈는 1980년대 후반 바르샤바 주재 독일 대사관에 근무하면서 독일-폴란드 우호조약의 조항에 관한 협상을 지원했다. "우리는 모든 문제를 해결했다고 생각했어요."[10] 그는 슬픔과 좌절의 한숨을 쉬며 내게 말했다. "하지만 그건 엄청난 착각이었습니다." 폴란드가 유럽연합에 가입한 해, 바로 2004년에 바르샤바에 돌아왔을 때, 이 외교관은 독일-폴란드 관계에 균열이 있다는 것을 발견하고 깜짝 놀랐다. 그가 "나쁜 진동"이라고 불렀던 것이 초래한 결과였다.

드러난 것처럼, 과거는 계속해서 격렬하게 땅을 뒤흔들고 있었다. 수년 동안 독일의 보수적인 정치인들은 2차 세계대전이 끝난 뒤 폴란드 서부에서 고향을 떠나 강제이주당한 독일인들을 기리기 위한 기념관인 추방반대센터Center Against Expulsions 건립을 추진해왔다.[11] 연방 하원의원이자 추방자협회 대표인 에리카 슈타인바흐Erika Steinbach는 자신의 회원들을 1990년대 보스니아와 알바니아에서 자행된 '인종청소'의 피해자들과 비교하면서, 이 문제를 민족주의가 아닌 인권 문제로 재조명했다. 이와 동시에 추방자 공동체의 일부는 1945년 8월 포츠담 선언 이후 폴란드 정부에 의해 몰수된 독일인 재산 환수를 청구하기 위해 프로이센 트러스트를 설립했다. 그리고 이러한 비공식적 이니셔티브는 독일 사회에서 어느 정도 대중적 지지를 얻었다. 그런데 이 사실은 일반적으로 자신들을 전쟁범죄의 가해자가 아닌 피해자로 여길 이유가 충분했던 많은 폴란드인을 격분시켰다.[12] 폴란드 의회 세임(하원)은 2004년 9월 강제추방에 대한 독일인들의 보상 요구를 기각했을 뿐만 아니라, 오히려 자체적으로 독일에게 전쟁 배상을 요구하는 것으로 이에 대응했다. 폴란드는 1953년 동독과의 협정, 그리고 1970년 독일과의 조약에서 그러한 배상 청구를 포기했음에도 불구하고 말이다.

슈뢰더 총리는 2004년 폴란드를 방문하는 도중에 양국 관계의 위기에 대해 언급했다. 바르샤바 봉기 60주년을 기념하는 연설에서 그는 주최 측을 안심시키기 위해 다음과 같이 말했다. "우리 독일인들은 누가 전쟁을 시작했고 누가 그 전쟁의 첫 번째 희생자인지 잘 알고 있습니다. 따라서 역사를 뒤집는 독일의 손해배상 청구는 있을 수 없습니다."[13] 그러자 폴란드 정부는 독일에 대한 배상 요구를 철회했다.

그러다가 2005년 선거에서 우익 민족주의자인 레흐 카친스키가 폴란드의 새 대통령으로 선출되었다. 카친스키와 그의 법과정의당은 역사 문제를 포퓰리스트 지지를 선동하는 도구로 사용했으며, 유럽연합이 새로워진 독일의 힘을 관철하는 트로이 목마가 되었다고 암울하게 경고했다. 2006년에 베를린을 방문했을 때 카친스키는 메르켈 총리에게 과거사에 대해 허세를 떨며 얘기하면서, 폴란드에서 추방된 독일인들을 위한 운동을 멀리하라고 요구했다. 그러다가 한 독일 신문이 그의 고압적 태도를 신랄하게 풍자하자, 폴란드 대통령은 메르켈 총리와의 두 번째 회담을 취소해버렸다. 이와 거의 같은 시점에 독일과 러시아는 발트해 해저에 매장된 천연가스를 폴란드를 우회해 서유럽으로 수송하는 파이프라인 건설에 협력하기로 합의했다. 파이프라인이 폴란드를 우회한다는 소식에 분노한 폴란드 국방장관은 독일과 러시아 사이의 이 거래를 서쪽으로부터는 독일의 침공을, 동쪽으로부터는 붉은 군대에 의한 폴란드의 잠식을 초래했던 1939년 리벤트로프-몰로토프 협약에 비유했다.[14]

하지만 폴란드의 정치 엘리트들이 자신들의 독일인 파트너에 대해 점점 더 짜증을 냈음에도 불구하고, 독일과 폴란드 시민들은 이웃 국가에 대해 별로 불만을 품지 않았다. 2005년 11월에 바르샤바 공공문제연구소의 의뢰로 실시된 한 여론조사는 두 나라의 관계가 놀랄 만큼 안정되어 있음을 보여주었다. 폴란드가 가장 긴밀히 협력해야 할 국가를 묻는 질문에, 응답자의 37퍼센트는 경제 분야에서 독일을 (다른 모든 국가보다 먼저) 꼽았으며, 32퍼센트는 독일을 주요 정치적 파트너(미국을 제외한 다른 모든 국가보다 앞서)로 꼽았다. 연구를 주도한 젊은 책임연구원은 "우리는 이 결과를 보고 매우 놀랐습니다"라고 인정했다. "폴란드 사람들의 관점은 폴란드 정치인들의 수사에 별로 영향을 받지 않았습니다."[15]

그 무렵 만난 바르샤바에 있는 독일역사연구소 소장 클라우스 치머Klaus Ziemer 교수는 독일과 폴란드 학자들이 공동 집필한 역사 교과서가 이룩한 진전에 대해 자랑스럽게 말했다. "이 모든 정치적 소음에도 불구하고 우리가 폴란드 파트너들과 얼마나 쉽게 협력할 수 있는지를 보며 가끔 놀라곤 합니다."[16]

폴란드의 우익 정치 세력들은 새천년의 첫 10년이 끝날 무렵 큰 좌절을 겪었다. 우선 법과정의당은 2007년 선거에서 의회에 대한 통제력을 잃었고, 2010년에 법과정의당의 기수인 카친스키 대통령이 비행기 사고로 사망했다. 새로이 폴란드의 집권당이 된 시민연단Platforma Obywatelska(PO)은 이들보다 좀 더 실용적이고, 덜 포퓰리스트적인 것으로 드러났다. 그들은 또한 독일과 유럽연합에 대해서도 훨씬 우호적이었다.

2011년 그리스발 경제위기와 불안이 커지고, 유로화의 미래에 대한 우려가 깊어지는 상황에서, 폴란드 외무부 장관 라도스와프 시코르스키는 독일이 유럽에서 이전보다 더 약한 역할이 아니라, 더 강한 역할을 해줄 것을 간청했다. "나는 아마 이렇게 말하는 역사상 최초의 폴란드 외무장관이 될 것입니다. 내 말은 이렇습니다. 나는 이제 독일의 힘이 두려운 것이 아니라, 그들이 활동하지 않는 것이 더 두렵게 느껴지기 시작합니다. 당신들(독일)은 유럽에 없어서는 안 될 국가가 되었습니다. 당신들은 유럽을 이끌어가는 역할에서 실패하지 않을 것입니다. 지배하는 것이 아니라 개혁을 이끌어가는 일 말입니다."

폴란드가 유럽에서 독일의 리더십에 대해 공식적으로 지지를 표명한 이 성명은 전례가 없는 일이었다. 게다가 폴란드 국내 여론에서 이 성명에 대해 반발이 없었다는 점은 더욱 놀라웠다. 한 저명한 폴란드 외교관은 "대중은 독일이 우리의 가장 중요한 파트너라는 것을 이해하고 있다고 생각합니다"라고 말했다.[17]

**제4단계(2015~): 과거라는 유령이 돌아오다, 그러나 약해진 원한**

법과정의당은 2015년 선거에서 세임 과반수 의석을 확보해 다시 권력에 복귀했다. 그리고 헝가리의 집권당 피데스Fidesz와 마찬가지로 유럽연합을 놀라게 하는 반反이민·반민주주의 정책을 채택했다. 우선 그들은 더 많은 수의 난민, 특히 내전 중인 시리아에서 들어오는 난민을 수용해서, 당시 이미 난민 문제로 어려움을 겪고 있던 그리스나 이탈리아 같은 최전선 국가의 부담을 덜어주라는 유럽연합의 결정을 거부했다. 선거 집회에서 전 대통령의 쌍둥이 형제인 야로스와프 카친스키 법과정의당 대표는 무슬림 이민자들이 "모든 종류의 기생충과 원충", 콜레라, 이질 및 기타 질병을 이 나라에 가져올 것이라고 경고했다.[18] 유럽연합은 이에 대응해서, 유럽사법재판소에 폴란드, 헝가리, 체코공화국에 대한 제재를 요청했다. 그러자 법과정의당은 고령의 법학자들을 강제로 퇴직시키고 친정부적인 젊은 인물들을 동원해서 폴란드 최고 법원을 꽉 채웠다. 이에 유럽연합은 투표권을 제한하는 방식, 또는 유럽연합의 수입을 유럽연합에서 상대적으로 가난한 국가들에 재분배하도록 고안된 '유럽연합 결속기금' 프로그램의 최대 수혜자였던 폴란드에게 이 지원금을 삭감하겠다고 압박했다.

만약에 폴란드와 유럽연합 사이의 갈등이 심화된다면 폴란드인, 특히 나이가 많고 보수적인 폴란드인은 유럽애국주의보다 민족주의를 선택하고, 유럽연합을 이끄는 주요 회원국을 비난하게 될 수도 있다. 우리는 독일에 대한 전쟁 배상을 요구하는 목소리가 다시 높아진 것에서 알 수 있듯이, 폴란드 국민 사이에서 반독일 감정이 약간 증가한 것을 보았다. 우려할 만한 또 다른 사례도 있었다. 대중적 인기가 높은 한 폴란드 주간지는 표지에 메르켈 전 독일 총리와 마르틴 슐츠 전 유럽의회 의장을 포함한 유럽연합 지도자들이 나치 복장을 하고 유럽 대륙의 지도를 연구하고 있는 모습을 실었다.[19] 정치를 사업에 활용하는 자들의 손에서는 역사가 (또다시) 여전히 군중의 심리를 충동질하는 요인으로 남아 있는 것이다.

하지만 다음과 같은 두 가지 요인이 과거라는 유령을 길들이고 독일-폴란드 화해 프로세스를 유지하는 데 도움을 주고 있다. 첫째, 2022년 2월 러시아의 우크라이나 침공이 다소 분열된 유럽을 재결합시켰다. 독일과 폴란드는 유럽연합의 동료 회원국들과 긴밀히 협력해 러시아에 제재를 가하고, 전투 중인 우크라이나에 무기를 제공했다. 둘째, 폴란드를 유럽에 포함시키고 정착시키려는 독일의 노력은 폴란드 시민사회가 독일에 가까워지는 결과를 초래했다. 우익 지도자들과 달리 폴란드인들은 명백히 반유럽연합이 아니다. 2018년 한 여론조사에 따르면 폴란드인 중 무려 92퍼센트가 유럽연합에 잔류하기를 원하는 것으로 나타났다.[20] 그리고 그들은 이후에도 독일에 등을 돌리지 않았다. 서론에서 언급했듯이 2022년 폴란드인들은 이웃 독일에 대해 비우호적이기는커녕 훨씬 더 우호적이었다. 양국의 화해 프로세스에서 가장 중요한 요소인 신뢰는 무너지지 않았던 것이다.

그렇다면 폴란드에서 독일에 맞서는 우익 민족주의가 밀고 당기기를 거듭하고 있지만, 그럼에도 불구하고 양국 관계를 함께 유지하고 있는 것은 과연 무엇인가? 두 국가 간의 화해를 촉진하는 데 있어 공식적인 협력(특히 지역주의)이 수행하고 있는 가장 중요한 역할을 분석하기에 앞서, 이와 경쟁하고 있는 다른 설명들(과거사 담론 및 경제적 상호의존성)을 먼저 주의 깊게 살펴보자.


## 제반 요인

### 사과 담론과 행동

3장에서 보았듯이, 1949년부터 1969년까지 독일을 이끌었던 아데나워와 다른 보수 정치가들은 나치의 홀로코스트에 대해서는 공개적으로 사과하고 이스라엘에 배상금을 지불했지만, 그밖에 2차 세계대전뿐만 아니라 이전의 많은 갈등에서 독일이 이웃 국가들을 침략한 사실들에 대해선 굳게 입을 닫았다.[21] 그럼에도 불구하고 그들은 1960년대 중반에 프랑스와 화해를 이루었다. 하지만 공산주의 지도자들이, 본에 있는 지도자들을 여전히 파시스트로 낙인찍고 시민들이 계속해서 독일인들을 불량배로 여겼던 폴란드의 경우에는 이와 동일한 이야기를 할 수 없다.[22] 그런데 1969년부터

1982년 사이에 (처음에는 브란트가, 그다음에는 슈미트가 이끌었던) 사민당이 모든 것을 바꾸기 위해 종합적인 노력을 기울였다.

사민당 정부가 추진한 '동방정책'은 동구권 전체를 겨냥했지만, 브란트는 특별히 폴란드에 손을 내밀어야 할 의무를 느꼈다. 앞서 언급했듯이 브란트 총리는 1970년 12월 바르샤바 게토 봉기 당시 살해된 유대인들을 기리는 위령비 앞에서 갑자기 무릎을 꿇어 전 세계를 놀라게 했다. 분명 자발적인 몸짓이었던 그의 '무릎 꿇기'는 독일의 반성을 상징하는 이미지가 되었으며, 오늘날 위령비와 함께 그 자체의 역사적인 사실로 기념되고 있다.

브란트와 그의 사민당 후임자인 슈미트의 집권하에서 독일은 나치에 의해 피해를 입은 폴란드인들에 대한 보상금도 지급하기 시작했다. 1972년 독일은 나치가 수행한 의학 실험으로 피해를 입은 폴란드 희생자들에게 총 1억 마르크를 지급하기로 합의했다. 3년 후 독일은 아직 폴란드 영토에 거주하고 있는 독일 동포 12만 명을 독일로 이주시키는 대가로, 독일의 점령 기간 동안 지급되지 않은 폴란드 연금을 보상해주는 10억 마르크의 저금리 신용과 현금 13억 마르크를 제공하는 '인민을 위한 현금' 계약을 체결했다.

양국 시민단체들도 이 시기에 다양한 모임을 시작했다. 예를 들어 유네스코의 후원으로 1972년에 설립된 독일-폴란드 교과서위원회는 과거사에 대한 공동의 이해를 발전시키기 위해 독일과 폴란드의 역사가들을 한자리에 모았다.[23] 사민당 정부의 동방정책이 분명히 초국가적 협력을 위한 새로운 기회를 창출한 것은 맞지만, 그것이 관련 국가들에게 화해를 향한 지속 가능한 길로 나아가도록 강요한 것은 아니었다.

실제로 1980년대에 기민련이 권력을 되찾고 데탕트가 종식(2차 냉전의 발흥)되었으며, 폴란드의 '연대' 운동이 탄압을 받으면서 독일은 과거 문제에 관해 더 조용해지고 덜 관대해졌다. 1985년 5월 1일 리하르트 폰 바이체커 대통령이 연방의회에서 한 연설, 즉 모든 독일인의 '죄의식'에 초점을 맞춘 연설을 제외하면,[24] 독일 정치가들은 과거사 반성에 관한 공개적인 성명을 피하고, 폴란드인들에게 가해진 전쟁범죄에 대한 추가적인 보상을 거부했다.[25] 사실 헬무트 콜 총리는 심지어 레이건 미국 대통령과 함께 히틀러의 무장친위대 대원 49명이 묻힌 비트부르크 묘지에서 열린 추도 행사에 참석해 나치 침략의 희생자들을 비웃는 것처럼 보이기까지 했다.

하지만 폴란드가 공산주의를 포기하고 서유럽의 지역 기구에 가입할 의지를 표명하자, 독일 보수주의자들은 입장을 바꿨다. 1991년, 통일 조약 의무의 일환으로 통일 독일 정부는 나치 침략과 전쟁범죄의 피해자들에게 보상하기 위해 설립된 폴란드-독일 화해재단에 2억 5600만 유로를 투입했다.[26] 1994년 기민련 출신 로만 헤어초크 대통령은 바르샤바 봉기 50주년을 기념해 폴란드를 방문하고 용서를 빌었다. "우리 조국과 민족의 이름이 폴란드에 수없이 가해진 고통 및 고난과 영원히 연관될 것이라는 사실이 우리

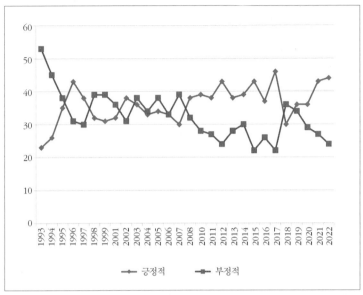

[도표 5.1] 독일에 대한 폴란드인의 인식 (1993~2022)　　　　　(단위: %)

출처: CBOS

독일인들을 부끄럽게 만듭니다." 그러나 이렇게 갑자기 거금의 유로화가 밀려들어오고 반성의 언사가 쏟아졌다고 해서 그 성과가 바로 드러나진 않았다. 1년 후인 1995년, 폴란드인의 35퍼센트만이 독일에 대해 긍정적인 감정을 갖고 있었고, 38퍼센트는 계속해서 부정적인 감정을 품고 있었다(도표 5.1 참조). 이웃 국가 독일에 대한 폴란드인의 태도가 결국은 따뜻해지기 시작했지만, 한동안은 그렇지 않았다.

　1998년 사민당이 권력을 되찾았을 때, 그들은 다시 반성 담론과 보상의 제스처에 전념했다. 슈뢰더 총리는 폴란드인들에게 두 번에 걸쳐 극적인 성명을 전달했다. 첫 번째는 2000년 12월 세임에서 "역사상 폴란드만큼 독일의 패권과 폭정 추구 때문에 그렇게 큰 고통을 겪은 국가는 없습니다"라고 말했을 때였다. 두 번째는 2004년 8월이었는데, 이때 슈뢰더는 폴란드의 바르샤바 봉기 추모를 지원한 최초의 독일 국가 지도자가 되었다. 이날 추모 행사에서 그는 "독일의 침략으로 인해 폴란드인들이 겪은 엄청난 고통"에 대해 사과했다.

또한 사민당 정권은 2000년에 독일 산업계와 협력해 강제동원이나 심지어 노예노동의 피해자가 된 유럽인들에게 개별적으로 보상하기 위한 재단('기억, 책임, 미래')을 설립했다. 이 재단 기금을 통해 약 50만 명의 폴란드인이 총 10억 유로에 가까운 보상금을 받았다.[27] 그러나 이전과 마찬가지로 이러한 일련의 새로운 공개 성명이나 보상금이 폴란드인들의 여론을 움직이는 것으로는 보이지 않았다. 2001년에도 폴란드인들은 여전히 독일에 대해 긍정적인 감정(32퍼센트)보다 부정적인 감정(36퍼센트)을 더 많이 표현했다(도표 5.1 참조).

공개적인 반성이 정치 엘리트들의 담론 전통에서 일부로 확고히 자리 잡은 가운데, 기민련 지도자인 메르켈 총리는 2009년 8월에 그단스크를 방문해서, 70년 전 독일이 폴란드를 침공한 일에 대해 사과했다. 그녀는 연설에서 그 침략을 통해 "독일군은 도시를 무너뜨리고 사람들을 살해했고, 많은 사람들에게 엄청난 고통을 주었습니다. 무차별 폭력과 폭행이 일상생활을 지배했습니다. 한 폴란드 가족이 간신히 살아남았습니다"라고 말했다. 하지만 메르켈의 연설이 많은 폴란드인들을 움직인 것은 아니었다. 이미 8개월 전인 2008년 12월까지 그들은 이미 독일에 대해 상대적으로 긍정적인 감정을 갖게 되었다(38퍼센트). 5개월 후인 2010년 1월에도 우호적인 태도는 안정적으로 유지되었다(39퍼센트, 도표 5.1 참조).

## 경제적 상호의존성

독일과 폴란드는 냉전 초기 20년 동안 서로 무역을 거의 하지 않았다. 그런데 동방정책이 상황을 바꾸었다. 비록 매우 낮은 수준에서 시작되었지만 양방향 무역은 1970년대에 일곱 배 증가했고, 관광업도 급속도로 확대되었다. 이 10년 동안 폴란드를 여행한 독일인의 수는 여섯 배 이상 증가했고, 반대로 독일에 온 폴란드인의 방문객 수는 세 배 이상 증가했다.[28] 이러한 흐름은 냉전의 긴장이 고조되던 1980년대에는 10년 동안 정체되었다.

그러나 이는 독일이 통일되고, 양국 관계가 획기적으로 발전한 1990년대에 다시 세 배로 증가했다.[29] 1990년대 말에는 폴란드에 투자한 해외직접투자에서 독일의 다국적기업(MNC)이 투자한 비중이 거의 20퍼센트를 차지했다.[30] 이러한 경제적 교류의 증가는 폴란드인이 독일에 대해 점점 더 긍정적인 견해를 갖는 현상과 맞물려 진행되었다.

탈냉전 시대에 양국 경제는 점차 가까워졌지만, 진정한 상호의 존성을 갖지는 못했다. 1991년 독일과 폴란드 간의 양자 무역은 해당 국가 전체 무역의 약 1퍼센트에 불과했다. 2017년에는 그 비율이 증가했지만, 여전히 대체로 약 4퍼센트 정도에 머물렀다.

도표 5.2는 무역 결합도 변화라는 변수가 폴란드인의 독일에 대한 인식 변화와 상관관계가 없음을 보여준다. 예를 들어 1993년과 1997년 사이에 무역 결합도는 미미한 속도로 증가한 반면, 독일에 대한 폴란드인들의 견해는 극적으로 향상되었다. 이와 마찬가지로 2002년에서 2007년 사이에는 양국의 무역 결합도가 강화되었지만, 폴란드인들이 독일에 대해 느끼는 호감은 현저히 줄어들었다.

독일 기업, 특히 다임러와 같은 자동차 부품 제조업체는 오데르-나이세선을 넘어 폴란드에 계속해서 막대한 투자를 해왔다. 2019년 기준으로 그들은 폴란드 경제에 약 450억 달러를 쏟아부었고, 이는 해외직접투자 누적량의 거의 20퍼센트를 차지했다.[31] 그러나 독일은 더 이상 폴란드에 대한 해외직접투자의 주요 국가가 아니다. 이제는 네덜란드가 그 주요 원천이다. 네덜란드와 대조적으로, 독일에서 폴란드의 해외직접투자가 차지하는 비중은 미미한 상태다.

중요한 것은 폴란드와 독일의 상호의존성이 낮을 뿐만 아니라 상당히 비대칭적이라는 사실이다. 독일은 동쪽의 이웃 국가가 수

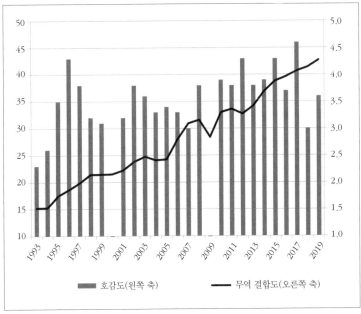

출처: CBOS & 세계은행의 WITS

출하는 상품의 4분의 1(27퍼센트) 이상을 구매해, 폴란드의 수출 시장에서 1위 국가가 되었다. 마찬가지로 이웃 국가가 수입하는 상품의 5분의 1(21퍼센트) 이상을 생산해 최대 공급 국가가 되었다. 그런데 이와 대조적으로 폴란드는 독일의 상위 5대 교역국에도 포함되지 않는다.

　폴란드인들은 이러한 불균형을 잘 알고 있다. 폴란드의 전 유럽연합 대사인 얀 트루친스키Jan Truszczyński는 양국 관계는 "매우 가깝지만 대등하지는 않습니다"라고 말한다.[32] "젊은 폴란드인들에게 독일은 그들을 유혹하는 크고 중요한 나라입니다. 그러나 독일에 가면 그들은 독일 젊은이들이 폴란드에 대해 아는 것보다 자신들이 독일에 대해 훨씬 더 많이 알고 있다는 것을 금방 깨닫게 됩니다."

## 공식적 협력

공산주의 체제로 반세기 가까운 세월을 보낸 후, 폴란드는 이제 서구를 지향하면서 그곳에 더 큰 자유와 번영이 있음을 보았다. 폴란드의 엘리트들은 나토와 유럽공동체 같은 서방 기구에 가입하기를 갈망하면서 "유럽으로 가는 길은 독일을 통과한다"는 진리를 받아들이기에 이르렀다.[33] 초창기 폴란드의 외무장관인 크시슈토프 스쿠비셰프스키Krzysztof Skubiszewski(1992)는 "점차 통합으로 나아가는 유럽의 국제질서에서 중요한 구성요소가 될 폴란드-독일 이해공동체"를 만들자고 요청했다. 에이드리언 하이드프라이스Adrian Hyde-Price(2000: 217)는 그의 주장을 다음과 같이 분석했다. "이러한 '이해공동체'의 중심에는 그동안 양국이 지지해온 목표인 나토와 유럽연합 두 기구의 확대가 있다. 그리고 두 기구의 확대 과정은 독일-폴란드 관계가 유럽통합 프로세스라는 다자간 지역주의 속에 튼튼하게 연계되도록 했다는 점에서도 중요하다."

폴란드가 서방을 바라보며 기회를 엿보는 동안, 독일도 폴란드와 마찬가지로 동방을 바라보며 기회를 찾고 있었다. 유럽의 확대는 잠재적으로 독일에게 중요한 이웃인 폴란드와의 화해를 촉진할 수 있다는 것이었다. 독일 외무장관 한스디트리히 겐셔는 "폴란드가 유럽공동체에 가까워질수록, 우리는 이 프레임워크를 독일과 폴란드 사이의 협력에도 더욱 집중적으로 사용할 수 있습니다"라고 선언했다.[34]

한 번 효과가 있었던 전략이 두 번째라고 통하지 않을 이유가 있을까? 1997년 시카고에서 한 연설에서 콜 총리는 자신의 비전을 설명하면서 전례를 인용했다. "우리는 우리의 동쪽 이웃 폴란드와 함께 (⋯) 이전에 우리가 프랑스와 함께 달성했던 것을 창조하고 싶습니다. 이것은 독일-폴란드의 역사와 독일-폴란드 국경이 서로 쓰라린 경험을 가진 채 맞닿아 있기 때문에 훨씬 더 중요합니다. (⋯) (우리는) 다시는 유럽에 국경 문제가 없을 것이라는 단호한 결론을 이끌어내야 합니다. (⋯) 이러한 이유에서, 우리는 폴란드가 (⋯) 유럽연합의 일원이 되기를 바랍니다."[35]

독일은 일찍이 1989년에 유럽공동체 회원국들을 압박해서 새로운 원조 프로그램인 PHARE(폴란드와 헝가리의 경제 구조조정을 위한 지원)를 만들었다. 이는 두 나라가 유럽공동체에서 생존력 있는 구성원이 되는 것을 지원하도록 설계된 프로그램이었다. 1990년부터 1998년까지 유럽공동체는 PHARE를 통해 폴란드에 약 12억 5100만 유로를 제공했다.[36] 독일은 또한 지역 공동체에 적용되는 관세 협정인 일반특혜관세제도를 폴란드에 확대하기 위해 유럽 파트너 국가들을 설득했다. 그 후 1990년에는 기존 회원국과 예비 회원국 간에 국경을 넘어서는 협력을 촉진하기 위해 고안된 새로운 기금인 인터레그INTERREG를 설립하도록 유럽공동체를 설득했다. 그리고 1993년까지 이 프로그램 자금의 68퍼센트가 폴란드-독일 화합 프로젝트에 투입되었다.[37] 그러한 프로젝트 중 하나가 비아드리나 유럽대학교다. 독일 프랑크푸르트안데어오데르에 위치한 이 학교는 정원의 3분의 1이 폴란드 학생에게 할당되어 있다. 이 대학의 총장을 지냈고, 슈뢰더 총리와 메르켈 총리 정부에서 연이어 폴란드와의 외교관계 코디네이터로 일했던 게시네 슈반Gesine Schwan은 "우리는 역사적인 과정의 일부였습니다. 즉 과거에 대한 기억을 분해하거나 현실과 분리시키는 과정 말이죠"라고 말한다.[38] "당연하게도 젊은이들이 이러한 노력을 주도하고 있습니다. 그들은 특히 상대국 젊은이들과 친해짐으로써 오래된 '진실'에 더욱 기꺼이 도전하고자 합니다."

독일은 폴란드의 유럽공동체 회원 가입을 지지하는 주요 옹호자로 빠르게 떠올랐다. 1990~1991년 유럽연합 가입 협정을 위한 협상에서 독일은 프랑스처럼 이 문제에 대해 좀 더 완고한 회원국들에게 기존 15개 회원국을 넘어서는 확장을 환영하도록 조용하지만 일관되게 촉구했다. 그리고 독일은 다른 어떤 회원국보다도 필요할 경우 폴란드를 포함하는 새로운 회원국의 가입 절차를 신속히 추진하는 방안을 지지했다. 1994년 콜 총리는 자신이 맡고 있던 유럽연합이사회 의장직을 활용해 가입 신청국들에 대한 심사 기준을 결정할 때 영향력을 행사했다. 1년 후 세임에서 행한 연설에서 콜은 유럽연합 가입에 대한 폴란드의 기대를 고조시켰다. "아주 가까운 미래에 (아마 이번 10년 안이라고 생각합니다만) 폴란드가 유럽연합과 나토의 안보 체제 안에 진입하는 길을 찾아야 한다는 것이 나의 소망이자 우리의 소망입니다."[39]

제니퍼 요더Jennifer A. Yoder(2008: 5)는 유럽연합이 "독일과 폴란드 엘리트 간의 관계 개선을 위한 학교" 역할을 했으며, 그것은 유럽연합이 회원국들에게 공통의 가치, 규범, 정치, 경제활동 패턴을 부여하고 이를 통해 친밀감과 신뢰 및 공동의 운명의식을 낳기 때문이다"라고 주장한다. 이것이 독일과 폴란드 양국 간 화해를 위한 정치적 기반이었다.

앞서 언급한 바와 같이 독일은 폴란드의 안보동맹 가입 요청을 흔쾌히 받아들인 최초의 나토 회원국이었다. 1993년 런던에서 한 연설에서 뤼에 독일 국방장관은 "중부 및 동부 유럽에 우리의 이웃이 없다면 유럽의 전략적 통합은 그저 환상으로 남을 것"이라고 선언했다.[40] 나토의 동부 확대를 단호히 반대하는 러시아를 화나게 하는 것은 피하고 싶었지만, 콜 총리는 공개적으로, 하지만 조심스럽게 그 대의를 채택했다. 이는 특히 그가 "가장 중요한" 후보라고 불렀던 폴란드를 위해서였다. 그와 미국 대통령 빌 클린턴은 나토의 동맹 확대를 지지하는 주요 옹호자가 되었다. 1997년 마드리드

정상회담에서 그들은 시라크 프랑스 대통령의 반대에도 불구하고 폴란드, 헝가리, 체코공화국이 가입 협상에 참여하도록 초청받아야 한다고 주장했다.[41]

폴란드에서 독일에 대한 호감도가 절정에 달했던 것이 이 무렵이었다(도표 5.1 참조). 1996년 여론조사에서는 폴란드인의 43퍼센트가 여론조사원에게 이전의 적에 대해 긍정적인 견해를 가지고 있다고 말했으며, 31퍼센트만이 부정적인 견해를 가지고 있었다(CBOS가 순 우호 등급을 기록한 첫 해). 1997년에는 응답자의 73퍼센트가 자국이 독일과 화해하는 것이 가능하다고 응답했다(불가능하다고 응답한 사람은 25퍼센트에 불과했다).

바르샤바조약기구에서 탈퇴한 폴란드와 또 다른 두 국가의 극적인 가입과 함께 1999년에 나토 확대 논의가 종식된 반면에, 유럽연합 확대를 둘러싼 협상은 계속 지체되었다. 무엇보다도 독일에서 새로 연립정부를 구성한 사민당과 녹색당은 새로 가입할 유럽연합 회원국들로부터 값싼 노동력이 독일에 유입될 가능성을 우려하기 시작했다. 이와 동시에 독일인들은 포츠담 회담 이후 폴란드의 고향에서 추방된 독일 동포들이 처했던 곤경에 대한 (유럽연합 확대 문제와 무관한) 불만의 목소리를 분출하기 시작했다. 앞서 언급한 바와 같이, 이웃 국가에서 들려오는 소음은 폴란드인들을 짜증나게 했지만, 여론조사는 폴란드인들이 유럽연합에 대해 애정을 갖고 있음을 보여주었다. 베를린은 이런 현상에 주목했다. 그래서 독일은 폴란드의 유럽화 프로세스에 대한 약속을 새롭게 함으로써 이에 대응했다. 1999년 슈뢰더 총리의 외무부 장관인 요슈카 피셔는 다음과 같이 폴란드의 유럽연합 가입에 관한 명확한 지지 성명을 발표했다. "독일은 폴란드가 가능한 한 빠른 시일 내에 유럽연합에 가입할 수 있도록 조치가 취해져야 한다고 믿는다."[42] 2000년 슈뢰더 총리는 프랑스 니스에서 열린 정상회담에서 폴란드는 각료회의에서 27표를 받아야 한다고 주장했다. 이는 유럽에서 가장 인구가 많은 회원국(독일, 프랑스, 이탈리아, 영국)이 보유한 29표에 조금 못 미치는 수치였다.[43] 그리고 2002년에 그는 유럽연합의 공동농업정책(CAP) 예산을 대폭 삭감하려는 독일의 바람에도 불구하고, 유럽 공동농업정책에 따르는 직접 지원금을 자국 농민들에게 지급해달라는 폴란드의 요구를 지지해주었다.[44]

기나긴 프로세스가 끝날 때까지 독일은, 폴란드가 기준 충족 경쟁에서 체코, 슬로베니아 같은 다른 국가에 뒤처졌음에도 불구하고 유럽연합 조기 가입을 위한 후보들 사이에 남아 있다고 줄곧 주장했다.[45] 그리고 2004년에 드디어 유럽연합 가입 자격을 획득한 폴란드는 그들이 중요하게 여기는 사안들에서 자주 독일의 지원을 얻었다. 예를 들어 전 독일 외무부 중부·동부 유럽 사업국장은 유럽 외부 국경에 관한 새로운 프로그램 추진 센터를 유치하기 위한 경쟁에서 "부다페스트가 더욱 유력한 신청서를 제출했음에도 불구하고", 바르샤바가 선정되도록 결정권을 행사했다고 회상한다.[46]

독일이 폴란드의 유럽화를 적극 지원해준 것이 양국 화해의 길을 열었다고 단정적으로 증명하기는 어렵다. 하지만 대다수 학자들은 그것이 양국 관계에 큰 변화를 가져왔다는 데 동의한다. 예를 들어 롤런드 프로이덴슈타인Roland Freudenstein(1998: 53)은 다음과 같이 평가한다. "나토와 유럽연합 내에서 폴란드의 옹호자로서 독일이 수행한 역할은 폴란드인들의 독일에 대한 이미지에 심오하고 긍정적인 영향을 미쳤다." 폴란드의 오피니언 리더들도 이와 비슷한 주장을 한다. 전직 외무장관에서 경제학자로 변신한 다리우스 로사티Dariusz Rosati는 독일의 행동이 말보다 양국 화해와 관계 개선에 훨씬 도움이 되었다고 말한다. "그들은 과거의 문을 닫기 위해 매우 현실적이고 실질적인 조치를 취했습니다. 우리를 유럽 기구에 기꺼이 받아들여서, 평화 구축 과정의 진정한 하나의 동반자로 만들었습니다."[47]

그런데 지역주의가 폴란드-독일 화해를 촉진한 것과 마찬가지로, 유럽적 (그리고 범대서양적) 협력이 약화되자, 독일-폴란드 화해의 토대가 와해되었다. 예를 들어 2003년 나토의 유럽 회원국들은 사담 후세인 정권을 무너뜨리기 위해 미국이 이라크를 침공하는 문제에 대해 크게 의견이 갈렸다. 도널드 럼스펠드 미국 국방장관은 독일과 프랑스가 이끄는 반대국들을 "옛 유럽"이라고 지칭한 반면에, 나토의 신생 회원국, 특히 미국이 주도하는 '유지연합有志聯合'에 합류하기 위해 군대를 파견한 폴란드를 치켜세웠다.

이런 상황은 2003년부터 2007년까지 폴란드-독일 관계가 냉각된 것(도표 5.1 참조)과 일치한다. 이와 마찬가지로 2018년에는 폴란드가 난민 수용을 거부하고 국경을 폐쇄하려는 노력을 기울이자, 독일을 포함하는 유럽연합이 이에 대해 제재를 가하겠다고 위협했다. 이것도 양국 관계를 냉각시키는 데 일조했다.

사람들은 나토와 유럽연합 모두에 가입한 폴란드가 새천년에는 더 이상 그 이전 시기처럼 독일을 필요로 하지 않았다고 주장한다. 이는 독일과 폴란드의 화해를 위해서는 재정 및 통화정책에서의 더 큰 협력을 포함해 유럽이 더 긴밀하게 통합되는 것이 필요하다는 점을 시사한다. 경제학자 크시슈토프 블레도프스키Krzysztof Bledowski(2018)는 비록 폴란드가 즈워티를 포기하지 않고 유로존에 가입하기로 결정하더라도, 2012년에서 2015년 사이에 그랬던 것처럼 지역 경제를 안정시키기 위해 독일과 더욱 협력한다면 폴란드에게 이익이 될 것이라고 믿는다. 예를 들어 그는 폴란드가 유럽은행연합에 가입해야 한다고 말한다. 그러면 폴란드 경제에는 물론이고 유럽 경제와 폴란드-독일 관계에도 도움이 된다는 것이다. 블레도프스키는 이렇게 썼다. "폴란드는 독일에 대한 해묵은 적대감을 버리고 이웃을 친구이자 동맹으로 받아들여야 한다. 독일의 정계는 폴란드의 조언을 높이 평가하고 기꺼이 환영할 것이며 가끔씩 그들의 훈계를 참기도 할 것이다. 그런데 이는 양국 간 선의가 잘 정착되어, 양국 관계가 상호 비난에서 벗어날 때 비로소 가능하다."

# 요약

우르슐라 페칼라<sub>Urszula Pękala</sub>(2016)가 지적했듯이 화해는 장기적인 과정이다. 이는 하룻밤 사이에 이루어지지 않으며, 일반적으로 직선을 그리며 진행되지도 않는다. 독일과 폴란드의 경우, 우리는 지난 30년 동안 진전과 후퇴를 목격했다. 이렇게 우여곡절 많은 과정은 여전히 진행 중이지만 전반적으로 앞을 향해 나아가고 있다.

두 가지 요소, 즉 과거에 대한 사과와 경제적 상호의존성은 이 과정을 추진하는 데 중심적인 역할을 하지 않았다. 독일과 폴란드에서는 1960년대 중반 양국의 가톨릭 주교들이 회개와 용서의 메시지를 통해 화해를 촉구했지만, 양국은 지정학적 이해관계 때문에 분열 상태를 유지했다. 냉전이 끝나고 소련과 동독이 붕괴하자 독일 관리들은 나치의 침략과 전쟁범죄 피해자들에게 보상하기 위한 기금을 마련했고(1991), 제3제국을 위해 강제동원되었던 유럽인들에게 보상금을 지급하기 위해 또 다른 기금을 설립했다(2000). 그들은 또한 중요한 공개 사과 성명을 발표했다(1994, 2000, 2004, 2009). 그러나 이것들이 여론을 바꾸지는 못했다. 마찬가지로 두 나라 사이의 경제관계 개선도 새로운 정치적 관계를 형성하지 못했다. 양국의 외교관계는 1993~1996년과 2007~2017년 두 차례에 걸쳐 가장 극적으로 개선된 반면, 양국 무역은 상당히 완만한 속도로 성장했다. 그리고 양국 경제는 현재 비대칭적으로 상호의존적인 상태다. 폴란드는 수출 시장이자 수입 원천으로서 독일에 크게 의존하고 있다. 반면 독일 다국적기업을 위한 제조업 수출 플랫폼이라는 측면을 제외하면 폴란드에 대한 독일의 의존도는 낮다.

이 사례 연구는 양국 간 공식적인 협력이 독일-폴란드 화해의 원동력이었음을 시사한다. 유럽연합과 나토는 폴란드가 오랫동안 소속되기를 바랐던 서유럽에서 새롭게 민주화된 폴란드의 입지를 확보해주는 중심추가 되어주었다.[48] 독일은 새로운 회원국 폴란드에 대해 보증을 제공하고 양보를 얻어냄으로써 폴란드가 두 기구 모두에 가입하는 것을 후원했다.

유럽에서 폴란드-독일 파트너십은 아마도 프랑스-독일 파트너십처럼 (어쩌면 그보다 더) 중요해졌다. 적어도 당분간은 말이다. 콘스탄티 게베르트Konstanty Gebert와 울리케 게로Ulrike Guérot(2012: 5)는 "유럽을 위한 제도적 구상에 있어서 오늘날 폴란드는 이미 독일의 탠덤 파트너로서 프랑스를 대부분 대체했다"라고 선언했다. 2011년부터 2015년까지 베를린과 바르샤바는 유럽 기구들을 강화하기 위해 긴밀히 협력했다. 나토가 아프가니스탄, 리비아 등 상대적으로 유럽에서 멀리 떨어져 있는 위험한 국가에 대해 빈번하게 개입하자 이에 실망한 양국은 유럽연합의 공동안보 및 방위정책을 강화하는 데 합의했다.[49] 그리고 그들은 유로 위기에 대해 공동으로 강경 노선을 유지하면서, 그리스와 기타 재정적으로 어려움을 겪는 회원국들이 유럽으로부터 대규모 구제금융을 받기 전에 자체적인 긴축 조치를 취하도록 강력히 요구했다.[50] 이러한 지역적 계획에 협력하면서 독일과 폴란드의 관계는 따뜻해졌고 상호 화해는 되돌릴 수 없는 것으로 드러났다.

앞에서 언급했듯이 이 무렵 법과정의당이 바르샤바에서 재집권에 성공했고, 게다가 트럼프가 미국 대통령이 되었다. 다음 장과 마찬가지로 이 장에 서술된 내용은 국내 및 국제 정치적 맥락이 국가 간 관계에서 매우 중요하다는 점을 보여준다. 재집권한 법과정의당 지도자들은 자신들의 정치적 기반인 민족주의자들의 환심을 사기 위해 역사(독일에 대한 새로운 배상 요구를 포함해)를 이용했다. 독일이 주도하는 유럽연합이 이민과 법치에 관한 유럽의 규칙과 규범을 무시하는 법과정의당 정부의 정책을 비판하자, 폴란드-독일 관계가 악화된 것이다. 또한 트럼프는 여러 사안에서 양국 사이에 쐐기를 박았다. 즉 이란과의 핵 협정부터 중거리 핵무기 협정(독일에게는 실망스러운 일이었지만, 트럼프 집권하의 미국은 두 협정을 모두 폐기했다)에 이르는 사안, 그리고 러시아와 독일 사이에 천연가스를 운송하기 위해 설계된 노르트스트림2 파이프라인 건설(새로 선출된 조 바이든 대통령하에서 2021년 잠시 동안을 제외하고는 폴란드와 미국이 그 설치를 강력히 반대했다)부터 폴란드-미국 양국의 군사협력에 이르는 사안에서 말이다. 폴란드-미국의 군사협력에는 통상적으로 '포트 트럼프Fort Trump'로 알려진 폴란드 내의 영구적인 미군기지가 포함되어 있었으며, 독일과 프랑스는 이러한 폴란드-미국 간 군사협력 때문에 상설 협력기구 PESCO나 유럽 개입 이니셔티브European Intervention Initiative(E2I)와 같이, 그동안 유럽이 자체적으로 국방 자치권을 강화하기 위해 시도해온 노력들이 약화될 수 있다는 점을 우려했다. 피오트르 부라스Piotr Buras와 요제프 야닝Josef Janning(2018: 27)에 따르면 "트럼프의 행동은 의심할 여지없이 다양한 문제에서 베를린과 바르샤바가 더욱 멀어지게 만들었다."

그러나 국내 정치나 국제 정치 어느 것도 폴란드-독일의 화해를 향한 진전을 막지 못했다. 양국 화해는 주로 지역 문제에 대한 공식적인 협력이 작용하면서 초래한 성과다. 야로스와프 카친스키와 트럼프 같은 정치 사업가들의 행동과 수사는 한동안 독일-폴란드 관계를 위협했지만, 이로 인해 폴란드인들이 독일(또는 유럽 기구들)에 완전히 등을 돌리게 되지는 않았다. 바르샤바에서 법과정의당이 다시 집권하고 트럼프가 백악관에 입성한 이후에도, 폴란드 시민들은 2017년 여론조사에서 25년 동안 진행된 CBOS 여론조사 가운데 독일에 대해 가장 긍정적인 견해를 표명했다(도표 5.1 참조).

점점 더 분명해지는 것은 폴란드인들이 더 이상 독일을 오직 역사의 어두운 렌즈를 통해서만 바라보지 않는다는 것이다. 로사티는 "오늘날 우리의 관계는 공유된 이해와 공유된 가치를 바탕으로 구축되었습니다"라고 말한다.[51]

# 6장

# 일본과 중국

호감은 돈으로 살 수 없다

독일이나 폴란드처럼 동아시아의 강대국들도 냉전 시절에 라이벌 관계였다. 그 이전 시기의 경우, 일본은 독일이 폴란드를 대했던 것처럼 중국을 끔찍하게 대했다. 중국의 옛 조공국이었던 일본은 먼저 산업화와 '서구화'를 추진해, 1895년에 한때 멘토였던 중국을 정복했고, 20세기 전반기엔 (예를 들어 1915년 '21개 조항'으로) 내정에 반복적으로 개입했다. 1931년에는 중국 땅에 허수아비 국가인 만주국을 세워 중국에서 분리시켰고, 1937년에는 중국의 나머지 영토를 침략했다. 2차 중일전쟁은 일본제국군의 잔인함, 특히 난징에서 자행된 민간인 학살과 강간, 일본군 731부대가 생화학전 수행을 위한 임상 데이터를 수집하기 위해 하얼빈에서 살아 있는 중국인들을 대상으로 의학 실험을 실시한 것 등으로 악명 높다.

이런 역사를 알면 중화인민공화국(1949년 마오쩌둥이 수립한 중국)

은 늘 일본에 대해 분개해왔다고 생각해도 무리가 없을 것이다. 그러나 2장에서 언급했고 이 장의 후반부에서 더 자세히 설명하겠지만 사실은 그렇지 않다. 중국이 일본에 대해 품고 있는 국가적인 적대감은 비교적 최근에 생긴 현상이다. 이러한 분노는 일본이 과거의 침략에 대해 다소 공개적으로 사과하기 시작한 1980년대에 나타났다. 그리고 이는 1990년대와 새천년의 첫 15년 동안 극적으로 확대되었다. 일본이 이전보다 훨씬 더 진지하고 구체적으로 사과 성명을 발표했음에도 불구하고, 공식적인 배상을 대신해 수십억 달러의 원조를 제공했음에도 불구하고, 그리고 공산당 국가가 세계 자본주의 질서에 점점 더 통합되어 양국 사이의 경제적 유대가 강화되고 있음에도 불구하고 적대감이 명백하게 살아 있다.

일본에 대한 중국인들의 반감은 2005년 일본에서 자국의 전쟁 범죄를 미화하는 수정주의 역사 교과서가 출간되고, 민족주의자인 고이즈미 준이치로 총리가 야스쿠니 신사를 참배하면서 최고조에 달했다. 그리고 아주 짧은 상대적 해빙기가 지나자, 중일관계는 이전보다 더욱 냉랭해졌다. 2013년까지 〈차이나 데일리〉가 실시한 여론조사에서 응답자의 거의 93퍼센트가 일본에 대해 부정적인 견해를 갖고 있다고 응답했다(도표 6.2 참조). 적대감 수준은 이후 7년 동안 점차 감소했지만(2020년에는 '겨우' 53퍼센트였다가 2021년에 다시 66퍼센트로 증가), 불신은 여전히 남아 있었다. 많은 중국인들은 계속해서 일본을 심각한 군사적 위협으로 보고 있다. 2019년 〈차이나 데일리〉설문조사는 응답자의 75퍼센트 이상이 일본을 이런 식으로 보고 있다고 말하면서, 일본을 중국의 가장 큰 위협으로 꼽았다. 이러한 우려는 2020년에 일본을 위협으로 여기는 중국인 응답자가 48퍼센트로 줄어들면서 일시적으로 완화되었지만, 2021년에는 61퍼센트로 다시 증가했다. 오늘날 과거에 중국을 침략한 나라를 칭찬하는 중국인은 매우 드물며, 그럴 경우 의도를 의심받기 쉽다.

2006년, 이 책에서 제기된 문제를 처음으로 탐구하기 시작했을 무렵, 나는 당시 외교관이자 중국사회과학원(CASS)에서 일하는 연구원인 중국인 진시더와 함께 베이징의 한 커피숍에 앉아 있었다. 그는 공산당의 노선을 소개하느라 정신이 없었다. "일본의 역사교육은 매우 나쁩니다. 그래서 일본의 전후 세대는 2차 세계대전 동안 실제로 무슨 일이 일어났는지 거의 또는 전혀 모릅니다. 게다가 도쿄의 새로운 지도자들은 자신들이 결정했던 '전후 평화주의'를 포기했습니다." 그는 중국이 세계 2위의 경제대국으로 부상하면서 일본 엘리트층이 중국에 대해 "위험할 정도로 공격적"이 되었다고 말했다.

하지만 대화가 한 시간 정도 흐르면서, 그는 눈에 띄게 긴장을 풀고 일본에서의 즐거운 추억과 중일관계 개선에 대한 희망적인 비전을 얘기하기 시작했다. 그는 내게 "나는 일본을 좋아합니다"라고 말했다. "거기서 거의 6년을 보냈고, 그 나라의 전후 정치와

사회에 대해 많은 것을 배웠거든요. 내게는 지금도 일본인 친구가 많아요."

진시더는 중국공산당과 국가가 실제로 중국 대중을 대표하는 그룹들보다 일본에 대해 훨씬 더 온건하다고 말했다. 그는 정부가 "말을 너무 많이 해 민족주의를 선동하는 것과, 말을 너무 적게 해서 민족주의자들로부터 비난받는 것 사이의 미묘한 경계 지점을 걷고 있습니다"라고 말했다. 그가 털어놓은 바에 따르면, 중국 지도자들은 "중국인들의 반일감정 때문에 일본과의 경제관계가 위태롭게 될까 봐 깊이 우려하고 있습니다. 그래서 우리는 야스쿠니 신사나 역사 교과서 같은 문제에 관심을 집중하고 있습니다. 거기에는 사실상 선택의 여지가 없기 때문이죠. 기술 무역, 군사협력 등 다른 문제에서도 우리는 양국이 더 좋고 더 긴밀한 관계를 구축할 수 있다고 생각합니다. 정부 내에도 나와 비슷한 생각을 하는 사람이 점점 더 많아지고 있습니다."[1]

그 후에도 한동안 진시더와 연락을 유지했지만, 언젠가 그가 더 이상 편지와 이메일에 응답하지 않는다는 것을 깨달았다. 2009년에 다시 중국을 방문했을 때, 나는 그를 찾을 수 없었다. 진시더는 숙청된 것처럼 보였다. 나중에 나는 그가 간첩혐의로 기소되어 수감되었다는 소식을 들었다.

중일관계는 왜 이 정도까지 악화되어, 일본에 대해 미묘한 견해를 내놓는 중국 외교관은 직업뿐 아니라 자유마저도 잃게 되었을까?[2] 여기서 나는 앞에서 다룬 사례 연구들에서 사용했던 동일한 변수들을 검토할 것이다. 우리는 독일이 과거에 저지른 만행 때문에 폴란드에 사과한 것만큼, 또는 그 이상으로 일본이 중국에 사과해온 것을 보게 될 것이다. 마찬가지로 우리는 양국 경제가 독일-폴란드 경제관계보다 훨씬 더 밀접하게 얽혀 있음도 알게 될 것이다. 물론 이번 중일관계 사례가 유럽 사례와 크게 다른 점은 지역 국가들 사이의 협력을 촉진하는 제도화된 지역주의가 결여되어 있다는 사실이다.


## 구애에서 악마화로

### 제1단계(1949~1981): '납치된' 일본인에 대한 구애

1949년 10월 마오쩌둥이 중화인민공화국의 탄생을 선언했을 때, 그가 설정한 가장 중요한 목표는 정치권력을 중국공산당 아래 통합하는 것이었다. 그런데 이를 방해하는 두 가지 커다란 장애물이 있었다. 하나는 장제스가 이끄는 국민당으로, 공산주의자들과의 내전에서 패한 후 대부분 타이완으로 후퇴했지만 본토에는 여전히 그에게 충성하는 세력이 남아 있었다. 다른 하나는 국민당을 지지하면서, 중국공산당이 주도하는 베이징 정부를 냉전 상황에서 그들의 적으로 규정한 미국이었다.

중국의 대중을 장악하기 위해서 마오쩌둥은 중국 인민이 침략 세력 일본 제국주의의 손아귀에서 가만히 굴욕을 당하지 않고 이에 맞서 투쟁했고, 결국 공산주의가 승리했음을 강조하는 역사 서술을 추구했다. 이 서사에 따르면 중국공산당은 영웅적이었고, 국민당은 무능하고 심지어 반역적이었다. 그런데 마오주의적 접근은 난징에서 자행된 학살과 같은 역사적 사건의 의미를 축소하는 효과를 가져왔다. 난징은 당시 국민당이 장악한 중국의 수도였기 때문이다. 쉬샤오훙Xu Xiaohong과 린 스필먼Lyn Spillman(2010: 116)은 중국의 중학교 교과서에는 1979년까지 난징 학살에 대한 언급이 없었고 그 이후에는 아주 간략하게만 언급되었다고 주장한다. J. C. 알렉산더Alexander와 R. 가오Gao(2007)는 1946년부터 1982년 사이에 중국공산당 기관지인 〈인민일보〉에서 '난징 대학살'이라는 표현은 겨우 15번 사용되었으며 그것도 대개는 지나가는 말이었다는 것을 발견했다. 일본의 잔학행위를 경시하려는 정부의 노력을 보여주는 가장 극적인 사례는 난징대학교의 역사가들이 학살을 기록으로 남긴 장문의 원고를 완성한 이후인 1962년에 나왔다. 그 원고에는 사상자 수에 대한 새로운 통계, 잔혹한 폭력을 보여주는 사진, 생존자들과의 인터뷰가 들어 있었다. 그런데 베이징은 이 원고를 일급비밀로 분류해서, 난징시 측에 이 자료를 일본인 방문객에게만 보여주도록 지시했다.[3]

　　마오쩌둥은 또한 미국이 타이베이에 수립된 국민당 정부를 지지하는 동시에 베이징에서 중국공산당 정권을 봉쇄하고 고립시키기 위해 노력하고 있다는 점을 언급함으로써, 중국 대중이 "미제국주의"에 맞서 결집하도록 했다. 1950년대 역사 교과서에서는 새롭고 혁명적인 중국에 대한 소련의 지원을 높이 평가하면서, 일본의 "반동분자들"을 지원하는 미국과 대비되도록 했다.[4] 1950년, 〈인민일보〉는 한 사설에서 미국이 "전후 일본인들의 잠재적인 능력이 아직 제대로 조직되지 않은 기회를 이용해" 일본을 그들의 식민지나 나머지 아시아를 침략하기 위한 군사기지로 전환시키고 있다고 주장했다.

미국은 일본의 민주세력을 탄압하고 일본 전범에게 마음대로 활동할 자유를 부여해, 일본 내 침략적인 세력의 부활을 지원하고 있다. 이는 미국이 일본을 새로운 전쟁을 시작하기 위한 도구로 이용하려는 시도다. 미국이 추진하는 이 모든 정책은 포츠담 선언에 어긋날 뿐 아니라, 전쟁에서 일본을 패퇴시킨 두 주요 국가, 즉 소련과 중국의 정책, 그리고 일본 국민뿐 아니라 아시아 여러 국가의 국민들의 이익에도 어긋나는 것이다.[5]

마오쩌둥은 도쿄를 다른 소규모 서구 국가들, 사회주의 국가들과 함께 미국의 패권에 맞서 연합전선을 형성할 잠재적인 동맹국으로 여겼다. 그래서 당시 그의 정치 구호는 "미국에 반대하고 일본을 지원하라"였다.[6] 이에 따라 당시 고립에서 벗어나려는 열망 속에 있던 베이징은 일본, 또는 적어도 일본 좌파(1950년대와 1960년대 일본 국내에서 비교적 강력한 지지를 누렸던)와 긴밀한 관계를 구축해 미·일 안보동맹을 약화하기 위해 '인민외교' 캠페인을 시작했다. 하지만 이런 행보가 중국공산당이 중국 본토에서 일본이 저지른 과거 침략에 대해 무죄를 선고했다는 뜻은 아니었다. 오히려 공산당-국가가 일본 국민이 아닌 군국주의자들을 특히 비난했다는 점에 주목해야 한다. 일본 국민과 일본 군국주의자들을 구별하는 논리는 1930년대에서 1940년대 초에 도쿄를 지배했던 리쥔日軍(군벌)의 만행에만 초점을 맞춘 역사 교과서에서도 뚜렷이 드러난다.[7] 마찬가지로 공식 담화에서 사용된 수사는 일본인을 (중국 인민들과 특별히 다르지 않은) 전쟁의 피해자로 취급했다. 결과적으로 중국공산당에게 히로시마와 나가사키는 미제국주의자들의 침략과 일본인들이 겪은 고통을 보여주는 중요한 상징으로 등장했다. 〈인민일보〉는 "이 끔찍한 집단학살을 잊지 말자"고 강력히 촉구했다.[8] 과거를 이런 방식으로 기억함으로써 "새로운 중국"은 아이러니하게도 일본의 주류가 2차 세계대전에 대해 사용하는 서사의 핵심을 그대로 수용했다. 일본 자체는 대체로 죄가 없지만, '군벌'에 의해 포획되어 있었다는 게 문제라는 서사였다.

중국은 심지어 전범 혐의자와 전쟁 종식 무렵 중국에 있던 일본인들에게까지 화해의 손을 내밀었다. 그 결과 중국인에 대한 잔학행위에 가담한 혐의로 푸순 특별교도소에 구금되어 있던 일본인 1000명 가운데 실제로 기소된 사람은 45명에 불과했다. 나머지 사람들은 사면을 받고 즉시 석방되었다. 중국은 법정에 출두한 사람들에게는 상당히 가벼운 형을 선고했으며, 1964년에는 이들 모두를 석방하고 일본으로 송환했다. 마찬가지로 중국은 전쟁이 끝난 후 중국 본토에 고립되어 있던 약 2만 9000명의 일본 국민을 일본으로 송환하기 위해 신속하게 움직였다. 여기서 중요한 점은 일본이 이러한 송환에 대해 어떤 보답 조치를 취하기 전에 그렇게 했다는 것이다.[9]

냉전 당시 형성된 동맹은 1960년대에 우선은 중국-소련 관계에서, 그리고 그 후 중국과 미국이 극적으로 화해하면서 변화하기 시작했다. 베이징과 도쿄가 공식적으로 더 가까워졌다. 거대한 돌파구는 1972년 다나카 가쿠에이 일본 총리가 중국을 방문해 자국의 과거 행위에 대해 미약하게나마 사과를 하고, 저우언라이 총리가 이에 따뜻하게 화답한 것이었다. 그리고 두 사람은 중일 국교정상화를 위한 양자 협정에 서명했다. 이는 중국이 일본에 대해 2차 세계대전 피해 복구를 위한 배상을 요구하지 않겠다는 약속을 공식화하고, 양국 간 무역을 위해 문호를 개방한 것이었다. 그러나 당시 중국은 매우 가난했고 정치적 혼란에 시달렸다. 대부분의 중국산 석탄이 일본으로 가는 대신, 일본산 제조품이 일본 항구를 떠나 중국으로 향했지만, 정작 일본의 자본은 꿈쩍도 하지 않았다. 일본의 기업들은 아직 중국 본토에 투자할 준비가 되어 있지 않았다.

문화대혁명이 끝나고, 정치적으로 혼수상태에 빠진 개혁가에게 새로운 공기가 흘러들어간 1976년에 마오쩌둥이 사망했다. 덩샤오핑이 권력을 공고히 하는 데 성공한 1978년, 중국은 대외적으로 경제를 개방하고 일부 시장을 자유화하기 시작했다. 그들은 공통의 문화적 뿌리에 초점을 맞추면서, 일본과 신속하게 평화우호조약을 체결했다. 그리고 새로운 최고 지도자는 자국의 오랜 적국을 방문해 히로히토 일왕에게 "과거는 지나갔습니다. (…) 우리는 이제 적극적이고 건설적으로 앞으로 나아가야 합니다"라고 말했다.[10] 1년 후 덩샤오핑은 정치적으로 민감한 결정을 통해, 주로 산업 인프라에 대한 저리 대출 형태로 제공되는 일본의 대외원조(공적 개발 지원, 또는 ODA) 자금을 받아들이는 데 동의했다. 그는 이 자금을 동원해 민간 투자를 위한 특별경제구역과 연구소들을 설립했다. 그러자 덩샤오핑의 친시장 정책과 자국 정부의 ODA에 고무된 일본 제조업체들이 중국의 해안 지역에 공장을 짓기 시작했다.

덩샤오핑 치하에서 자본주의를 도입하기 시작하면서, 이런 정책을 정당화하는 무언가 새로운 근거를 갈망하던 공산당은 결국 반일 민족주의에서 그것을 찾았다.


### 제2단계(1982~2005): '애국교육' 활용

국가 간 우호적인 분위기는 적어도 한동안, 그리고 시민사회 차원에서 지속되었다. 중국은 식품과 장난감에서 자동차, 텔레비전에 이르기까지 일본산 제품을 더 많이 수입하기 시작했다. 그들은 심지어 일본에 대한 동정심을 키우는 TV 쇼 프로그램도 수입했다. 1985년에 2억 명의 중국인 시청자가 근면과 인내, 가족에 대한 헌신을 통해 가난을 극복하는 한 시골 여성이 주인공으로 나오는 일본 드라마 〈오싱〉을 즐겨 시청했다.[11] 이 블록버스터 드라마는 덩샤오핑 이전에 공산당 관료들이 추진했던 초기 프레임, 즉 평범한 일본 시민들은 중국인과 다르지 않다는 프레임을 강화했다.

그러나 공식적인 서사는 그것이 국내 정치에 뿌리를 두고 있기 때문에 정치적 상황 변화에 따라 바뀌고 있었다. 전설적인 프롤레타리아 계급이 시장에서 취약한 프레카리아트precariat('불안정한'을 의미하는 precario와 '무산계급'을 뜻하는 proletariat의 합성어)로 변모하면서 이른바 '철밥통'이 깨지자, 공산주의는 중국 인민을 당에 견고하게 묶는 이념적 접착제로서의 '끈끈함'을 잃기 시작했다. 덩샤오핑은 이를 재빨리 파악했고, 중국인들이 외부인, 특히 "사악한" 일본인의 지배하에서 100년 동안 당한 굴욕을 씻기 위해선 전 민족이 현대화 캠페인에 몰두해야 한다고 재촉했다. 이제 과거 역사는 근본적으로 다른 의미를 지니게 되었다. 단순히 중국공산당의 영웅적 행위를 예찬하는 것만으로는 충분하지 않고, 1931년에 만주를 점령하고 1937년에는 중국의 나머지 지역마저 정복하려 했던 나라, 일본의 야만성을 강조하는 것이 필요해졌다.

1980년대 초 덩샤오핑은 난징과 하얼빈 등에 일본의 전쟁범죄를 강조하는 박물관을 건립하려는 야심찬 프로젝트를 시작했다. 그러한 프로젝트의 모체인 중국인민항일박물관은 베이징 외곽, 중국 전역을 정복하려는 일본의 시도가 실패했던 장소에 지어졌다. 일본의 잔인함을 보여주는 동상들이 세워진 정원, 국가적 자부심을 반영하는 거대한 깃대, 당시 중국 시민들이 직면했던 공포와 그들이 이룩한 승리를 묵상하도록 유도하는 붉은 카펫이 깔린 입구가 있는 이 박물관은 마치 웅장한 왕궁과 비슷하다(기록에 따르면 모든 사업은 미국의 도움을 전혀 받지 않고 스스로의 힘으로 완성했다).

중국에서 진행된 이런 변화와 거의 동시에, 일본인도 1980년대에 특히 나카소네 야스히로 총리 집권하에서 더욱 애국적으로 변모했다. 그는 일본의 외교정책에 걸림돌이 되었던 2차 세계대전 이후 평화주의 패러다임을 거부하고 싶었다. 대부분 성공하지 못했지만, 그는 군사비 지출을 늘리려 시도했다. 그는 냉전 상황에서 미국과 일본의 동맹을 강력히 지지하는 사람이 되었고, 한동안 일본이 현대사에서 달성한 '영광'을 강조하는 역사, 보다 자부심에 가득 찬 역사 해석을 발전시키려고 노력했다.

중국은 일본에서 진행되는 이러한 변화에 대해 분노를 표명하는 것으로 대응했다. 1982년 도쿄의 문부성이 일본의 전쟁범죄를 세탁하는 것으로 보이는 역사 교과서의 출판을 승인한 후,[12] 중국공산당 공식 기관지인 〈인민일보〉는 일련의 사설을 통해 새 역사 교과서들이 "역사를 왜곡하고 침략을 미화한다"며 일본을 맹렬히 비난했다.[13] 4장에서 언급한 바와 같이, 1985년에 나카소네 총리가 이제 일반 참전 군인들의 유해뿐만 아니라 2차 세계대전의 악명 높은 범죄자 14명의 유해가 안장되어 있는 야스쿠니 신사를 공식 참배하자, 이는 더욱 큰 분노를 불러일으켰다. 중국 대학생들은 과거에 대해 반성하지 않는 일본의 태도에 항의하기 위해 거리시위에 나섰다. 이는 1949년 인민공화국 탄생 이후 공산정권이 허용한 최초의 공개 시위였을 것이다.

양국 사이에 이러한 파열이 발생하면, 그때마다 일본은 다른 방법으로 중국과의 평화로운 관계를 복원하기 위해 진땀을 흘리며 노력했다. 일본 문부성뿐 아니라 집권당인 자민당 지도부는 그들의 중국 파트너들에게, 진실을 왜곡하고 있는 교과서가 애초에 주장하는 내용이 무엇이든지 간에 자신들은 일본이 1937년에 "공격에 가담함"으로써 중국을 "침략했다"는 사실을 잘 이해하고 있다고 확인해주었다. 심지어 나카소네조차 우익 집필자들에게 난징 대학살과 같은 전쟁 중 잔학행위를 경시하는 교과서를 개정하도록 요구할 것을 문부성에 지시했다. 그리고 아마도 가장 중요한 것은, 총리가 비록 민간 시설이긴 하지만 여전히 논란이 되고 있는 야스쿠니 신사를 재방문하지 않기로 약속했다는 것이다. 이미 오래되었지만 여전히 상처가 남아 있는 곳에 소금 뿌리는 일을 하지 않겠다는 것이었다.

10년이 넘는 기간 동안 일본은 중국에 대해 유화적인 자세를 보이려고 노력했다. 물론 일부 자민당 정치인들이 일본이 만행을 저질렀다는 증거가 없다고 부인함으로써 극우의 환심을 사려고 했던 주목할 만한 예외도 있었다. 그러나 오피니언 리더들은 대개 자국의 군사적 과거에 대해 일관되게 솔직하고 개방적인 자세를 보였고, 역사 교과서들은 갑자기 전시 일본의 잔혹행위를 인정했다. 법원은 마침내 중국인들이 집에서 강제로 끌려나와 노예와 같은 조건에서 끔찍한 강제노동을 한 것에 대해 보상을 요구하며 제기한 불법행위 사건을 심리하기로 합의했다.[14] 그리고 일본의 정치 엘리트들은 진정으로 심오한 사과 성명을 발표하기 시작했다. 1995년 8월 사회주의자인 무라야마 도미이치 총리의 사과 성명은 그중 가장 설득력이 있었고, 이후 그의 후계자들이 모두 따르는 표준이 되었다.

그러나 중국인들은 이런 제스처에 아무런 감명도 받지 않았다. 그들은 《안 된다고 말할 수 있는 중국》(1996), 《일본: 자신의 범죄를 인정하기를 거부하는 나라》(1998)[15] 등의 반일 서적을 탐독했고, 〈붉은 수수밭〉, 〈귀신이 온다〉 같은 영화도 열성적으로 관람했다. 마지막 두 작품은 일본 군인을 독특하게 타락했거나 단순히 사악한 존재로 묘사했다.

일부 학자들은 이러한 지독한 반일 민족주의가 공산당-국가가 아닌 중국 사회 안에서 유래했다고 주장한다. 그들은 당-국가가 오히려 일본을 공격하는 일부 책과 영화를 검열했고, 이전에 중국의 적이었던 국가를 비판하는 항의의 소리를 일부 억제했다고 지적한다. 예를 들어 그레그 오스틴Greg Austin과 스튜어트 해리스Stuart Harris(2001: 62)는 1994년에 공산당-국가가 일본 국가로부터 더 강력한 사과와 전쟁 배상을 확보하기 위해서, 저명한 반체제 인사인 바오거鮑戈를 투옥하기로 결정했다는 사실을 강조한다. 쉬빈Xu Bin과 게리 앨런 파인Gary Alan Fine(2010)도 중국 시민들이 정부가 더욱 강한 대일 외교를 펼쳐야 한다고 주장했다는 점을 강조한다.

이런 분석은 중국의 정치운동이 항상 엘리트에 의해 주도되는 것은 아니라는 점을 보여주기 때문에 유용하다. 그러나 동시에 이는 중국의 공산당-국가가 주도한 애국교육 캠페인이 미치는 영향력을 과소평가하는 경향이 있다. 애국교육 캠페인은 1990년대에 톈안먼天安門 학살 이후, 그리고 공산주의의 이념적 경직성을 한층 희석시키기 위해 추진된 더욱 심층적인 시장개혁 이후에도 등장했다. 중국공산당 총서기이자 국가주석이었던 장쩌민은 중국 젊은이들이 집권당을 지지할 더 많은 이유를 제공하고자 했다. 중국의 교과서, 박물관, 기념물은 일본의 배반과 잔혹행위, 즉 난징에서 민간인을 학살하고 하얼빈에서 살아 있는 중국인들을 해부한 과정에 대한 충격적인 이야기를 더욱 생생하게 전하기 시작했다. 이런 경향은 2차 세계대전에 대해 중국인들이 공유하는 서사가 되었고, 이를 주도한 내레이터는 공산당이었다.

1998년 장쩌민은 한국의 김대중 대통령이 도쿄를 방문한 지 한 달 만에 도쿄를 방문했다. 오부치 게이조 일본 총리는 한국과 중국의 두 정상에게 비슷한 유감과 사과 성명을 발표했다. 그러나 김 대통령은 일제의 한반도 식민지배에 대한 오부치의 사과를 받아들이기로 결정한 반면, 장쩌민 주석은 총리와의 정상회담 동안 계속해서 "일본의 군국주의"와 "역사의 뼈아픈 교훈"을 지적했다.[16] 2년 뒤 일본 방문을 앞둔 주룽지 중국 총리는 "역사 관련 문제로 일본 국민의 심기를 자극하지 않을 것이다"라고 약속하며 상황을 진정시키려고 노력했다.

일본에 대해 반감을 갖고 있던 중국인들은 새천년에 천박한 민족주의 프로그램을 추구하는 일본 총리 고이즈미 준이치로에게서 공격할 아주 만만한 대상을 발견했다. 일본유족회의 지원을 받은 고이즈미 총리는 재임 기간(2001~2006) 동안 매년 야스쿠니 신사를 참배했다. 또한 문부성은 그가 지켜보는 가운데 주류 역사학에 반대하는 우익 역사학자 그룹 '새 역사 교과서를 만드는 모임'이 집필한 교과서를 승인했다. 그들은 2차 세계대전 중 일본의 만행을 공개적으로 인정하는 주류 역사학이 지나치게 "자학적"이라고 여겼다.

중국 지도자들은 고이즈미와는 결코 정상회담을 하지 않을 것이라고 다짐함으로써 고이즈미에 대한 비호감을 표현했다. 중국 시민들의 적대감은 점점 더 고조되었다. 2005년 4월, 소셜미디어를 사용하는 중국인 수백만 명이 일본의 유엔 안전보장이사회 상임위원회 의석을 거부하는 청원서에 서명했고, 이러한 반일 분노는 거리로까지 쏟아져 나와 일본에 항의하는 시위대가 일본 공관 앞에서 집결하고, 일본 상점에 돌과 쓰레기를 투척하는 사태로까지 발전했다. 시위가 너무 격렬해지자, 이를 진정시켜야 한다고 느낀 중국 관리들은 전국의 시위 중심지에 진압경찰을 파견했고, 시위 주최 측이 사용하는 인터넷과 휴대폰 통신도 차단했다. 공산당-국가도 분노한 시민들의 감정을 이해할 뿐만 아니라 공유한다는 신호를 보내면서 결국 강경한 입장을 취했다. 2005년 5월, 고이즈미 행정부 관료들이 일본은 스스로 적절하다고 판단하는 대로 국가를 위해 싸우다 죽은 전몰자들을 추모할 권리가 있다고 주장하자, 중국의 우이 부총리는 도쿄 국빈방문을 극적으로 중단했다.

과거 역사를 둘러싸고 갈등이 고조되면서, 이는 센카쿠/댜오위다오를 포함해서 중일관계의 다른 분야에도 부정적인 영향을 미쳤다. 중국은 현재 일본이 통제하고 있는 섬들에 대한 자국의 소유권을 주장하는 목소리를 더 크게 쏟아냈다. 2005년 9월에는 중국 군함 5척이 섬 주변의 영유권 분쟁 해역에 진입했고, 그중 한 척이 현장에 출동한 일본 해안경비대 비행기를 공격 목표로 조준하는 사태가 발생했다. 긴장된 대결 국면은 양측 사이에 총격 없이 끝났지만, 양측은 일촉즉발의 긴박한 상황에 있었다는 사실을 깨달았다.

**제3단계(2006~): 나쁜 상태에서 더 나쁜 상태로, 그리고 어쩌면 더 나은 상태로**

고이즈미는 은퇴 전인 2006년 8월에 마지막으로 야스쿠니 신사를 참배했다. 그의 후임인 아베 신조도 마찬가지로 민족주의적이긴 했지만, 최근 제1의 무역 파트너가 된 중국과의 관계를 개선하려는 열망을 드러냈다. 그래서 신임 총리는 야스쿠니 신사를 참배하지 않겠다고 다짐했다. 또한 그는 이와 관련된 기대를 고조시키기 위해 취임 후 첫 외교 순방지는 (관례인) 워싱턴이 아닌 베이징이 될 것이라고 발표했다. 2006년 10월에 그가 수행한 임무의 한 가지 결과는, 무엇보다도 공동 교과서 집필을 담당하는 중일 역사 태스크포스를 창설한 것이었다. 또 하나는 양국의 고등학생들이 서로를 방문할 수 있도록 지원하는 21세기 일·중 교류 프로그램의 시작이었다. 그 결과 프로그램 시작 첫해에 1000명 이상의 중국 학생들이 일본을 방문했다.[17]

아베는 양국의 화해를 위한 국내의 압력에도 다방면으로 대응하고 있었다. 일본 재계는 중일관계의 냉각이 일본의 수출과 투자를 위협하고 있는 것에 대해 불만을 품고 있었다. 심지어 중도우파에 속하는 〈요미우리신문〉도 독자들에게 일본의 전시 만행과 이를 바로잡을 책임을 상기시키는 기사를 게재하기 시작했다.[18]

그동안 냉각되었던 중일관계가 해빙무드를 탔다. 한동안은 말이다. 2007년 원자바오 중국 총리가 도쿄를 방문했을 때, 그는 일본이 자국의 역사 문제와 씨름하고 있는 것을 칭찬하고, 일본이 중국에 막대한 대외원조를 제공한 것에 대해 감사를 표했다.[19] 1년 후 후진타오 중국 국가주석이 도쿄에서 비즈니스 마인드를 가진 후쿠다 야스오 총리를 만났을 때, 양측은 2차 세계대전 이후 평화를 진작시키기 위한 일본의 노력을 인정하는 공동성명을 발표했다.[20] 심지어 난징 대학살 박물관은 두 정상이 악수하는 사진과 일본이 수년 간 중국에 제공한 대규모 대외원조를 칭송하는 명판을 내걸었다.[21] 양국 관계 개선을 위한 중요한 외교적 돌파구는 2009년에 일본 민주당이 보수적이고 민족주의적인 자민당으로부터 권력을 쟁취하면서 만들어진 것으로 보인다. 민주당 지도자이자 새 총리인 하토야마 유키오는 범아시아주의자로서 중국과의 따뜻한 관계를 약속하는 선거운동을 벌였었다. 선거 전날, 베이징대학교의 정치학자인 자다오중査道炯은 양국 관계의 미래에 대해 낙관적이라고 말했다. "야스쿠니는 그저 하나의 이슈일 뿐입니다. 양국은 이 밖에도 서로 논의하고 협력할 사항이 많습니다."[22] 역사는 지나간 것처럼 보였다.

하지만 이러한 기대는 곧 무너졌다. 2010년, 중국의 저인망 어선 한 척이 센카쿠 앞바다에서 일본 해안경비대 선박 2척과 충돌하는 사태가 발생했다. 일본이 중국 저인망 어선의 선장을 체포하자, 중국은 이에 맞서서 일본에 대한 희토류 광물 수출 금지, 문화 교류 프로그램 취소 등 강력한 제재를 가했다. 국가 간의 긴장이 고조되었다. 그러다가 2012년에 일본 정부가 센카쿠열도의 5개 섬 중 3개 섬을 개인 소유주로부터 구매하자 중국 사회에서 분노가 폭발했다. 칼 구스타프손Karl Gustafsson(2015: 130)에 따르면, 리커창 부총리는 일본의 행동이 "반파시즘 전쟁의 승리 결과를 노골적으로 부정하는 것"이자 "전후 국제질서에 대한 중대한 도전"이라고 맹렬하게 비판했다. 100개가 넘는 중국의 도시에서 새롭게 시위의 물결이 일어났는데, 시위대는 반일 구호를 외치고, 일본 자동차에 불을 지르고 일본 상점을 약탈했다.

2012년 말부터 시작된 두 번째 총리 임기에서 아베(일본이 만주에 세운 괴뢰국의 건설자이면서 도쿄 국제전범재판에서 살아남아 매파 총리가 된 기시 노부스케의 손자)는 모두가 줄곧 생각했던 것처럼 그가 민족주의 지도자라는 것을 입증했다. 아베는 중국을 잠재적으로 동북아 지역에 불안정을 초래하는 세력으로 규정하고, 따라서 미국과 함께 지역에서 "집단적 자위권"을 행사할 수 있는 보다 "선제적인" 일본군이 필요하다고 촉구했다. 또한 아베는 1995년의 무라야마 담화를 지지했음에도 불구하고 2차 세계대전 당시 일본 제국군이 아시아 여성들에게 매춘을 "강요"했다는 주장에 이의를 제기하고, 일본이 실제로 1930년대에 중국을 "침략"했는지 의문을 제기함으로써 사실상 모호한 입장을 취했다.[23] 이렇듯 역사 문제를 악화시키면서, 아베는 야스쿠니 신사에 대한 정책도 바꿔서 2013년 12월에는 야스쿠니 신사를 참배하기로 결정했다.

베이징은 아베 신조의 정치적 환생에 냉담하게 반응했다. 중국 관리들은 일본 총리의 이런 역사적 '수정주의'에 대해 신랄하게 비난했다. 중국의 새 지도자 시진핑은 2014년 11월 아시아태평양경제협력체(APEC) 정상회담이 열릴 때까지 일본 정상과의 만남을 단호히 거부했고, APEC 정상회담에서조차 아베에게 단 한 번의 미소도 보이지 않았다. 외교관에서 학자로 변신한 도고 가즈히코는 "분명히 시진핑 주석은 일본에 대해 온건하거나 정중한 분위기를 만들지 않으려 했다"고 결론지었다.[24]

중국은 일본과의 영토 분쟁에서도 강경한 입장을 취했다. 그들은 2013년에는 센카쿠/댜오위다오 상공에 방공정보구역Air Defense Information Zone을 구축해 일본 항공기가 접근하지 못하도록 경고했다. 물론 일본 측은 이를 수용하지 않았다. 결과적으로 동중국해는 일본과 중국 전투기 사이에 빈번하고 종종 심각한 충돌이 발생하는 장소가 되었다. 〈뉴욕타임스〉는 2015년 3월 8일자 기사에서 이를 서로의 "의지 테스트"라고 일컬었다.

양국 사이의 긴장은 또한 태평양전쟁 당시 일본에 끌려가 공장에서 일하도록 강요받은 중국인 4만 명 중 일부가 소송을 제기하면서 고조됐다. 일본 대법원은 2007년, 중국이 일본과 국교정상화 조약을 체결함으로써 이와 관련된 손해배상 청구권을 포기했다는 점을 지적하면서 소송을 기각했다. 이에 맞서 베이징은 시민들에게 중국 법원에 손해배상을 청구하도록 장려했으며, 그 결과 적어도 한 일본 대기업(미쓰비시 매터리얼[미쓰비시광업의 후신])은 강제노동 피해자에게 보상하기 위해 5600만 달러 규모의 기금을 조성했다.[25]

양국 사이의 갈등은 최근 몇 년간 완전히 사라지지는 않더라도 다소 약해진 것으로 보인다. 그러나 피비린내 나는 과거는 여전히 현재를 괴롭히고 있다. 예를 들어 2017년에 중국 관리들은 난징 대학살의 규모를 축소하는 내용이 담긴 책자를 비치한 일본의 호텔을 호되게 비판했다. 도쿄에 본사를 둔 APA호텔 그룹의 CEO 모토야 도시오가 저술하고 이 체인에 속한 호텔들의 객실에 비치된 이 책은 1937년 학살에 대한 중국 측의 설명이 "터무니없다"고 적고 있다. 중국 외교부 대변인은 이 책이 "일본 내 일부 세력이 여전히 역사를 정면으로 직시하기를 거부하고 심지어 역사를 부정하고 왜곡하려 한다는 사실을 다시 한번 보여준다"라고 강변했다.[26]

이렇게 역사를 둘러싼 갈등이 지속되고 있기는 하지만, 중일관계는 어느 정도 해빙무드를 보이고 있다. 2018년 10월 아베 총리는 경쟁보다는 협력을 목적으로 고위급의 베이징 방문을 실시해 세간의 이목을 끌었다. 여기서 양측은 통화 스와프에서부터 첨단 기술 개발에 이르는 모든 분야에서 중요한 합의에 도달했다. 또한 일본 정부는 지난 40년 동안 320억 달러의 원조를 제공했고, 최근에는 점점 줄어들고 있는 중국에 대한 공식 개발 지원 프로그램을 곧 종료할 예정이지만, 그 대신 아시아 지역의 인프라 구축 프로젝트에 공동 기금을 지원함으로써 중국과 협력할 것임을 시사했다. 이와 관련된 첫 번째 주요 협력 사업은 태국의 고속철도 건설 프로젝트일 수 있다.

# 제반 요인

## 사과 담론과 행동

이 사례 연구는, 기존의 통념과는 달리 일본이 중국인들에게 과거에 대해 더 큰 반성을 표명했을 때, 양국 관계가 개선된 것이 아니라 오히려 악화되었음을 시사한다. 즉 일본의 사과와 배상은 기대했던 (유익한) 효과를 내지 못했다.

중일관계가 평온하던 시기(1949~1981)에, 일본은 일반적으로 과거에 대해 구체적이고 진심 어린 반성의 표현을 피했다. 베이징은 이를 기꺼이 받아들였으며 더 이상은 요구하지 않았다.

1972년 다나카 총리는 중국과의 국교정상화를 위한 공동성명에 서명할 때, 일본군이 일으킨 민폐(메이와쿠迷惑)에 대해 "반성反省(한세이)"을 표명했다. 같은 해 베이징을 방문한 히로히토 일왕도 "유감"을 표명했다.

이러한 성명들은 상대적으로 피상적이었다. 예를 들어 다나카는 "과거 수십 년에 걸친 불행한 시기"에 대해 모호하게 말하면서 "사과"(사죄謝罪 또는 오와비辭過)라는 단어를 결코 사용하지 않았다. (뒤이어진 국회 연설에서 그는 심지어 일본의 중국 공격이 침략 행위라는 점을 개인적으로 확신하지 않는다고 주장했다.[27]) 하지만 중국 총리는 이 성명에 만족을 표현하면서, "우리 두 대국 간의 우호"를 높이 평가하면서, 피로 얼룩진 역사에 대한 (일본 자체가 아닌) 일본 "군국주의자들"의 책임을 비난하고, 동중국해의 센카쿠/댜오위다오에 대한 소유권 논쟁을 연기할 것을 제안했으며, 다시 한번 전쟁 배상 청구에 관한 논쟁을 포기한다고 밝혔다. 그는 단지 일본이 "하나의 중국" 정책을 모호하게 포용하고 있다는 점만 지적했다.[28]

중국 시민들이 당시 그 사건을 어떻게 생각했는지 정확히 파악하기는 어렵다. 공산당-국가는 과학적 여론조사를 실시하거나 허용하지 않았다. 하지만 일반 대중도 일본의 피상적인 사과의 제스처에 만족했다고 가정해도 무방할 것이다. 중국이 그들의 역사 해석을 수정하고 일본의 전시 행동에 대해 좀 더 비판적인 견해를 채택했지만, 그 후 1985년까지는 중국에서 반일 시위가 일어나지 않았기 때문이다.

이렇듯 1980년대와 1990년대 초반 일본의 공식적인 사과는 비교적 희미한 상태에 머물러 있었다. 나카소네 총리는 1985년 10월 유엔 연설에서 자신은, 일본에서 "맹렬한 극우민족주의와 군국주의가 촉발되어 세계 여러 나라 국민은 물론 우리나라에도 큰 피해를 초래한 것을 유감스럽게 생각한다"고 말했다(Yamazaki 2006: 141). 여기서 그는 중국을 언급하지도 않았고, 일본이 이웃 국가를 침략해 전쟁범죄를 저지른 것에 대해 사과하지도 않았다. 7년 후 아키히토 일왕이 처음으로 베이징을 방문했을 때, 그는 공산당 지도자들에게 이렇게 말했다. "우리 두 나라 관계의 오랜 역사에서 본인의 나라가 중국 국민들에게 커다란 고통을 가했던 불행한 시

기가 있었습니다." 그는 이 역사에 대해 "깊은 슬픔"을 표명했지만 사과는 하지 않았다.[29]

하지만 이렇듯 충분하게 사과를 하지 않은 것이 양국 관계를 껄끄럽게 한 것 같지는 않다. 1988년 여론조사(Jiang 1989)에 따르면 중국인 응답자의 53.6퍼센트가 일본에 대해 호의적인 견해를 갖고 있었던 반면, 부정적이거나 더 나아가 적대적으로 응답한 중국인은 38.6퍼센트였다.[30] 이 기간 동안 펑자오쿠이Feng Zhaokui(1992)나 샤오융Xiao Yong(1992) 같은 중국 저자들은 일본이 중국에게 덩샤오핑의 최우선 목표인 경제 발전의 모델로 기여했다고 언급하며, 일본을 종종 긍정적 시선으로 조명했다. 길버트 로즈만Gilbert Rozman(2002)과 로버트 로스Robert S. Ross(2013)는 1980년대 말과 1990년대 초를 중일관계를 강타할 폭풍 전야의 고요함이라고 묘사했다.

일본이 과거에 대한 사과를 좀 더 강력하게 표현한 것은 1990년대 중반이었다. 수십 년 만에 처음으로 자민당 소속이 아니면서 국가 지도자가 된 호소카와 모리히로 총리는 1993년 8월 10일 기자 회견에서 일본의 중국 침략에 관해 특정한 용어, 즉 일본이 중국에 대해 "실책인" 또는 "잘못된"(마치가타間違った) "침략전쟁"이라는 표현을 사용했다.[31] 그 후 1년도 채 되지 않아 베이징을 방문하는 동안 호소카와는 "중국인들에게 참을 수 없는 고통과 슬픔을 안겨준" 침략 행위에 대해 분명하게 사과했다. 그리고 총리는 톈안먼 광장에 있는 인민영웅 기념비에 헌화하는 강력한 제스처로 그가

행한 연설에 마침표를 찍었다.[32]

호소카와의 획기적인 사과가 나온 후 즉각 다른 사람들도 이를 뒤따르거나 더 넘어서는 사과를 표명했다. 1995년 8월, 일본이 2차 세계대전에서 항복한 지 50주년이 되는 날, 사회주의자인 무라야마 총리는 일본이 "잘못된 국가 정책을 통해 많은 나라의 국민, 특히 아시아의 모든 국민들에게 막대한 피해와 고통을 준 전쟁으로의 길을 간 것"에 대해 "깊은 반성"을 표하고 "진심으로 사죄"의 뜻을 전한다고 밝혔다.

이 무라야마 담화는 이후 최고의 모범이 되어 그를 뒤이은 거의 모든 총리에 의해 반복되었다. 하시모토 류타로 총리는 1997년에 중국 방문 동안 선양의 전쟁박물관에 갔을 때 이 담화 내용을 열성적으로 언급했다. 그의 후임인 오부치 게이조 총리는 1998년 장쩌민 중국 국가주석이 도쿄를 방문했을 때 무라야마 담화를 다시 인용했다. 최근 중국인들로부터 가장 많이 욕을 먹었던 일본 지도자 고이즈미 준이치로도 2001년에 중국을 방문했을 때 이 성명을 인용하면서 루거우차오(1937년 제국주의적 폭력이 시작된 마르코폴로 다리)에 있는 거대한 중국 인민항일전쟁 기념관 밖에 세워진 한 중국 병사의 동상 앞에 화환을 바쳤다. 당시 고이즈미 총리는 장쩌민과의 정상회담에서 일본의 침략에 대해 "진심 어린 사과의 마음"을 표현하면서, 자신의 나라는 과거로부터 "교훈을 얻어야 한다"고 덧붙였다.

또 다른 민족주의자인 아베 총리도 무라야마 담화를 포용했다. 2015년, 2차 세계대전 종전 70주년을 맞아 그는 일본의 "침략"에 대한 지속적인 반성을 표명했으며, 그의 조국이 "무고한 사람들"에게 "헤아릴 수 없는 피해와 고통을 입혔다"는 점을 인정했다.

그러나 이렇게 진일보한 일본의 사과 표명은 화해를 향한 바늘을 움직이지 못했다. 중국 지도자들은 과거사에 대해 계속해서 일본 지도자들을 비난했다(이는 1998년 장쩌민 주석이 다양한 기회를 이용해 자신을 초청한 일본 지도자들에게 역사에 대해 가르치고자 했을 때 특히 두드러졌다). 그리고 여론조사에 따르면 일본을 바라보는 중국인들의 마음은 이러한 일련의 성명을 통해 부드러워지기는커녕 더욱 단단해졌다. 1994년 〈중국청년보〉가 실시한 여론조사에 따르면 응답자의 97퍼센트가 일본에 대해 '분노'를 느꼈다.[33] 2년 후(1996년 12월) 조사에서는, 일본을 좋아한다고 말한 응답자가 15퍼센트 미만이었다. 또 1년 후인 1997년에는 그 비율이 10퍼센트로 떨어졌다.[34]

사실 여론조사 결과의 추이를 전반적으로 살펴보면, 일본에 대한 중국인들의 인식이 이전에 비해 '획기적'이었던 무라야마 담화 이후 몇 년 동안 대체로 누그러진 것이 아니라, 오히려 악화된 것으로 나타났다. 도표 6.1은 반일감정이 증가하던 2002년부터 2010년 사이에 중국사회과학원이 실시한 여론조사 결과를 보여준다.

도표 6.2는 〈차이나 데일리〉와 일본의 비영리단체인 겐론言論이 중일관계가 특히 나빴던 2005년과 2021년 사이에 실시한 여론조

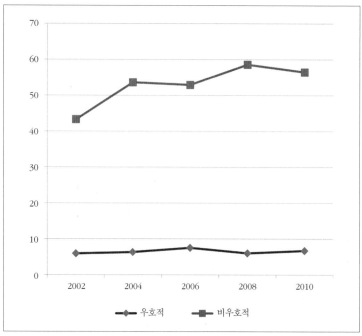

[도표 6.1] 일본에 대한 중국인의 인식 (2002~2010)                    (단위 : %)

출처: 중국사회과학원

사 결과를 보여준다. 이번 결과에서도 여전히 반감이 남아 있다
는 사실이 드러난다. 중국인 응답자의 93퍼센트가 일본에 대해 비
우호적인 견해를 표현했던 2013년 이래, 반일 여론이 다소 수그
러들었음에도 불구하고 2020년과 2021년에 나타난 반일감정은
2005~2010년의 암울한 시절과 비교될 만한 높은 수준이었다. 퓨
센터(2016)는 심지어 2006년에서 2016년 사이에 일본에 대한 중국
인의 태도가 악화된 것을 발견했다. 2006년에는 응답자의 70퍼센

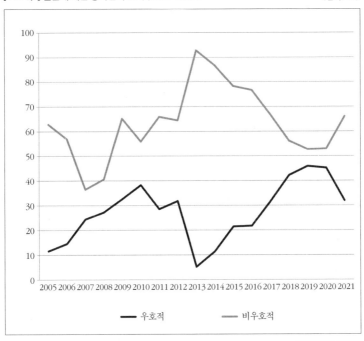

[도표 6.2] 일본에 대한 중국인의 인식 (2005~2021)　　　　　　　(단위: %)

── 우호적　　　── 비우호적

출처: 〈차이나 데일리〉

트가 일본에 대해 부정적이었던 반면, 2016년에는 적대감을 표현한 응답자가 이보다 11퍼센트 증가한 81퍼센트였던 것이다.

　그렇다면 단순한 말이 아닌 사과의 제스처는 어떤 변화를 가져왔을까? 일본은 1979년에 중국에 전쟁 배상 대신 ODA(공적 개발 원조) 또는 양자 원조를 제공하기로 합의했다. 과거의 잘못에 대한 보상으로 원조를 제공한다는 사실을 언급하는 공식 문서가 없음에도 불구하고, 양국은 이것이 일종의 공개 사과를 의미한다고 이해했다(예: Lu 1998: 18~22 참조). 랴오닝기술대학의 경제학자인 우즈강Wu Zhigang은 중국의 많은 개발 프로젝트가 일본으로부터 ODA 자금 지원을 받았다고 기록하고 있다. 그는 이 기금 지원이 "중국의 사회·경제 발전뿐만 아니라 인민의 생활수준 향상에도 크게 기여했다"고 지적한다(2008:1).

일본의 원조 기금은 대부분 양허된(서로의 형편에 따라 적절하게 허용되거나 또는 시장보다 낮은) 이자율을 적용한 엔 차관 형태로 제공되었으며, 이는 도로·철도·공항·전기시설·댐·관개시설 등의 대규모 사회 기반시설 건설 프로젝트 및 심지어 제조 플랜트(상하이의 바오산제철소 등) 건설을 위한 주요 투자 자금을 조달하는 데 도움이 되었다. 그리고 자본에는 기술 지원이 뒤따랐다. 1986년 중국에서 활동하던 외국인 전문가의 약 40퍼센트가 일본인이었다.[35]

일본이 사회적 프로그램에 대한 보조금 형태로 제공한 지원액은 전체 중국 원조 프로그램에서 아주 적은 비중이었지만, 일본이 중국에 제공한 전체적인 ODA는 상당한 규모였다. 1990년대에 연간 지원액은 보통 10억 달러를 초과했는데, 이로써 일본은 급속히 성장하는 이웃 국가에 대한 최대 규모의 쌍무적 기부자bilateral doner가 되었다. 그리고 1999년 한 해 동안 일본의 중국에 대한 지원액은 중국에 제공되는 모든 양자 간 원조에서 67퍼센트를 차지했다.[36]

지난 40년 동안 일본은 중국에 총 320억 달러에 달하는 ODA 기금을 제공했지만, 분명 돈으로 화해를 사들이는 데에는 실패했다.

일본의 중국 원조가 최고조에 달한 것이 1990년대인데, 바로 그때 일본에 대한 중국의 적대감이 가속화되기 시작했다. 도쿄의 보수 언론인 요시히사 고모리(2018)는 "중국 정부가 ODA 때문에 일본에 대해 우호적인 정책을 장려하거나 일본에 대한 태도를 개선했다는 어떤 증거도 없다"고 밝혔다. 전례 없는 규모의 지원을 받았음에도 불구하고, 공산당 지도자들은 더 자주 역사를 언급하며 일본의 외교정책을 비판했고, 유엔 안전보장이사회 상임이사국 지위를 확보하려는 일본의 시도에 강하게 반대했다. 일본의 중국 원조는 점차 약화되다가, 양국 관계가 개선되기 시작한 2018년에 완전히 종료되었다.

이런 상황을 종합해볼 때, 우리는 사과의 표현이나 행동(ODA 같은) 요소 외에 다양한 요인들이 1990년대 초 이래 중일관계에 영향을 주었다는 사실을 인정해야 한다. 우선, 앞서 언급했듯이 공개 사과에 불만을 품은 보수 정치인들은 일본에서 일종의 "과거사 부인 사업"을 구축해왔다. 예를 들어 1994년 나가노 시게토 법무부 장관은 중국이 살인과 강간의 규모를 과장했다고 주장하면서 난징 대학살을 "날조"라고 불렀다. 그는 사퇴하지 않을 수 없었다. 같은 해 환경청장 사쿠라이 신은 일본이 동아시아를 서구 식민주의로부터 해방시키려고 노력했다는 수정주의적 역사 서술을 수용하면서, 일본은 중국 "침략"에 가담한 적이 없다고 주장했다. 그 역시 자리에서 물러나야 했다. 2008년에는 다모가미 도시오 항공자위대 참모

총장이 일본은 중국이나 미국을 상대로 침략전쟁을 벌이지 않았다고 주장하는 글을 발표했다. 그렇다, 그도 즉시 자리에서 쫓겨났다.

이밖에도 일본 관리들은 공식적인 사과를 훼손하는 것처럼 보이고, 분명히 중국의 오래된 상처에 소금을 뿌리는 듯한 대중 행사에 자주 참석했다. 물론 고이즈미가 야스쿠니 신사를 방문한 유일한 총리는 아니었지만(하시모토도 1996년에 야스쿠니 신사를 방문했고, 앞서 언급했듯이 아베도 2013년에 방문했다), 자민당의 이단아였던 그는 총리로 재임한 2001년부터 2006년까지 해마다 신사를 "참배"해서 다른 어떤 일본 지도자보다 더 중국인들(4장에서 언급한 한국인들도)의 분노를 샀다. 사실 그는 일본유족회에 내걸었던 선거 공약을 이행하고 있었다. 또 다른 자극제는 역사 교과서, 특히 일본의 전쟁 범죄를 축소하거나 심지어 외면하는 것처럼 보이는 역사 교과서, 특히 쓰쿠루카이('새 역사 교과서를 만드는 모임')가 집필한 수정주의 교과서를 승인하기로 한 문부성의 결정이었다.

마지막으로, 영토 분쟁(특히 센카쿠/댜오위다오를 둘러싼)은 양국 관계를 복잡하게 만들었다. 1996년에 일본의 한 우익단체가 이 섬에 등대를 건설해 중국인들의 분노에 불을 붙였다. 양국 사이의 긴장은 일본이 영유권을 주장하는 섬 인근 해역에 중국의 군함(2005)과 저인망 어선(2010)이 진입하면서 다시 고조되었다. 2012년 일본이 센카쿠열도 일부를 '국유화'하기로 결정하자 중국은 훨씬 더 큰 적대감으로 이에 반응했다. 아이러니하게도 민주당 정권은 긴장 상황을 진정시키려는 노력의 일환으로 이 정책을 추구했었다. 당시 우익에 속하는 도쿄 시장이자 중국에 대한 끊임없는 비판자였던 이시하라 신타로가 이 섬들을 매입해서 중국을 뒤흔들어버리겠다고 역설하자, 차라리 정부가 나서서 이를 선점하려고 했던 것이다.

이러한 복잡한 요소들이 중일 화해에 걸림돌이 되었다는 사실을 인정하더라도, 일본의 사과와 보상(ODA를 통한 간접적인 지원)이 어떤 진정한 화해를 이끌어냈다고 결론짓는 것은 여전히 불가능하다. 베이징의 공산당 지도자들과 전국의 일반 중국인들은 계속해서 과거에 대해 통렬한 불평을 늘어놓았다. 특히 여론조사 결과는 이를 분명히 보여준다. 1990년대 후반부터 새천년의 두 번째 10년까지 사과의 양과 질이 증가하고 일본이 중국에 제공하는 ODA 규모가 증가했음에도 불구하고, 중국 시민들은 일본에 대해 점점 더 부정적으로 행동했다. 이런 상황은 사과의 담론과 제스처가 사실상 전보다 더욱 조용해진 최근에야 오히려 완화되었다.

2015년, 아베 총리는 일본에 대한 끝없는 사과 요구에 대해 계속 인내하기 힘들다는 속내를 드러냈다. "우리는 (2차 세계대전과) 아무 관련이 없는 우리의 자녀, 손자, 심지어 다음 세대까지 이에 대해 사과할 운명에 처하게 해서는 안 됩니다."[37] 분명히 강경해 보이는 이 발언이 중국과의 관계에서 일본의 입지에 해를 끼친 것 같지는 않다는 점을 지적할 필요가 있다.

## 경제적 상호의존성

'상업적 평화Pax Mercatoria'를 옹호하는 사람들은 경제적 상호의존이 국가 간에 안정적이고 원만한 관계를 조성한다고 주장한다. 즉 국가 간 경제적 연계가 강화됨에 따라 외교관계도 더욱 견고해진다는 것이다. 그러나 중일관계와 관련된 증거 자료들은 이러한 가설과 완전히 모순되며, 오히려 캐서린 바르비에리Katherine Barbieri(2002)와 같은 반대론자들의 주장을 뒷받침해준다. 중국과 일본 경제는 상품과 자본의 흐름에 의해 서로 긴밀하게 통합되어 있으며, 이는 심지어 양국 관계에서 긴장과 마찰이 증가한 지난 30년 동안에도 가속화되었다.

중국과 일본 간의 양자 무역은 1980년(90억 달러 가치로 평가된다)에서 2011년(3460억 달러 가치로 평가된다)에 이르는 기간에 38배로 성장했다. 그리고 이것은 2001년과 2011년 사이에 거의 네 배 증가했다.[38] 당시 아시아에서 유일한 경제대국이었던 일본은 1960년대에 중국의 제1 무역 상대국이었으며, 한국이 그 역할을 떠맡게 된 2013년까지 중국의 주요 수입국에서 선두를 차지하고 있었다. 중국은 2007년에 일본의 제1 무역 상대국이 되었고, 이후 계속 그 자리를 유지하고 있다. 또한 중국은 일본이 수입하는 물품 가운데 상당 부분(2019년 기준 24퍼센트), 특히 기계 설비 및 전자제품을 일본에 공급하고 있다.

양국 사이의 경제 교류는 부분적으로는 중국에 대한 일본의 대외 직접투자에 의해 주도되고 있다. 2021년에 일본은 중국에서 3만 3000개의 다국적기업을 운영했는데, 이는 다른 어떤 국가보다 많은 수치다.[39] 마쓰시타 같은 일본 다국적기업은 중국에, 특히 동부 해안을 따라 주요 생산 시설을 건설했는데, 이들은 일본에서 첨단 부품을 수입하고, 중국 현지에서 생산된 완제품과 저기술 부품을 일본으로 수출했다. 중국에 대한 일본의 해외직접투자(FDI)는 1987년 1억 7700만 달러에서 2019년 144억 달러로 증가했다.[40] 일본에 대한 중국의 FDI는 최근 몇 년 동안 극적으로 증가했지만, 역방향으로 흐르는 직접투자에 비해서는 아직 훨씬 낮은 수준(2019년 19억 달러)이다.

그런데 양국 간 자본의 흐름 증가가 외교관계를 더욱 친밀하게 하는 결과를 가져오진 않았다. 양국 관계에서 긴장이 지속되었던 새천년의 경우, 일본에서 중국으로 가는 FDI 흐름은 양국 관계가 이보다 더 원만했던 1980년대보다 평균 10~100배 더 높았다. 마찬가지로 중국에서 일본으로 가는 FDI 흐름은 2007년(1500만 달러)과 2013년(1억 4000만 달러) 사이에 엄청나게 증가했지만, 그 기간 동안 양국 관계는 더욱 악화되었다.

관광은 경제적 교류의 또 다른 형태다. 중국인의 개인 소득이 증가함에 따라 일본 및 기타 여러 선진국을 방문하는 중국인 여행객은 계속 증가하고 있다. 그러나 중국을 방문하는 일본인 관광객의 흐름은 2007년에 거의 400만 명(전체의 15퍼센트)으로 정점을 찍고

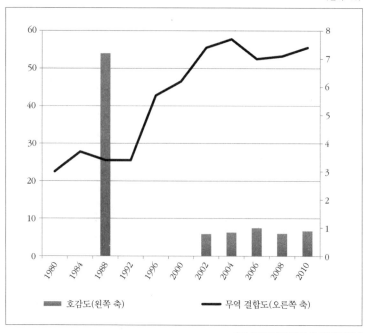

호감도(왼쪽 축)　　　　무역 결합도(오른쪽 축)

출처: 중국사회과학원 & 세계은행의 WITS

더 증가하지 않았다. 수년간 외교관계가 약화된 결과에 따른 것이었다.[41]

　경제적 상호의존성을 평가하는 간단한 방법 중 하나는 무역 결합도, 즉 해당 국가의 전체 무역에서 양자 무역(두 국가 간 수출입)이 차지하는 비중을 측정하는 것이다. 양국 관계가 여전히 우호적이었던 1980년에 중일 간 무역 결합도는 3퍼센트 미만이었으나, 양국 관계가 특히 냉각된 2005년에는 7퍼센트를 넘었다. 도표 6.3에서 볼 수 있듯이, 양국 경제는 외교관계가 악화된 기간인 1990년 (2.64퍼센트)과 2009년(7.64퍼센트) 사이에 심지어 더욱 긴밀하게 통합되었다. 이는 경제적 상호의존성이 화해와 오히려 정반대의 상관관계가 있을 수 있음을 시사한다. 적어도 이 두 국가 관계에서는 그렇다. 최근의 경우를 살펴봐도, 정치적 관계는 급격히 변동했지만 두 나라의 전체 무역에서 양자 무역이 차지하는 비중은 크게 변하지 않았다.

일본 경제에 대한 중국의 무역 의존도를 좀 더 상세히 살펴보면 (도표 6.4 참조) 장기적인 하락 경향을 발견하게 되는데, 이는 중국인의 일본에 대한 호감도의 변동과 아무런 상관관계가 없다. 중국이 수출입의 20퍼센트 이상을 일본에 의존했던 1990년대 중반 이후, 일본 시장에 대한 중국의 의존도는 점점 줄어들었고, 2013년에는 의존도가 수입의 약 8퍼센트, 수출의 약 7퍼센트까지 떨어졌다. 우리는 일본 경제에 대한 중국의 의존도와 중국인들의 일본에 대한 호감도를 비교하기 위해 특정 기간을 분리해볼 수 있다. 예를 들어 2002년에서 2010년 사이에 일본 경제에 대한 중국의 무역 의존도는 급격하게 지속적으로 감소했지만(도표 6.4), 중국사회과학원에 따르면 중국인 응답자들의 일본에 대한 호감도는 상대적으로 꾸준하게 부정적인 상태를 보였다(도표 6.1). 이와 마찬가지로 〈차이나 데일리〉 여론조사에 따르면, 최근 2013년부터 2019년까지 일본 경제에 대한 중국의 무역 의존도는 거의 변화가 없었지만(도

[도표 6.4] 중국 대외무역에서의 일본 의존도 (1992~2018)　　　　　　(단위: %)

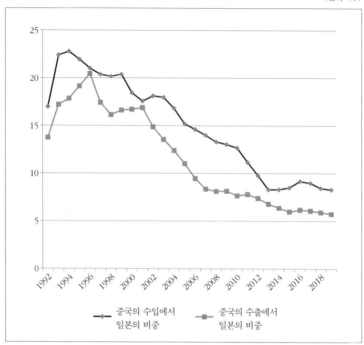

중국의 수입에서
일본의 비중

중국의 수출에서
일본의 비중

출처: 세계은행의 WITS

표 6.4), 중국인의 일본에 대한 호감도는 눈에 띄게 개선되었다(도표
6.2). 즉 우리는 '상업적 평화' 옹호자들이 추정하는 이론, 즉 경제
관계와 외교관계 사이의 긍정적인 상관관계를 뒷받침해주는 어떤
분명한 증거를 발견하지 못했다.[42]

　중국이 양국의 경제관계에서 차지하는 입지가 개선되었음에도
불구하고, 일본에 대한 중국인들의 인식은 더욱 부정적으로 변했

224

다. 중국사회과학원이 실시한 여론조사에서 일본에 대한 호의적인 의견은 1988년 약 54퍼센트에서 2002년 6퍼센트 미만으로 추락했다.[43]

이 분석은 일본과 중국의 경우 경제 교류의 확대가 사실상 정치적 관계 악화와 일치한다는 것을 보여준다. 준 퇴펠 드레이어June Teufel Dreyer(2014)와 같은 관찰자들은 이를 "뜨거운 경제, 차가운 정치"라고 묘사했다. 양국 경제가 점점 가까워짐에 따라 외교관계는 약화되고 있었다. 즉 경제적 상호의존성은 양국 간에 '상업적 평화'를 가져오지 못했다. 그것은 어떤 방식으로도 양국 사이의 손상된 관계를 진정시키는 역할을 하지 못했다.

## 공식적 협력

앞서 살펴본 세 가지 사례 연구에서 나타났던 것처럼, 결과를 정확하게 설명해주는 한 가지 요소는 지역주의(일본-중국과 일본-한국의 경우, 다른 사례 연구에서 발견되었던 지역주의의 상대적 결여)다. 4장에서 언급했듯이 동북아시아는 지역적인 안보와 경제 협력을 촉진하는 의미 있는 합의가 현저하게 결여된, 세계에서 유일한 지역이다.

일본과 중국이 지역 문제에 관해 합의에 이르는 데 성공했던 두 번의 예외적인 순간이 있었다. 그 두 번의 성공은 오직 현대사에서 중일관계가 상대적으로 원만해 보였던 순간에 이루어졌다.

첫 번째 순간은 양국이 국교를 정상화한 후인 1970년대 말과

1980년대 초에 있었다. 당시 두 나라는 동중국해의 센카쿠/댜오위다오 영유권을 둘러싼 분쟁을 보류하고, 양국의 선박이 다도해 주변 해역에서 어업을 할 수 있도록 허용하기로 합의했다. 그리고 그들은 아시아 지역, 특히 소련의 지원을 받는 베트남이 캄보디아를 침공한 동남아시아 지역에서 소련의 영향력이 증가하는 문제에 대해 함께 우려를 표명했다. 이미 언급했듯이, 일본에 대한 중국의 여론을 보여주는 최초의 여론조사는 1988년에 실시되었는데, 당시에는 우호적인 감정(54퍼센트)이 부정적인 감정(39퍼센트)을 능가한 것으로 나타났다. 이는 이후에 진행된 여론조사들과 뚜렷한 대조를 보인다. 이러한 여론조사 결과에 근거해서, 램펭얼Lam Peng Er(2006: 15)을 포함한 일부 관찰자들은 1970년대 후반과 1980년대를 중일관계의 '황금기'로 묘사했다.

두 번째 순간은 바로 현재다(적어도 이 글을 쓰고 있는 2022년 현재). 2013년에 최저점을 찍은 이후, 일본에 대한 중국인들의 견해는 계속해서 개선되고 있다(2021년에는 다소 악화되었지만). 도표 6.2에서 볼 수 있듯이, 〈차이나 데일리〉의 여론조사에서 응답자의 45퍼센트가 조금 넘는 비율이 2019년과 2020년에 과거의 적국에 대해 호감을 갖고 있다고 답했다. 이는 2005년 이 연례 여론조사가 시작된 이래 나타난 가장 장밋빛인 결과다. 이러한 개선이 나타난 것은 최근 몇 년 동안 양국의 공식 관계에서 아베 총리의 2013년 야스쿠니 신사 참배를 포함해 그저 사소한 소란만 일어났기 때문이라고 생각할 수도 있다. 하지만 내가 보기에 이보다 더욱 중요한 것은 이 시기에 중국과 일본이 다양한 대형 의제들, 그리고 주로 지역 이슈에 대해 상호 협력하기로 합의했다는 것이다.

양국은 동남아시아 지역에서, 메콩강 유역 주민들의 생활수준 개선을 위한 합작 계획인, '메콩강 지역에 관한 일-중 정치 대화'를 앞세워 전진했다. 특히 양국 정부가 상당한 규모의 해외 원조를 제공한 캄보디아와 라오스에서 말이다. 비시홍Bi shihong(2017: 199)은 이를 원조 공여국과 수혜국의 '상생 공식'이라고 불렀다.

그러나 이후 수많은 후속 합의를 이끌어낸 중요한 돌파구는 2018년에 이루어진 아베-시진핑 정상회담이었다.[44] 일본과 중국은 2013년에 만료된 통화 스와프 계획을 갱신해, 무역과 관련해서 문제에 직면한 자국 기업을 지원하고 미래의 금융위기에 대비해 아시아 경제를 구제하기 위한 300억 달러의 준비금 풀을 마련했다. 그들은 인공지능을 포함한 첨단기술에 대한 공동 연구를 촉진하기 위해 '중·일 혁신 협력 메커니즘'을 구축하기로 하는 협약도 체결했다. 몇 년간 망설인 끝에 일본은 태국의 주요 공항들을 연결하는 고속철도 건설 등 아시아의 대형 인프라 프로젝트에 협력함으로써, 중국의 '일대일로 이니셔티브'에 참여하기로 하는 조약을 체결했다. 또한 아시아개발은행(ADB, 마닐라 소재)의 주요 후원자인 일본은 오랫동안 ADB와 세계은행에 대한 정치적 도전 기구로 여겨졌던 중국의 아시아인프라투자은행에 가입하는 것을 고려할 수도 있다는 뜻을 밝혔다. 가와시마 신川島眞(2018) 도쿄대학교 국제관계학과 교수는 아베-시진핑 정상회담이 "대등한 국가 간 협력"을 강조함으로써 "양국 관계 정상화"를 위한 새로운 노력을 반영했다고 썼다.

중국과 일본 간의 협력에 대해 이렇게 새로운 관심이 촉발된 이유는 무엇일까? 우리는 그것이 2016년 미국 대선의 예기치 않았던 결과 때문임을 인정하지 않을 수 없을 것이다. 지구상에서 가장 강력한 국가의 국가주의적 지도자인 트럼프는 일본과 중국을 표적으로 삼은 가혹한 언사와 새로운 관세를 동원해, 일본과 중국 사이의 관계가 더욱 긴밀해지는 것을 제어하려 했다.[45] 스티븐 네이지Stephen Nagy(2018)의 주장에 따르면, 베이징과 도쿄는 "문제가 있는 상호관계를 부활시키려고 노력함으로써 (…) 트럼프 행정부의 이러한 도발에 대응했다." 그러나 그는 일본과 중국 두 나라는 독일이 유럽의 이웃 국가들과 했던 것처럼 화해할 준비가 되어 있지는 않다고 믿는다. "두 거대한 아시아 국가를 분열시킨 안보, 경제, 정치적 문제가 여전히 남아 있고 이것들은 쉽게 해결될 수 없다."

네이지의 말이 맞다. 아시아의 상황은 1960년대 초에 독일과 프랑스가 화해하며 동맹을 맺기 시작하고, 1990년대에 독일과 폴란드가 화해를 달성했던 유럽의 상황과 상당히 다르다. 유럽 대륙에서는 지역주의가 국가 간 신뢰를 구축하는 데 견고한 기반을 제공했다. 이와 대조적으로 아시아에서는 냉전이 종식되었음에도 불구하고 지역주의가 여전히 미진한 상태로 남아 있다. 일본은 여전히 미국과 안보동맹을 맺고 있으며, 최근까지도 미국을 제외한 채 중국 등 동북아시아 이웃 국가들과 협력하기 위한 공식 협정은 거의 추진할 수 없거나, 아니면 추진할 의지가 없었던 듯하다. 이렇듯 지역주의 이슈가 방치된 상태에서 양국 외교관계는 더 이상의 동력을 잃고 소진되었다.

물론 중국과 일본은 아세안(동남아시아국가연합) 지역안보포럼(ARF)을 통해 일부 방위 관련 정보를 공유하고 있다. 그리고 양국 모두 북한의 핵무기 프로그램을 논의하는 6자 회담에 참여했었다. 아시아통화기금을 설립하려는 일본의 제안을 반대했던 중국은 이 지역의 양자 통화 스와프 구축을 위한 보다 온건한 프로그램인 치앙마이 이니셔티브를 지원했다. 또한 양국 대표는 현재 APT(ASEAN+3, 후자는 중국·일본·한국)로 알려진 아세안의 연례 정상회담에서 매년 만나고 있다. 하지만 크리스토퍼 헤머Christopher Hemmer와 피터 카첸슈타인Peter J. Katzenstein(2002)이 지적한 것처럼 아시아에는 나토 같은 공동방위기구가 존재하지 않는다. 그리고 아시아에는 APEC, 동아시아 정상회담 등 지역 내 무역 및 투자 확대를 촉진하는 다소 취약한 기구들은 복잡하게 산재해 있지만, 유럽연합에 비견할 만한 강력한 지역 기구는 없다. 이들 아시아 지역 기구는 태평양 양쪽에 있는 회원국들을 새로 추가함으로써 오히려 자신들의 잠재적인 영향력을 약화시켰다.

안보 측면에서 일본은 합법적으로 미국과 동맹을 맺고 있는데, 이에 대해 중국은 자신들이 지역 또는 심지어 글로벌 강국으로 부상하는 것을 저지하거나 지연시키려는 노력으로 파악한다. 중국은 미·일 방위지침은 물론이고 일본의 "집단적 자위" 정책에 대해서도 점점 불안해하고 있다. 또한 경제적 측면에서 일본과 중국은 아시아 지역의 주도권을 두고 경쟁에 빠진 것처럼 보인다.[46] 두 나라는 각자 아세안과는 주요 무역협정을 체결했지만, 양국 사이에는 체결하지 않았다. 두 강대국 중 한 나라(일본)는 당초 미국을 포함시키고 중국을 제외하는 야심찬 무역 자유화 계획인 환태평양경제동반자협정에 전념해왔으며, 다른 한 나라(중국)는 미국을 제외한 경쟁 계획인 포괄적 경제동반자협정을 배후에서 기획한 설계자다.

지정학적 우려, 특히 미국에 대한 일본의 충성심이 중요한 지역 안보나 무역협정을 달성하려는 노력을 방해했을 수 있다. 중국사회과학원의 연구원인 펑자오쿠이(2006)는 미국이 중국과 일본 사이에 기본적인 수준의 긴장이 유지되도록 조장하고 있다고 생각한다. 이 대담한 주장을 뒷받침하기 위해 그는 현실정치의 대가인 헨리 키신저 미국 국무장관의 말을 인용했다. "미국은 미일관계와 미중관계가 중일관계보다 더 좋으며, 그래야 미국이 최적의 전략적 위치에 서게 된다는 것을 잊지 말아야 한다."

상하이의 한 선도적인 사회과학자는 평자오쿠이의 견해에 동의한다. 그는 내게 "중일관계는 지역적·다자적 제도를 구축해야만 개선될 수 있습니다"라고 말했다. "만약에 동아시아가 유럽처럼 함께 단합할 수 있다면, 그래서 다양한 문제에 대해 협력하면서 보다 안정적인 지역을 만들 수 있다면, 모든 국가가 이익을 얻을 것입니다. 직설적으로 말한다면, 우리 아시아 지역의 평화와 안정을 가로막는 가장 큰 장애물은 지역에서 자신의 패권을 유지하려는 미국입니다."[47]

심지어 일부 일본 지식인들도, 미국을 직접적으로 비난하진 않지만, 이와 비슷한 관점을 표현하고 있다. 비즈니스 컨설턴트이자 베스트셀러 작가가 되기 전에 국제통상산업부 고위 관료로 일했던 쓰가미 도시야津上俊哉는 2011년 내게 일본은 두 초강대국과 자신의 관계를 "재조정"해야 한다고 말했다. "나는 애국자입니다만, 그렇다고 단지 일본이 미국으로부터 더 큰 독립을 확보해야 한다고 생각해서 친중 입장을 취하자고 주장하는 것은 아닙니다. 하지만 이제 중국은 부상하고 미국은 쇠퇴하고 있으므로 가장 중요한 이웃 국가와 더 나은 관계를 확보하는 것이 합리적이겠지요. 우리는 미국과의 관계를 완전히 희생하지 않고도 중국과 신뢰를 구축할 수 있습니다."[48]

# 요약

과거 냉전의 적이었던 국가(폴란드)와의 관계를 개선하는 과정에서 과거라는 유령을 대부분 제거한 독일과 달리, 일본은 중국과의 접촉에서 여전히 과거라는 유령에 발목이 잡혀 있다. 양국 관계는 처음에는 순조롭게 시작되었다. 과거에 중국이 일본에게 당한 굴욕보다는 공산당의 승리에 초점을 맞추려는 마오쩌둥의 열망, 그리고 일본과 일본의 후원자인 미국 사이를 이간하려는 그의 관심 덕분이었다. 그리고 중일관계는 최근 몇 년간 동시에 미국의 표적이 된 이 두 국가 사이의 새로운 협정 덕분에 개선되었다. 그렇지만 그 사이 기간에 중일관계는 갈등에 빠져 있었다.

새천년의 첫 10년 동안, 일본 정부가 중학교 수정주의 교과서를 승인하고 민족주의 총리가 논란이 되고 있는 일본 전몰자 신사를 여러 차례 참배한 이후, 양국의 외교관계는 바닥을 쳤다. 이런 상황은 조금씩 회복되다가 2010년 동중국해에서 해상 충돌 사고가 발생하고 2012년 일본 정부가 센카쿠열도를 국유화하면서 다시 무너졌다. 여론조사에 따르면 중국인들은 적어도 2000년부터 일본에 대한 분노와 적대감으로 끓어올랐다. 이런 상황은 1990년대에 일본이 과거 전시 행동에 대해 점점 더 구체적이고 진심 어린 사과를 했음에도 불구하고 일어났다. 그리고 그것은 마치 서로 가장 멀리 떨어져 있는 것 같았던 두 나라를 가깝게 끌어당긴 경제 교류(무역과 투자)가 증가했음에도 불구하고 일어났다.

최근까지 중국과 일본 사이에 존재하는 외교적 거리감은 양국 간 협력을 촉진하는 지역 기구가 부족하다는 사실을 통해 가장 잘 설명된다. 그런데 이러한 상황은 2017년과 2018년에 바뀌기 시작했다. 일본과 중국 모두를 불공정 거래자로 보고 공격 목표로 삼는 신임 미국 대통령의 위협에 직면해서 양국이 상호 합의에 도달한 것이 그 계기였다.

# 7장
# 두 얼굴을 가진 초강대국
### 서로 다른 지역주의에서 미국의 역할

이 책에서 시도한 사례 연구들은, 유럽에서는 정치적 협력 프로젝트가 지역 국가들을 점점 더 긴밀하게 통합하는 방향으로 나아가면서 독일이 과거에 학대했던 이웃 국가들과 화해하는 것을 도왔던 반면, 아시아에서는 이와 유사한 지역주의가 결여됨으로써 일본이 과거 역사의 아픔을 여전히 끌어안고 있는 이웃 국가들과의 관계에서 고립과 불신 속에 남아 있음을 보여준다. 하지만 이러한 핵심적인 발견은 또 다른 질문을 던질 뿐이다. 왜 유럽에서는 강력한 지역 기구들이 생겨난 반면, 아시아에서는 그렇지 못했을까? 이에 대한 간단한 답은 1945년 이래 미국이 유럽에서는 다자주의를, 아시아에서는 미국 주도의 양자주의를 구축했기 때문이라는 것이다.

좀 더 구체적으로 말하자면, 미국 관리들은 2차 세계대전 말에 마셜플랜을 이용해 프랑스나 독일 같은 오래된 적들을 자극해서 그들이 유럽석탄철강공동체(ECSC)나 그와 유사한 기구들을 설립해 황폐화된 유럽 경제를 재건하는 데 협력하도록 유도했다. 미국 관리들은 또한 유럽에서 소련의 침략을 저지하기 위해 다국가 군사 공동체인 나토(북대서양조약기구)를 설립하기도 했다.

이와 대조적으로, 아시아에서 미국은 스스로 상업과 군사 관계에서 중심적인 위치를 차지하겠다고 나섰다. 그들은 자본주의 동맹국들에 대규모의 양자 간 원조를 제공했고, 반공 블록인 아세안(동남아시아국가연합)을 제외하면, 미국을 포함하지 않은 신생 지역 기구들이 결성되는 것에 반대했다. 이후 미국은 이 입장을 일관되게 유지했다.

예를 들어 1990년에 말레이시아 총리가 아세안 회원국들에 일본, 중국, 한국까지 포함한 동아시아경제그룹East Asia Economic Group(EAEG)을 창설하자고 제안했을 때, 미국은 그 제안이 미국 배제라고 비난했다. EAEG의 주요 회원국인 일본은 이의를 제기했고, 이 기구는 대체로 실효성이 없는 이익단체, 즉 '코커스caucus'가 되고 말았다. 그리고 1997년, 일본이 재정난을 겪고 있는 이 지역 경제들을 긴급히 구제하기 위해 아시아통화기금을 설립하고자 했을 때도 미국은 거세게 항의했다. 아시아통화기금이, 세계적이지만 미국이 통제하고 있고 워싱턴에 본부를 둔 국제통화기금(IMF)을 약화시킬 것을 우려했기 때문이다.[1] 결국 일본은 미국의 압력에 굴복해서 아시아통화기금에 대한 구상을 접어야 했다.

지역 안보를 위해 미국 관리들은 일본, 한국, 타이완(적어도 1979년에 미국이 마침내 중화인민공화국과 국교를 맺을 때까지), 그리고 필리핀과 각각 일련의 양자 동맹을 유지해야 한다고 주장해왔다. 이러한 허브앤스포크(부챗살) 방식[2]의 동맹은 어디서나 미군에 의해 장악되었는데, 이 방식으로 인해 아시아 지역은 다자간 방위동맹에 각국이 협력하는 유럽과 다른 지역이 되었다.

여기서도 우리는 문제를 더 깊이 파고들 수밖에 없다. 미국은 왜 이러한 두 얼굴의 정책 기조를 취했을까? 왜 미국은 유럽에서는 다자주의를, 아시아에서는 양자주의를 추구한 것일까?

이에 대한 대답은 분명히 문화적 정체성 및 정치적 권력과 관련이 있다. 미국 관료들은 유럽인들과 문화적 친밀감, 심지어 인종적 동질성을 느꼈고, 따라서 그들이 경제와 안보 문제에서 미국과 협력할 것이라고 믿었다. 게다가 미국은 유럽 지역에서는 비대칭적인 권력을 행사한 적이 없었다. 미국은 다양한 다자주의 기구를 통해 서로 연결된 유럽 지역에서 비교적 느슨한 헤게모니를 행사하는 데 만족했다. 이와 대조적으로, 미국의 지도자들은 그들이 '낙후되었다'고 간주한 아시아인에게선 유럽인들에게서 느끼는 것과 같은 친밀감이나 동질성을 느끼지 않았다. 또한 그들은 태평양 건너편에 있는 상대 국가들이 스스로 자신들의 일을 제대로 처리할 것이라고 믿지 않았다. 게다가 미국은 이미 수십 년 동안 아시아의 여러 지역에서 지배력을 행사하고 있었다. 그래서 그들은 아시아에 있는 거의 모든 지역 경제 조직에서 자신들이 중심 역할을 하겠다고 주장했고, 대부분의 양자 간 방위동맹으로 구성된 계층적인 허브앤스포크 시스템을 택했다.[3] 그 결과 미국은 역내 다른 국가들을 장악하는 월등한 권력을 바탕으로 수직적인 패권을 유지할 수 있었다. 그렇다고 내가 아시아 지도자들이 워싱턴 D.C.에 있는 거대한 인형술사의 꼭두각시였다고 말하려는 것은 아니다. 오히려 나는 그들이 가장 쟁점이 되는 문제들에서 자치권을 충분히 누리지 못했다는 점을 말하고자 한다.

이 장에서 나는 이러한 두 가지 주장을 각각 제시한 후, 하나의 결론으로 통합할 것이다. 그리고 나는 구성주의와 현실주의가 서로 모순되는 것이 아니라, 사실상 서로 보완할 수 있다는 가정 아래 이 작업을 수행할 것이다. 여기서 구성주의는 문화 규범(공동체의 정체성을 구성하는 관념, 가치, 신념)을 강조하고, 현실주의는 국력(지배적이거나 영향력 있는 국가가 다른 국가들로 하여금 자국의 이익을 위해 행동하게 하거나 강대국의 이익을 위해 자신들의 이익을 재조정하도록 강요하는 능력)을 강조한다. 다음 절의 첫 번째 부분은 헤머와 카첸슈타인의 연구(2002)에 중점을 두고 있는데, 그들은 자신들이 "절충적으로 분석"했다고 하면서도 기본 방향에 있어서는 주로 구성주의적 입장을 취한다고 말했다. 두 번째 부분은 현실주의, 특히 마크 비슨Mark Beeson(2005)의 비판적 현실주의에서 영향을 받았다.

# 문명화된 국가와 낙후된 국가

## 유럽: 어머니에서 형제로

뉴욕항의 엘리스섬에 있는 한 국립박물관은 미국이 영국, 아일랜드, 베네룩스, 독일, 스칸디나비아, 지중해, 중부 유럽, 동유럽에서 아메리카로 오는 이민자들에게 "먼 곳에 있는 자석"과 같은 역할을 했다고 기록하고 있다. 그러나 아프리카에서 노예선에 실려 강제로 끌려온, 원치 않았던 이주민들이나 이들보다 나중에 아시아에서 온 상당히 많은 수의 이민자들, 그리고 오늘날 라틴아메리카에서 온 가장 많은 수의 이민자들에 관해 알기 위해서는 이곳의 전시물을 훨씬 더 깊이 있게 연구해야 한다. 게다가 우리는 이 박물관에서 이미 아메리카에 살고 있던 원주민들에 대한 정보는 별로 찾아보기 힘들 것이다.

미국은 점점 더 다문화 사회가 되고 있지만, 많은 미국인들, 특히 나이 든 미국인들은 자신들의 혈통의 뿌리가 유럽이라고 생각한다. 그래서 그들은 스스로를 '유럽계 미국인'이라고 부를 수 있지만, 보통은 그렇게 하지 않는다. 대신 자신들을 '정상적인' 미국인이라고 표현하며, 다만 의식적으로 자신들을 모대륙인 유럽과 일체감을 가진다.

단순히 인종적 또는 지리적 용어 측면이 아닌 관념적인 측면에서, 앞에 붙은 수식어를 떼어낸 '순수한 미국인'들은 반사적으로 자신들을 '서구' 또는 '서구 문명'과 동일선상에서 인식한다.[4] 그들은 자신들이 지중해에서 출발해 서유럽을 거쳐 신세계로 이어지는, 복잡하지만 거의 신화적인 혈통을 지니고 있다고 믿는다.

물론 이러한 서구와의 문화적 연대감(옥시덴탈리즘occidentalism)은 사실 비교적 새로운 개념이다. 여기에는 19세기 중반 영토가 방만하게 팽창하며 산업화가 한창 진행 중이던 무렵, 가난과 기근을 피해 아메리카의 철도 건설 현장과 공장에서 일자리를 찾기 위해 유럽을 떠나온 아일랜드 사람들은 포함되지 않았다. 그들 '아일랜드 시골뜨기bog trotter'[특히 아일랜드 농민을 일컫는 경멸적인 말]나 '패디Paddy'[아일랜드의 가장 흔한 이름인 패트릭Patrick의 애칭에서 유래. 아일랜드 사람을 지칭한다]들은 당시 '정상적인' 미국인이 아니었다. 주로 백인으로 앵글로색슨계 개신교도였던 초기 정착민들은 아일랜드인에 대해 맹렬한 적대감을 보였다. 훗날 20세기로 넘어가면서 남부, 중부, 동부 유럽에서 온 이민자들(이탈리안, 폴란드인, 러시아계 유대인) 역시 결국은 점차 '백인'과 '서구인'이 되었지만 당시 아일랜드인과 비슷한 차별을 받았다. 이렇게 밀려오는 유럽인들의 물결에 대응하기 위해 미국 의회는 미국의 인종 구성이 더 복잡해지는 것을 막기 위한 규제 조치를 실시했다. 나아가 1924년에는 미국의 인종적 동질성이 위협받는 것을 막기 위해 아프리카인들의 이민을 대폭 제한하고 아랍인과 아시아인의 이민을 단호하게 금지하는 조치를 취했다. 그 법안은 레이먼드 레슬리 부엘Raymond Leslie

Buell(1923: 307)을 비롯한 미국 사회과학자들에 의해 장려되었다. 부엘은 일본인들의 이주를 방치하면 이들이 "미국의 생활수준을 끌어내려, 결국 동양의 낮은 경제 수준으로 떨어뜨릴 것이며, 외국인과 혼혈인종을 우리 땅에 뿌리내리게 해 결국 흑인이 아니라 백인이 차별받는 것처럼 보이게 할 수도 있다"라고 주장했다.[5]

옥시덴탈리즘은 서서히 그 모습을 드러냈다. 그것은 19세기 후반에 존 피스크John Fiske와 같은 사회적 다윈주의자들의 저작에서 처음 등장했다. 한때 하버드대학교에서 강의했던 영향력 있는 역사학자였던 그는 "앵글로색슨족의 명백한 운명"을 외치면서, 유럽 대륙이 열등한 인종(야만인)에 의해 동화되는 이른바 "아시아화"로 인해 약해졌다고 주장했다. 피스크(1885: viii~ix)는 미국이 최적의 정치제도와 우월한 인종 집단이 조합된 국가이므로, 영국이 과거에 그랬던 것처럼 근육의 긴장을 풀고 자연스럽게 팽창해야 할 의무를 지닌다고 주장했다. "북아메리카를 장악한 (앵글로색슨) 종족은 전 세계를 지배하는 종족이 되어야 하며, 생존을 위한 투쟁에서 그들의 정치사상이 승리해야 한다." 인종주의는 이런 방식으로 미국의 외교정책에 영향을 미쳐서 유럽 국가를 모방한 미국은 점차 제국주의적 패권 국가가 되었다. 그들은 먼로 독트린을 통해 라틴아메리카에 대한 상업적 영향력을 선언하고, 푸에르토리코와 필리핀 등에 대한 식민지 지배권을 확립해나갔다.

1차 세계대전 동안 미국의 정치 및 비즈니스 엘리트들은 중부 유럽의 '훈족'을 포함해 자신들이 준準아시아적 '야만인'으로 간주했던 사람들과 자신들을 구별하게 되었다.[6] 예를 들어 우드로 윌슨 대통령은 "하이픈으로 이어진 (외국계) 미국인", 특히 독일계-미국인들은 이중 충성심을 품을 수도 있다고 신랄하게 비난했다. 1917년, 미국은 서유럽(그리고 더 나아가 러시아) 편에서 1차 세계대전에 참전했는데, 이는 적어도 부분적으로는 그들이 문화적 동질감을 느꼈던 오랜 동맹국들의 운명에 대해 우려했기 때문이다. 즉 미국인들은 서유럽 국가들에게 위협보다는 친밀감을 더 많이 느꼈다는 것이다. 스티븐 월트는 이를 자신이 말한 비정통적 현실주의의 '위협 균형론'을 뒷받침하기 위한 사례로 활용했다. 그는 구조적 현실주의의 예측과는 달리, 영국과 프랑스가 그들의 적인 독일 제국이나 오스트리아-헝가리보다 더 많은 물질적 자원을 보유하고 있음에도 불구하고, 미국이 영국·프랑스와 협력했다는 점을 지적했다.

시간이 지나면서 '서양적' 정체성은 볼셰비즘이나 무정부주의 등 이른바 '동양적' 이데올로기에 대비되는 개념으로 기능하게 되었다. 1919년과 1920년에 미국 연방정부는 급진적 노동운동과 관련된 수백 명의 이민자, 특히 러시아인을 체포해 추방했다. 파머 공안몰이Palmer raids[1919년 11월부터 1920년 1월까지 윌슨 대통령 휘하의 법무부가 사회주의자, 특히 무정부주의자와 공산주의자로 의심되는 인물들을 체포해 미국에서 추방하기 위해 실시한 일련의 공세)는 반공주의와 토착주의nativism를 하나로 결합해서 외세의 침략에 맞서 국가를 '정화'하고자 했다(Jackson 2006: 156).

　1차 세계대전과 마찬가지로 유럽에서 발발한 2차 세계대전은, 미국이 전통적으로 영국과 같은 '서방' 세력뿐 아니라, 소련과 같은 '동방' 세력과도 힘을 합쳤다는 점에서 문화적 서사에 깔끔하게 맞아떨어지지는 않는다. 하지만 미국의 지도자들은 각국 군대를 결집시키기 위해 서양적인 수사법을 이용했다. 프랭클린 루스벨트 대통령은 노르망디 상륙작전을 "우리의 문명"을 보존하기 위한 노력이라고 불렀고, 아이젠하워 장군은 연합군에게 그들은 "지구상 모든 곳의 자유를 사랑하는 사람들"을 대신해서 "위대한 십자군"에 참여하고 있는 것이라고 말했다. 미국 엘리트들은 이를 포함한 여러 수사적 표현을 통해 자신들이 잔인한 독재자(스탈린)와 동맹을 맺고 있다는 불편한 사실을 덮어버렸다.

　물론 처칠이 '철의 장막'이라고 부른 것이 유럽 전역에 드리워지고 베를린 장벽이 건설되며 동서 분단이 현실화된 것은 냉전 시기였다. 1945년, 미국의 엘리트들은 대서양 건너편의 황폐해진 지역을 바라보았다. 반세기 만에 두 번째로 벌어진 일이었다. 그들은 대륙에 있는 문화적 형제들에게 깊은 연민을 느꼈다. 서서히 개막되고 있던 소련과의 신흥 초강대국 경쟁에서 미국은 자신들을 서유럽 국가들과 밀접하게 동일시했으며, 그중에는 파시스트 정당이 주도했고 잔혹한 아리아 민족주의 이념을 중심으로 조직되었다가 패전한 국가도 포함되어 있었다. 미국은 과거 및 신규 동맹국들을 국제 자본주의 질서상의, 아직은 어리지만 '책임감 있는' 파트너로 보았다. 그래서 미국은 유럽석탄철강공동체에서 시작해 리스본 조약까지 이어진 지역 협력을 장려하기 위해 외교 전략과 달러를 사용했으며, 소련의 공산주의를 저지하기 위한 다자간 안보동맹을 구축했다.

초기 냉전 담론에서, 미국의 엘리트들은 일상적으로 자신들의 새로운 나라가 '구세계', 즉 유럽과 연결된 '공통된 문명' 또는 오랜 세월 이상과 이해관계를 공유하고 있는 '공동체'라고 선전했다. 예를 들어 나토 조약을 추진할 때, 미국의 외교관 W. 에이버렐 해리먼은 1949년 상원 외교위원회에서 이렇게 말했다. "이 조약에는 아무리 강조해도 지나치지 않은 숭고한 감정이 들어 있습니다. (…) 자유로운 개인들이 어깨를 나란히 하고 있는 것입니다."[7] 평소에는 트루먼 행정부의 전반적인 외교정책에 대해 매우 비판적이던 월터 리프먼Walter Lippmann(1947: 24~25)은 제안된 "대서양 공동체"의 유럽 구성원들을 "서구 기독교의 공통된 전통과, (각종 변형과 차이점에도 불구하고) 공통된 기원을 가지며 거의 비슷한 역사적 경험에 의해 형성된 경제적·정치적·법적·윤리적 제도"를 공유하는 "자연스러운 미국의 동맹국"으로 지칭했다.[8] 윌 클레이턴 국무부 차관보는 더 노골적인 표현을 썼다. 그는 의회에서 나토의 예비 회원국들은 미국이 보유한 "자유의 이상"을 공유하는 "백인 인종으로 구성되어야 한다"라고 진술했다.[9]

패트릭 타데우스 잭슨Patrick Thaddeus Jackson(2006: 133)이 언급한 바와 같이 유럽 지역, 특히 독일을 재건하는 프로젝트는 '서구 문명'에 대한 담론에 스며들어 있었는데, 여기서 서구 문명이란 유럽인과 아메리카인을 모두 포괄하면서, 백인으로 구성된, 초국가적인 기독교 공동체를 뜻했다. 그는 1945년 12월 동료 상원 의원들에게 미국은 유럽이 전쟁의 참화로부터 회복할 수 있도록 보다 적극적인 조치를 취해야 할 문명적 의무를 지닌다고 말한 미시시피주 민주당원인 제임스 이스틀랜드James Eastland의 말을 인용했다. "서양 문명의 요람인 유럽의 심장부에 동양적·무신론적 철학이 만연한 것은 미국의 이익에 부합하지 않는다. 만약 유럽에서 이러한 정책들이 추진된다면, 이는 미국에 중대한 해를 끼치는 결과로 이어질 것이다."

잭슨은 이스틀랜드뿐만 아니라 미국의 엘리트들이 얼마나 신속하게 독일을 그들의 '서구' 목록에 추가한 반면, 소련은 동방의 '타자'로 확고하게 구별하려고 했는지를 기록하고 있다. 이는 2차 세계대전 종전 후 미국이 유럽 연합국들의 경제 재건을 지원하기 위해 176억 달러 규모의 계획을 추진하면서 더욱 극명하게 드러나게 된다. 구제금융 계획의 입안자인 조지 마셜 미국 국무장관은 의회에서 예산 통과를 호소하면서 이런 표현을 구사했다.

서유럽 국민들이 자신들의 자유로운 사회, 그리고 우리와 그들이 공유하고 있는 문화유산을 지키고 싶어 한다는 설득력 있는 증거가 있습니다. 그런 선택이 흔들리지 않으려면, 그들은 우리의 도움이 필요합니다. 도움을 제공하는 것은 미국의 전통입니다. 우리는 그들을 도우면서, 결국 우리 스스로를 도울 것입니다. 더 큰 차원에서 우리 국가의 이익은 자유롭고 번영하는 유럽의 국익과 일치하기 때문입니다. (미국 상원 1950: 1277; Jackson 2006: 161에서 인용·)

서구 대 동양이라는 수사는 냉전 내내 지속되었다. 사실 그것은 1980년대 레이건 대통령 행정부 때 담론적 허세의 새로운 최고점에 도달했다. 레이건은 소련을 "악의 제국"으로 몰아세우고 미국인들에게 "여러 세대 전에 시작되고, 대를 이어 소중한 가보처럼" 전해져온 "서구 문명의 자명한 진리"를 포용할 것을 촉구했다.[10] 그는 "그 진리들은 다양한 정치적 자유로 구성되어 있다"라고 외쳤다. 이 거대한 도식에서 볼 때, 러시아인들은 당시 공산주의 정권의 손아귀에 억압되어 있기 때문에, 잠재적 동맹국이 아니었다. 그들은 한 집단, 아마도 영원히 자유롭지 못한 슬라브족의 한 집단을 대표할 뿐이었다.

1991년 소련이 붕괴했을 때, 사람들은 이와 함께 '서구'라는 건물도 무너질 것이라고 예상했을지 모른다. 그러나 미국과 유럽을 연결하는 범대서양 정체성은 프랜시스 후쿠야마가 주창한 '역사의 종말'(즉 권위주의에 대한 자유주의(민주주의와 자본주의)의 승리)에서조차 살아남았다. 그런데 곧 비서구에 속하는 새로운 '그들other'이 나타났다. 그들은 때때로 '급진적인 이슬람', 때로는 '정치적인 이슬람', 때로는 그냥 '이슬람'으로 불렸다.

미국에서는 '아메리카 자유수호 이니셔티브' 같은 격렬한 반이슬람 단체나, 〈지하드 워치Jihad Watch〉 같은 악의적인 반이슬람 성향의 블로그가 이들에 대한 반대노선을 강하게 제기했다. 그리고 일부 미국의 학자들은 이 프레임을 발전시키기 위해 더 정교한 담론을 사용했다. 예를 들어 현대의 국제관계에 대한 획기적인 분석에서, 새뮤얼 헌팅턴Samuel Huntington(1996)은 세계가 "문명의 충돌"에 휩싸였다고 주장했다. 문명이 충돌하면서 서방과 기타 문명(특히 전통적인 이슬람 문명)을 대립시키는 중추적인 갈등이 발생한다는 것이다. 이런 상황에 직면해, 백인 미국인들은 이전과 마찬가지로 유럽인들을 '서구 문명'을 보존하는 생존 투쟁에서 운명을 같이하는 친족과 같은 동맹으로 보았다.

이러한 패턴은 계속되고 있다. 테러리스트들이 바그다드나 나이로비의 건물을 폭파시킬 때 미국인들은 어깨를 으쓱하는 경향이 있다. 그들은 갈색 인종과 흑인에 대한 폭력은 불행할지도 모르지만, 대략 그 정도는 정상이거나 최소한 견딜 만하다고 느낀다. 희생된 사람들은 당시 트럼프 대통령이 "시궁창 같은 나라들"이라고 불렀던 곳 출신이다. 하지만 테러리스트들이 파리에서 백인 만화가들을 공격했을 때, 미국인들은 이에 대해 열정적으로 반응하는 경향을 보였다. 그들은 자신의 페이스북 프로필을 프랑스 국기로 바꾸고 "내가 샤를리다Je Suis Charlie"라고 선언할 만큼 감정에 사로잡힌다. 유럽인 피해자들에 대한 전적인 공감이 지배하는 것이다.

## 아시아: 덜 '문명화된' 어린이

미국의 오피니언 리더들은 아시아와 이런 친밀한 관계를 느껴본 적이 없다. 그렇다고 해서 그들이 아시아 지역과 밀접하게 연결되어 있다고 느껴본 적이 없다는 뜻은 아니다. 사실 미국은 종종 아시아에 지시를 내리고, '문명화'하고, 곧 내가 주장할 것과 같이, 이 지역을 통치할 일종의 귀족적 의무를 지닌 것처럼 행동해왔다.

'메이드 인 아메리카'라는 상상 속에서 아시아인(또는 '동양인')들은 대등한 또래나 파트너가 아닌, 어린아이나 신비로운 외계인 같은 존재가 되는 경향이 있다.[11] 그들은 귀엽거나, 어쩌면 이국적일지도 모르지만, 전반적으로 미성숙하고 덜 '문명화'되었으며 서구인들보다 아래에 있거나 뒤처져 있다고 간주된다. 미국이 흔히 '극동'이라고 불리는 지역, 하지만 실제로는 미국의 서쪽에 있는 지역(한국, 일본, 타이완, 필리핀, 태국과 같은 미국의 중요한 동맹국들을 포함한 지역)을 이런 식으로 대해왔는데, 이를 설명해주는 것이 인종주의다.

이러한 사실은 역사의 여러 순간에 명백하게 드러났다. 예를 들어 자신들이 필리핀 사람들을 스페인의 굴레로부터 '해방'시키고 있다고 주장했을 때, 미국의 관리들은 반세기 동안 그 섬들에 대한 통제권을 유지하기로 한 결정을 정당화하기 위해, 한 역사학자(Miller 1982: 137)가 '가부장적 인종주의'라고 불렀던 것에서 영감을 받은 한 서사를 사용했다. 대통령이 되기 전에 식민지 필리핀의 초대 총독이었던 윌리엄 하워드 태프트는 1902년 의회에서, 필리핀에 있는 "우리의 작은 갈색 형제들"은 "앵글로색슨의 정치적 원칙이나 기술과 비슷한 어떤 것"을 습득하기까지 "50년에서 100년"에 걸친 미국의 후견이 필요하다고 말했다.[12] 그는 필리핀 원주민들은 "자치를 수행하기에 완전히 부적합"하며, "아메리카의 인디언 부족이 우리에 의해 통치"된 것처럼 제압하고 관리해야 한다.[13] 프랭클린 루스벨트 역시 이와 비슷한 어조로 모든 아이들처럼, 더 성숙한 "후견인"의 감독이 필요한 "동양의 갈색 민족"에 대해 이야기하곤 했다(Hunt 1987: 162~164).

이와 거의 같은 시기에 미국은 스스로를 중국의 후원자로 간주하기 시작했는데, 중국은 독립적인 판단을 하기엔 위험할 정도로 연약해서 미국의 후원이 필요하다고 생각한 것이다. 우선 미국은 중국에 진출해 있는 어떤 특정 강대국이 중국을 정치적으로 통제하는 것을 막으려는 희망에서(그리고 미국의 대기업들이 전도가 유망한 중국 시장에 경제적으로 접근하는 것을 보장하기 위해), 그 나라에 대해 '문호개방' 정책을 추진했다. 1915년, 워싱턴은 일본에게 그들이 중국 본토에서 자국의 세력을 강화하기 위해 중국에 부과했던 '21개 조항'을 철회하라고 요구했다. 그리고 1940년, 미국은 일본이 중국에 대한 침략전쟁을 확대하는 것에 항의하는 뜻에서, 일본에 대한 석유와 고철 수출 금지 조치를 내렸다.

이 모든 것은 가부장주의, 혹은 제임스 클로드 톰슨James Claude Thomson과 피터 스탠리Peter W. Stanley, 존 커티스 페리John Curtis Perry (1981)가 "감정적 제국주의"라고 부른 것을 반영하는데, 이는 미국이 아시아, 특히 중국을 지배하는 동시에 보호하고 발전시키겠다고 하는 (또는 어떤 이들이 제안하듯이, 문명화하려는) 거의 종교적인 열정을 보여주었다. 미국이 이 정책을 지지한다는 것은 널리 공유되고 있었지만, 아마도 이 정책은 공화당 정치인과 기독교 선교사, 아시아 진출을 계획하는 사업가, 그리고 '차이나 로비'라고 경멸적으로 알려지게 된 서부 및 중서부의 전문가 집단들에서 가장 강력하게 추진되었다. 중국에 진출한 미국 선교사 가정에서 태어난 헨리 루스는 비공식적인 그룹들의 명목상 대표로 떠올랐고, 잡지 〈타임〉의 발행인으로서 미국의 중국 정책에 엄청난 영향력을 행사했다. 그는 자신이 마오쩌둥의 "붉은 중국"과 반대로 "자유 중국"이라고 불렀던 장제스의 부패하고 인기도 없는 정권에 매료되었다. 루스와 동료 중국인들은 특히 〈타임〉 표지 인물로 세 번이나 실렸던 장제스의 부인 쑹메이링宋美齡을 좋게 평가하는 것으로 보였다. 쑹메이링은 미국 웰즐리대학교에서 영어를 공부했고, 미국 남성들에게 "동양적 아름다움"에 대한 환상(그리고 고정관념)을 심어준 우아하고 매력적인 여성이었다. 1943년, 민족주의자들과 공산주의자들이 국공합작을 통해 일본 제국주의와 싸우기 위해 힘을 합치기로 했을 때, 쑹메이링은 매디슨스퀘어가든에 모인 1만 7000명의 청중 앞에서, 그리고 그녀에 대한 열광에 빠진 미국 의회에서 연설했다. 그녀의 연설은 라디오를 통해 미국 전역의 수백만 명에게 생중계되었다.

톰슨(1967: 56)에 따르면, 코즈모폴리턴적인 미국인들은 마치 부유한 후원자가 가난한 고객에게 집착하는 것과 마찬가지로 중국 본토에 집착하게 되었다.

아시아의 어떤 나라도 그렇게 많은 미국인의 호의와 선행과 자선활동의 수혜자가 되지 못했다. 다른 어떤 나라도 이처럼 미국의 집요하고 거대한 환상을 집중시키지 못했다. (…) 중국의 '문호개방'은 (…) 4억 명의 잠재적인 기독교인들이란 의미를 지닌 사건이었다. 중국은 우리의 넘쳐나는 이타주의를 담을 우리의 특별한 그릇이며, 유럽과 일본 포식자들(제국주의자들)의 명백한 탐욕에 맞서 우리가 지켜야할 특별한 보호국이다. 우리는 중국의 문화에 감탄했으며, 중국인을 좋아했고, 중국 음식을 즐겼으며, 중국이 분명히 효과적인 자치정부를 수립할 능력이 없다는 사실에 대해 개탄했다. 중국은 우리에게 자비심과 도덕적 우월감을 갖게 해서 우리를 기분 좋게 했다.

그러나 1949년 중국공산당이 내전에서 승리해 베이징을 점령했다. 당황하고 망연자실한 미국 엘리트들은 마치 어린아이가 부모에게서 도망친 것처럼 자신들이 중국을 '잃었다'는 사실에 대해 서로 비난했다. 그 후 30년 동안 그들은, 중국어를 사용하면서 여전히 미국에 의존하는 나머지 중국인들이 세운 중화민국(타이완)에 애정을 집중했다.

미국의 정치 엘리트들은 아시아인들을 언급할 때, 자주 거들먹거리는 자세, 또는 노골적으로 경멸하는 태도로 임했다. 아시아인들은 미국의 '자연적인 동맹국'은 아니었다. 예를 들어, 지역 정책 기획자 찰턴 오그번Charlton Ogburn(1953: 262)이 작성한 미국 국무부 내부 메모는 "우리는 아시아인들을 그렇게 진지하게 여기지 않으며, 솔직히 말하자면 그들을 열등한 존재로 여긴다"라고 단호하게 선언했다. 더글러스 맥아더 장군도 마찬가지로, "현대 문명의 기준으로 측정할 때 (…) 일본인들은 지난 45년간 우리가 이룩한 발전과 비교하면 마치 열두 살 소년과 같을 것이다"라고 말한 것으로 유명하다.[14] 그는 독일인들에 대해선 이와 대조적으로 미국인들과 마찬가지로 "상당히 성숙하다"고 주장했다.[15] 미국 외교관 딘 애치슨은 한 친구와의 대화에서 미국이 베트남 정책을 지속하는 데 반대한다는 의사를 분명히 밝히면서 "이제 막 숲에서 나온 작은 사람들을 위해 너무 많은 피를 흘렸다"라고 말했다.[16] 미국 정치 엘리트들만 그러한 인종주의적 발언을 한 것이 아니었다. 학자들 역시 관련 지역의 후진성을 묘사하기 위해, 종종 근대화 이론의 목적론적 논리에 의존했다. 케네스 영Kenneth Young(1965: 45)은 아시아가 아직 더 '개발'되어야 하는 고통스러운 과정 한가운데 있다고 믿는 많은 저술가 중 한 명이었다.

아시아의 고대-근대사회, 국가 또는 민족들은 개발과 근대화를 위해 노력을 집중하는 과정에 정치적·사회적 신진대사 과정을 번갈아 가면서 겪고 있다. 그 과정에서 농촌과 도시에서는 정치적·사회적·심리적 영역에서 형성과 해체가 끊임없이 상호작용하며 진행되고 있다.

조지 베크만George M. Beckmann(1962: 서문)은 더 노골적이었다. 그는 거대한 이웃 나라 중국과 달리, 일본은 근대화에 성공했다고 썼다. "일본 봉건사회는 서구의 사상과 제도에 기반한 혁신을 수용한 반면, 중국은 그러한 변화에 저항했기 때문"이라는 것이다.

냉전 기간 동안 미국 학자들은 스스로 '자유세계의 리더'라고 불렀던 미국이 아시아 국가들이 '성장' 또는 '문명화'로 가는 과정인 이 산만한 프로세스에서 그들을 도왔다는 사실에 환호했다. 하버드대학교의 중국학 전문가 존 페어뱅크John Fairbank(1966: 124)는 의회에서, 미국인들은 특이하게도 "접촉과 사회 개방, 다원주의, 그리고 국제 무역"이 근대화로 가는 가장 효과적인 수단이라는 것을 이해하고 있다고 말했다.

페어뱅크는 미국이 이 과정에서 동원한 폭력에 대해서는 언급하지 않았지만, 미국인들은 폭력도 때때로 아시아에 '문명'을 형성하는데 필요한 도구라고 여기게 되었다. 베트남에서 전쟁을 수행하면서, 미군들은 종종 적인 북베트남 사람들과 미국의 동맹으로 추정되는 남베트남 사람들을 모두 '국gook'이라고 불렀다. 이는 아마미국-스페인 전쟁 중에 처음 사용되었다가, 훗날 한국에서 분명히 사용된 [아시아인을 부르는] 경멸적인 용어다. 이 용어를 사용한 군인들은 정글이 미개하고 야만적인 민족들로 가득 차 있었음을 암시했다. 로렌 바리츠Loren Baritz(1985: 37)는 미국인들이 베트남에서 위험 지역을 "인디언 마을"이라고 불렀고, 미라이 학살에 가담한 한 미군 참전용사는 미군들이 베트남 사람들의 두피를 벗겨서 가져갔다고 보고했다. "예전에 인디언들로부터 가져온 것처럼" 말이다(Drinnon, 1990: 456~457).

비록 미군이 베트남에서는 오래전에 떠났지만, 한국과 일본에는 수천 명이 남아 있다. 이들로 인해 발생하는 소음과 오염, 사고, 매춘, 그리고 사소한 주권 침해를 넘어서는 사건들이 주둔국 시민들, 특히 미군기지 근처의 주민들을 화나게 하고 있다. 미국 관리들은 이러한 불평들에 대해 때때로 심술궂은 부모처럼 대응한다. 또 다른 경우에, 그들은 자신들이 주둔하고 있는 국가를 비난하기 위해 인종차별을 내포한 수사학을 사용한다. 예를 들어 2003년, 미국 펜타곤의 한 관리는 안보를 미국에 크게 의존하고 있는 한국이 이제는 스스로 더 많은 일을 떠맡기 시작해야 할 것이라고 지적했다. 그 관리는 "이 과정은 마치 아이에게 자전거 타는 법을 가르치는 것과 같다"라고 투덜거렸다. "우리는 50년 동안 한국의 핸들을 잡고 한국과 나란히 달려왔다. 어느 시점에 다다르면 우리는 핸들을 잡은 그 손을 놓아야 한다."[17]

2010년 12월, 미국 국무부의 일본 담당 국장은 주일 미군의 대다수가 주둔하고 있는 동중국해의 섬, 인구가 희박한 섬인 오키나와에서 활동하는 미군기지 반대 운동가들에 대해 좌절감을 표현했다. 그는 미군이 오키나와의 환경과 사회에 미치고 있는 영향에 대해 보상하라고 요구하는 오키나와 주민들을 '갈취 전문가'라고 말한 것으로 알려졌다. 이 관리는 또한 오키나와를 '일본의 푸에르토리코'라고 부른 것으로 전해지는데, 이는 이 섬의 고마워할 줄 모르는 주민들이 일본 본토의 주민들보다 '어두운' 피부를 가지고 있으며, '게으르다'는 것을 암시하는 표현이었다.[18]

오만한 자세로 아시아인을 얕보는 것은 미국의 군사 관련 인물들만이 아니다. 트럼프는 2017년의 한 집회에서 북한의 지도자를 '리틀 로켓맨'이라고 지칭하며 그를 악랄한 아이라고 특징지었다. 나중에 트럼프는 1945년 8월 히로시마와 나가사키에 했던 것처럼 미국이 그 나라를 "완전히 파괴"해야 할지도 모른다고 제안했다. 물론 이런 주장에 공감하는 사람은 거의 없다.

# 리더십과 지배

## 유럽: 미국의 헤게모니

아주 오랜 세월 동안 근대 세계는 다극화되어 있었다. 미국은 주요 강대국이었지만, 프랑스·독일·영국·일본·소련 등과 그 지위를 나란히 했다. 1945년 이후에야 미국은 세계 유일의 초강대국으로 확실히 두각을 드러낼 수 있었다. 미국은 2차 세계대전에서 탁월한 경제적·군사적 우위를 보이며 초강대국으로 등장했는데, 그들은 내수 시장뿐 아니라 수출 시장을 위해 철강·화학·자동차·선박을 생산할 수 있는 제조업을 건설했으며, 이를 기반으로 지금까지 세계에서 가장 강력한 육·해·공군을 보유한 덕분이었다. 미국은 세계의 금화와 예비통화의 거의 절반을 통제했으며, 세계에서 유일한 핵보유국이었다. 미국은 또한 100척 이상의 항공모함을 보유하고 있었는데, 이는 당시 상당한 규모의 함대를 보유한 유일한 국가였던 영국에 비해 두 배에 해당하는 규모였다.

그러나 이렇게 압도적인 국력을 보유하고 있었음에도, 미국은 유럽을 위압적으로 대하지 않았다. 전쟁이 끝나기도 전에 미국은 전후 세계 금융구조를 재설계하기 위해 영국과 협력했다. 1944년에 만들어진 새로운 브레튼우즈 체제는 비록 영국 경제학자인 존 메이너드 케인스가 달러 기준에 대한 협상에서 미국 측 상대역이었던 해리 덱스터 화이트에 이어 제2의 역할을 한 것은 부인할 수 없지만, 영국과 미국이 공동 추진한 프로젝트였다. 미국 또한 1947년 관세 및 무역에 관한 일반협정(GATT)의 토대를 다지는 과정에서 5개 유럽 동맹국(영국, 프랑스, 벨기에, 네덜란드, 룩셈부르크) 및 캐나다, 오스트레일리아와 긴밀히 협력했다. 군사 분야에서도 미국은 리더로 부상했지만, 관련 유럽 국가들에게 일방적으로 지시하려고 하지는 않았다. 예를 들어 예이르 루네스타 Geir Lundestad(2003: 49)는 나토를 출범시키는 데 있어서 유럽의 관리들, 특히 어니스트 베빈 영국 외무장관이 첫걸음을 내디뎠다고 언급한다. 또한 1950년대 초, 소련이 팽창을 추구할 것이라는 전망에 경각심을 느낀 서유럽의 관리들은 워싱턴 행정부에 압력을 넣어서 미국이 유럽 대륙에 미군의 배치를 획기적으로 확대하도록 했다.[19]

루네스타가 유럽에서의 미국의 패권을 강요에 의한 제국이 아니라 "초대에 의한 제국"이라고 제안하는 이유가 이것이다. 그는 "만약 유럽인들이 원하지 않았다면" 경제통합을 위한 역내 계획으로 이어진 마셜플랜은 실현되지 않았을 것이라고 썼다(2003: 59). 군사동맹도 마찬가지로 진행되었다. "미국이 대서양 안보체제에 관한 베빈의 요구에 대해 처음에는 미온적인 반응을 보인 점을 고려할 때, 만약 유럽의 요청이 없었다면 적어도 나토의 설립은 상당히 지연되었을 것이다."

한 가지 중요한 예외[2003년 이라크침공. 관련 내용은 미주 20번 참조]

를 제외하면, 유럽 동맹국들은 미국의 리더십에 이의를 제기하기보다는 그것을 따르는 길을 선택했다.[20] 이것은 누군가 국가 자원을 상호 이해관계와 관련시키는 기계적 계산에 의존하지 않는다면 그리 놀라운 일이 아니다. 유럽 국가들은 대서양을 넘어서는 협력을 통해 평화와 번영 모두를 누리게 되었다. 그리고 그들은 미국에서 오는 달갑지 않은 지시(특히 유럽과의 거래에서 존 아이켄베리John Ikenberry(2001)가 "전략적 구속"이라고 말한 것)를 감수할 필요가 거의 없었다.

1945년, 마침내 전쟁이 끝났을 때 미국은 유럽에 최우선적인 전략적 이해관계를 가지고 있었다. 미국은 유럽 대륙을 미국에 우호적이면서 보다 단합되고 안전한 지대, 그래서 다시는 미국이 또 다른 군사적 분쟁에 휘말리지 않을 지역으로 만들기를 원했고, 이에 따라 폐허가 된 유럽 경제를 재건하기 위한 대규모 계획을 약속했다. 경제부흥 기금에 대한 접근에는 단지 한 가지 조건만 붙었다. 수혜국들은 재건 달러를 관리할 새로운 유럽경제협력기구를 통해 서로 협력할 수 있다는 것을 보여주어야 했다.

얼마 지나지 않아, '팀 유럽'에 대한 미국의 관심은 새로운 절박함으로 이어졌다. 소련이 동유럽과 심지어 중부 유럽으로 세력권을 확장하고 있었기 때문이다. 부다페스트에서는 공산주의 지도자들이 권력을 장악했고, 아테네에서는 친모스크바 반란 세력이 권력 장악을 시도하고 있었다. 실제로 친공산주의 정권들은 곧 크렘

린의 지도 아래 바르샤바조약기구를 결성했다. 이런 상황에 직면한 미국은 그들의 범대서양 계획을 신속하게 수정했다. 미국은 더 이상 유럽을 안전지대로 만드는 데 머물지 않았다. 그들은 이제 유럽이 경제적으로 번영하고 군사적으로 강력한 지역, 미국과 함께 힘을 합쳐서 모스크바의 야망으로 추정되는 것, 즉 공산주의의 서쪽 팽창을 저지할 수 있는 강력한 자본주의적인 블록이 되기를 원했다.

미국은 독일을 경제적·정치적으로 회복시키기 위해 독일의 이웃 국가들로부터 협조가 필요했다. 미국은 프랑스와 독일의 화해 없이는 "유럽에 평화가 이루어질 가능성이 없으며", 나아가 친미적인 유럽 국가 연합이라는 비전을 달성할 수 없다는 것을 깨달았기 때문에 특히 파리를 강하게 압박했다.[21] 한 세기 동안 튜턴족의 침략에 고통당했던 프랑스가 처음에 미국의 계획에 저항한 것은 놀랄 일이 아니었다. 그러나 그들은 미국의 강한 압박에 따라, (혹은 히치콕Hitchcock(1998) 같은 수정주의 역사학자들에 따르면, 미국이 원하는 방향으로 "유도되어서") 본을 지배하고자 하는 자신들의 정책을 포기하고 협력적 접근방식을 수용했다. 그리고 이는 유럽석탄철강공동체를 결성하고자 하는 프랑스 외무장관 로베르 쉬망의 요구에 우선 반영되었다. 그 결과 1951년에 체결된 파리 조약은 지역 통합을 향한 거대한 도약이었고, 이로 인해 결국 유럽연합을 구성하게 될 대부분의 기구들이 설립되었다. 동시에 미국은 유럽 동맹국들을 소련의 침략에 대항하기 위한 (캐나다를 포함한) 범대서양 군사동맹으로 끌어들였다.

미국의 재촉에 따라 나토는 1954년에 독일을 포함한 국가들로 확대되었는데, 독일은 전범국가로부터의 명예를 회복하는 데 열중하고 있었기 때문에, 나토 가입에 필요한 조건을 기꺼이 수용했다.[22] 프랑스가 요구하고 미국이 중재한 조건들을 받아들이면서 동맹의 새 회원국이 된 독일은 자국 군대를 지휘하는 참모본부를 재설치하지 않는 데 동의했다. 독일은 전시가 아닌 평시에도 자국의 방공 시스템을 나토 지휘 아래 두기로 하며 독자적으로 강력한 무기를 생산할 능력을 제한하기로 했다. 그리고 독일은 연합군이 자국 영토에 기지를 유지하는 것을 허용했다(Gould and Krasner 2003: 63~65). 이로써 독일은 막강한 독일의 부활 가능성에 대해 유럽 국가들의 우려를 불식시키고 다자간 틀 안에 더욱 확고히 자리 잡게 되었다. 그리고 이는 그 어느 때보다 더욱 견고하게 유럽 지역을 결속시켰다.

이후 로마 조약이 뒤따르면서 유럽석탄철강공동체는 관세동맹인 유럽경제공동체로 전환되었으며, 그것은 지역 구성원들 사이에 더욱 자유로운 무역을 촉진했다. 거의 30년이 지난 후 이러한 토대 위에서 제 기구의 규정들을 조율하기 위해 단일유럽의정서가 제정되었다. 이러한 발전이 이루어지는 동안, 독일은 유럽통합을 심화하는 목표를 추진하는 데에 신뢰할 만한 의지를 보여주었다.

1980년대 후반에 냉전이 시들해지자 독일은 심지어 심하게 긴장된 유럽의 통화 시스템을 대체할 공동 통화(유로화)를 구축하고자 하는 구상을 옹호했는데, 당시 유럽 통화 시스템은 독일 연방은행이 사실상 유럽중앙은행으로 부상할 수 있도록 허용해왔었다. 지역주의를 위해 독일이 보여준 헌신적인 자세, 이른바 '유럽 애국주의'는 1990년에 독일 통일이 갑작스레 진행되었을 때에도 통일 독일에 대한 이웃 국가들의 오래된 두려움을 완화하고 통일 반대 여론을 약화했다.

하지만 이러한 변화 가운데 어떤 일도 미국의 지원이 없었다면 일어나지 못했을 것이다. 냉전 초기부터 워싱턴은 다자주의를 통해 유럽을 재건하는 데 헌신했다. 미국은 자국의 국력을 유럽에 과도하게 확장하지 않으면서 정력적으로 소련과의 세력 균형을 추구했다.

미국 국무부의 독일·오스트리아 사무국은 1949년 브리핑에서 이러한 선제적인 입장의 개요를 다음과 같이 설명했다. "우리가 독일을 점령하고 있으며, 특히 독일의 대외경제 문제에 통제적 발언권을 견지하고 있다는 사실을 감안할 때, 우리는 유럽에서 진행되는 움직임에 직접적인 책임이 있다. 게다가 유럽을 강화하고 독일 문제를 해결하려는 어떠한 움직임도 나토의 설립 목표를 더욱 강화할 것이다. 그러한 움직임은 여기 주어질 수 있는 모든 추진력을 필요로 할 것이다."(134쪽)

물론 유럽 프로젝트에 대한 미국의 열정이 때때로 흔들린 것은 사실이며, 특히 경제적인 우려가 다시 심각해졌던 탈냉전 시대에는 더욱 그러했다. 예를 들어 미국은 유럽이 공동농업정책을 통해 유럽 농민을 보호하는 것뿐 아니라 에어버스[유럽 국가들이 공동 제작한 항공기]에 수출 보조금을 지불하는 정책에 대해 불평해왔다. 하지만 워싱턴 역시 유사한 무역 정책을 시행하고 있기 때문에, 트럼프 대통령 임기 때를 제외하고는 미국에서 이에 대한 비판의 목소리가 지나치게 크게 나왔던 적은 없다.

안보 측면에서도 미국은 2017년과 2021년 사이의 극적인 관계 냉각기를 제외하면, 나토를 포함하는 유럽의 다자주의에 대해 지지를 재개했다. '서방' 동맹은 주적이었던 소련이 해체되었음에도 불구하고 그 명맥을 유지했다. 오히려 그들은 이전의 바르샤바조약기구 회원국들뿐 아니라 발트해와 발칸반도의 국가들을 포함하는 방향으로 사실상 확대되었다. 1990년대 후반, 동맹국들은 코소보의 이슬람 분리주의자들을 돕기 위해 세르비아에 대한 '인도주의적 폭격' 캠페인을 이끌었다. 당시 미국의 웨슬리 클라크 장군이 나토 사령관이었지만, 그는 독일인 클라우스 나우만이 의장을 맡은 다자간 장군 위원회에 크게 의존했다.

심지어 범대서양 동맹의 틀 외부에서도 미국은 방위 프로그램을 통합하려는 유럽의 노력을 전반적으로 지지해왔다. 분명히 그들은 1992년 통합된 군사조직인 유럽군단을 창설하려는 프랑스와 독일의 움직임에 대해 양면적인 입장을 보였다. 미국의 정책입안자들은 새로운 군대가 나토의 지휘 아래 운영되는 것을 선호했지만, 궁극적으로는 유럽 대륙에서 주요 강대국들 간에 협력이 강화되는 것을 환영했다. 사실 미국은 마스트리흐트 조약에 담긴 공동 안보 및 국방 정책이나 리스본 조약에 담긴 유럽방위기구와 같이 미국의 통제를 벗어나는 다른 형태의 군사 협력들에 대해 매우 긍정적인 입장을 보였다. 사실 너무 긍정적이어서, 헤리티지 재단과 같은 미국의 일부 보수단체들은 나토의 권한이 축소될지 모른다며 우려를 표명했다. 헤리티지 재단의 마거릿 대처 기금 연구원인 루크 코피Luke Coffey(2013)는 2009년에 오바마 대통령이 자신이 참석한 첫 나토 정상회의에서 유럽이 스스로 "더 강력한 국방력"을 개발하고 있는 것을 칭찬한 사실에 대해 경계심을 갖고 기록했다.[23]

'미국 우선주의America First'를 전면에 내세우며 선거운동을 한 트럼프 대통령은 미국과 유럽의 관계를 재협상하겠다고 위협했다. 임기 초 그는 나토를 '구시대적'이라고 부르고 유럽 회원국들이 군사비 부담을 제대로 지지 않는다고 지적함으로써 지역 동맹국들을 충격에 빠뜨렸다. 그는 또한 유럽연합을 "독일을 위해 움직이는 도구"라고 공격하면서, 국민투표에서 그 기구를 탈퇴하기로 결정한 영국 국민들에게 박수를 보내고, 다른 회원국들도 이에 따르도록 격려했다. 하지만 범대서양주의라고 하는 잘 확립된 규범에 대한 거부를 나타내는 이 성명들이 실제 정책에서 일관된 변화를 촉진하지는 않았다. 그러다가 트럼프는 전통적인 '대서양주의자'로 대체되었다. 조 바이든 신임 대통령은 그동안 악화된 유럽과의 관계를 다시 공고히 하는 데 2021년을 보냈으며, 2022년에는 우크라이나를 돕고 러시아를 처벌하기 위해 오랜 동맹국들과 긴밀히 협력했다. 크렘린궁이 친서방적인 이웃 국가를 대대적으로 침공한 후, 미국과 유럽은 함께 우크라이나에 무기를 공급하고 러시아에 대해 새롭고 강력한 제재를 가했다.

1945년부터 오늘날까지 미국과 서유럽의 관계는 중재된 다자주의 가운데 하나였다. 동맹국들 사이에서 서로 '수용 가능한' 외교 정책을 도출하는 매개변수들을 규정하는 데에 미국의 힘이 크게 작용했다. 하지만 미국은 유럽을 압도하거나 자신들의 의지를 강요하지 않았다. 미국은 패권주의적인 영향력을 가지고 있었지만, 유럽과의 관계에 있어서는 위압적인 태도를 보이지 않았다. 오히려 대부분의 기간 동안 미국과 유럽의 수평적인 협력, 그리고 유럽 내의 수평적인 협력을 촉진했다.

### 아시아: 미국 제국주의

미국 정치 엘리트들은 오랫동안 아시아를 대할 때, 유럽 강대국을 대할 때와는 달리 오만한 태도를 보였다. 그들은 종종 스스로를 아시아의 정당한 통치자로서, 또는 적어도 이 지역의 자연적인 보호자로서 인식해왔다. 그리고 그들은 말레이시아가 시도한 동아시아

경제그룹(EAEG)이나 일본이 시도한 아시아통화기금(이 장의 앞부분에서 강조한 바 있다) 같은 계획들이 실패로 돌아간 것에서 드러나듯이, 아시아에 다자주의를 구축하려는 노력을 계속해서 약화시켜왔다. 비슨(2005: 982)은 "동아시아에서 미국의 힘은 근본적으로 미국이 구축한 양자적인 전략 구조 때문에 원천적으로 지역주의의 대두를 어렵게 했거나, (적어도 최근까지는) 지역 주도의 다자주의 구상이 그 지역에 대한 자국의 영향력을 약화시킬 위험이 있다는 인식에서 지역주의에 적극적으로 반대해왔다"라고 주장했다.

아시아 지역에 대해 미국이 보인 제국적인 견해는 미국이 하와이, 웨이크, 미드웨이, 괌, 사모아, 필리핀 등 태평양 지역의 영토를 집어삼키기 시작한 19세기 말에 처음 나타났다. 미국의 제국주의자들은 미국이 점차 "미국의 호수"라고 부르고, 맥아더의 인종 중심적 담론에서는 "앵글로색슨의 호수"[24]라고 언급된 태평양을 건너 팽창할 명백한 권리, 어쩌면 신이 부여한 권한을 갖고 있다고 믿었다. 그들은 미국의 지배가 아시아의 발전과 근대화, 그리고 해방을 위해 필요하다고 주장했다.

가장 극적인 경우, 미군은 필리핀에 대한 스페인의 통치를 끝내기 위해 필리핀 민족주의자들과 연합했지만, 스페인과의 전쟁에서 승리한 후엔 현지에 식민 지배자로 남아 있기로 결정했다. 그 결과 민족주의적인 게릴라들과의 잔인하고 피비린내 나는 전투가 전개되었으며, 이 전쟁에서 4000명 이상의 미국인과 적어도 25만 명의

필리핀인이 사망했다. 스탠리 카나우Stanley Karnow(1989: 191~192)
는 아메리카 원주민들과의 전쟁에 참전한 경력이 있는 많은 미군
지휘관들이 대원들에게 "원주민들을 불태우고 죽여라"고 지시했
다고 언급한다. 원주민들의 저항이 제압된 후, 미국 관리들이 거의
반세기 동안 필리핀을 통치했다. 앞서 언급했듯이, 그들은 필리핀
사람들이 스스로를 통치할 수 있다고 믿지 않았다.[25]

필리핀에서 미국이 보인 행동이 전형적으로 무자비한 제국주의
유형을 대표한다면, 다른 사례는 미국 엘리트들이 중국과의 관계
에 있어서는 이와 다른 일종의 '감정적 제국주의'를 채택했다는 사
실을 보여준다. 미국은 궁지에 몰린 나라를 다른 포식자들, 특히
일본인들로부터 지키기 위해 노력했다(그리고 때로는 실패했다).

2차 세계대전이 끝나갈 무렵, 미국의 국방 계획가들은 미국이
아시아를 압도적으로 장악해야 한다고 주장했다. 미군 참모총장
은, 미국의 안보는 "태평양을 통제할 수 있는 능력 여하에 달려 있
으며, 그것이 완전하지 않다면 그런 불완전한 통치는 효과적일 수
없다"라고 했다. 따라서 태평양을 통제하는 군사기지 시스템에서
어떤 장애가 발생할 경우, 그것은 "시스템 전체의 효과를 손상시
키지는 않는다 해도 태평양 지역에 대한 통제 능력을 크게 약화할
수 있다"고 보았다.[26] 마찬가지로 미국 외교관들은 자국보다 약한
그 지역의 하급 파트너들과 상명하복식의 배타적 관계를 구축하려
했다.

미국은 '연합국'의 이름으로 일본 점령을 감행했지만, 실제로는 독일에서 했던 것처럼 연합국들과 권력을 공유하지 않았다. 점령 당국인 연합군최고사령부(SCAP)는 맥아더 장군이 이끄는 기관, 엄밀하게 말하자면 미국의 기관이었다. 그들은 일본의 민간 관료기구를 통해 간접적으로 일본을 통치했지만, 자신들에 대한 어떠한 반대 의견도 허용하지 않았다. 연합군최고사령부는 일본의 문학·신문·잡지·영화를 검열하고, 일본 군대를 칭송하면서 미군을 배척하는 서사를 금지했으며, 일본 정치인들과 법학자들이 제안한 헌법을 거부하고 일본을 위한 새로운 헌법을 제정했다.

한반도의 경우 점령 연합국인 미국은 적어도, 미국에 정치 기반을 두고 미국인들이 선호한 정치가인 이승만이 남한에 수립된 신생 공화국의 대통령이 된 1948년까지는 또 다른 점령 연합국인 소련과 다퉈야 했다. 그들은 중국에서는 1945년부터 1949년까지 장제스가 이끄는 친자본주의 정권과 동맹을 맺었으며, 장제스의 민족진영이 본토에서 전개된 국공내전에서 공산 진영에게 패배하고 타이완으로 후퇴한 후에도 계속해서 그 민족주의자들을 지지했다.

아시아에서 미국 지도자들은 그들이 유럽에서 동맹을 구축한 방식과는 전혀 다르게 다자간이 아닌 양자 간 협정을 체결했다. 1951년에 체결되었다가 1960년에 개정된 미일안보조약(일본인들에게는 ANPO로 알려졌다)은 아시아에 구축된 이른바 '허브앤스포크' 방식의 중심축이었다. 이와 유사한 양자 간 협정이 1951년에 필리핀, 1953년에 한국, 1954년에 타이완과 체결되었다.[27] 그 나라들은 더 넓은 규모의 경제적 교류와 정치적 협력을 희망했지만, 1957년에 워싱턴의 관료들은 "미국은 아시아에서 새로운 지역 경제 기구를 결성하기 위해 노력하지 않는다"라고 결정했다. 선별적인 프로젝트를 통해 개별 국가들과 좀 더 긴밀한 관계를 추구하겠다는 것이었다. 다시 말해 그들은 다자주의를 피했다.[28]

미국이 1954년에 동남아시아조약기구(SEATO)가 결성되도록 중재한 것은 사실이다. 하지만 이 기구는 유럽 국가들(영국, 프랑스)을 포함하면서도 동남아시아에서는 2개국(필리핀, 태국)만을 포함하는, 따라서 지리적 동질성이 없는 집단이었다. 더 중요한 것은, 그들이 특별히 일방적인 권한을 미국에게 부여했다는 것이다. 이 사항은 러스크Rusk-타낫Thanat(1962: 498~499) 성명에 기술되어 있는데, 거기에서 미국은 자신들이 태국에 대해 군사적 의무를 이행할 때 "모든 다른 회원국들과의 사전 합의에 의존하지 않으며, 이는 군사적인 의무가 개별적일 뿐 아니라 집단적인 것이기 때문"이라는 사실을 강조했다.

이와 마찬가지로 헤머와 카첸슈타인(2002)은 동남아시아조약기구의 구조가 나토의 구조와 현저하게 다르다는 점에 주목한다. 예를 들어 동남아시아조약기구에는 통일된 사령부나 군수물자의 다자간 할당 같은 것이 존재하지 않았다. 심지어 미국 당국은 SEATO라는 약자가 광범위하게 사용되는 것을 피하려고 노력했다. 그러한 명칭이 부적절하게 나토와 비교되는 것을 우려했기 때문이다. 미국 국무부(1954: 740)가 주장한 바와 같이, 미국은 "SEA 협정을 나토와 유사한 것으로 인식하지 않았다."

냉전이 종식된 후 수십 년이 지난 지금도 미군은 자국이 보유한 압도적인 화력으로 이 지역을 지배하고, 또 새로 부상하고 있는 중국을 봉쇄하려 하고 있다. 하와이에 본부를 두고 있는 태평양사령부는 여전히 일본 요코스카에서 다윈제도에 이르는 지역을 약 9만 명의 군인, 선원들과 최첨단 국방기술을 보유한 광범위한 기지 시스템을 통해 통제하고 있다. 전 태평양사령부 사령관인 해리 해리스 퇴역 제독은 줌월트급 스텔스 구축함의 신형 함대를 포함해 "새롭고 멋진 모든 무기체계가 이 지역에 도입되고 있다"라고 자랑해 왔다.[29]

조직의 관점에서, 미국이 주도하는 양자주의는 중국을 제외한 동아시아 지역의 안보 질서를 계속해서 떠받들고 있다. 워싱턴에 따르면 도쿄, 캔버라, 뉴델리가 아시아에서 베이징의 영향력이 점차 증가하는 것에 대해 매우 우려하고 있는데, 이러한 동맹체제를 강화하면 현재 도쿄와 캔버라 그리고 뉴델리의 충성스러운 지원에 의존하고 있는 "자유롭고 개방된 인도-태평양Indo-Pacific"의 안전이 한층 더 보장될 수 있을 것이다.[30] 1995년 미국 국방부의 동아시아 전략 보고서 작성을 도운 조지프 나이Joseph Nye(2010)에 따르면, 미·일 안보동맹은 이러한 체제의 초석이며, "지역의 안정과 번영을 위한 기반"으로 남아 있다.

미·일 안보동맹은 양국의 국내 정치에서 여러 변화가 발생했음에도 불구하고 그대로 유지되고 있다. 2009년, 일본에서 민주당이 장기집권 중이던 자민당 정부를 무너뜨렸을 때, 도쿄의 하토야마 유키오 신임 총리는 일본의 외교정책이 획기적으로 방향전환을 해야 한다고 촉구했다. 중국을 포함한 일본의 이웃 국가들과 형제적인 '우애 관계'를 강화해 오랜 군사적 후견국인 미국에 대한 의존도를 줄이자는 것이었다. 그는 다른 무엇보다도 유럽연합을 모델로 한 '동아시아 공동체'를 제안했다. 일본의 이러한 갑작스러운 정책 전환은 미·일 '동맹 유지'를 담당하는 관리들을 동요시켰다.

그들은 특히 오키나와에 있는 미군기지를 축소하자는 일본 민주당의 제안에 분노했다. 오키나와에는 본토 면적의 거의 15퍼센트에 달하는 땅에 30개 이상의 미군기지들이 주둔해 있었다. 이런 상황에서 미국 국방장관 로버트 게이츠는 급히 도쿄로 날아가서 하토야마 정부에게 다음과 같이 분명하게 말했다. 논란이 되고 있는 미국 해병대 기지를 이 섬의 다른 장소로 이전한다고 해서 오키나와에 주둔하고 있는 병력의 수준을 유지하기로 한 양국의 합의를 파기할 수는 없다는 것이었다.

그 결과 일본에서 나온 반응에 대해 놀랄 사람은 아무도 없다. 민주당 정권은 자신들이 오키나와 주민들에게 제시했던 선거공약을 지지부진하게 끌다가 결국 어기고, 이전 자민당 정권이 약속했던 미군 배치 정책을 계속 유지했다.

미국에서도 정권이 교체되었지만, 미·일 동맹체제는 굳건하게 유지되었다. 2009년에 당선되어 2012년에 재선에 성공한 오바마 대통령은 아시아에서 세력 균형이 변화한 것에 맞게 미국의 힘을 '재배치'할 것을 약속했다. 그 결과 미국은 오스트레일리아, 싱가포르, 괌에 추가적인 군대를 배치했을 뿐 아니라, 중국을 제외한 태평양 양안 국가들과 새로운 무역협정을 체결했다. 2017년 대통령에 당선된 트럼프는 취임과 동시에 미국이 환태평양경제동반자협정(TPP)에서 탈퇴하고, 일본과 한국에 주둔 중인 미군을 감축하겠다고 위협했지만 결국은 현 상태를 유지했다. 안보 담당 고문들은 아시아에 배치된 미군이, 이제는 자신들이 공식적으로 "자유롭고 개방된 인도-태평양"이라 부르는 지역으로 미국의 국력을 확장하는 데 기여한다는 점을 강조하며 트럼프를 설득했다.[31] 2021년 대통령이 된 조 바이든은 기존의 양자 간 관계를 기반으로 동아시아의 동맹체제를 강화하겠다고 약속했다.

크리스토퍼 휴스Christopher Hughes(2004: 13)는 아시아에 상이한 형태의 지역주의들이 함께 담겨 있는 "국수 그릇"처럼 보이는 초기 형태의 다자간 협정들이 등장했다고 지적한다. 이러한 지역주의의 초기 형태는 상대적으로 강도가 약한 양자 간 혹은 다자간 무역협정에서부터 북핵 관련 6자 회담에까지 이른다. 하지만 나와 마찬가지로 휴스는 동아시아의 현재 상황에 커다란 변화가 일어날 것으로 기대하지 않는다. "미국은 아시아에서 대두하고 있는 지역 다자주의가 기존의 미국 중심 허브앤스포크 체제를 보완할 뿐이며, 이 체제를 대체하지 않는 한에서만 이러한 다자간 틀을 용인할 것이라는 점을 분명히 밝히고 있다. 만약 그 다자간 틀이 미국 중심의 허브앤스포크 체제에 도전한다면, 미국은 이에 결코 협력하지 않을 것이다."

## 결론

미국은 왜 유럽과 아시아에서 전혀 다른 접근법을 시도했을까? 나는 이 퍼즐에 대한 답을 현실주의와 구성주의에서 찾는다. 미국은 구대륙인 유럽을 국제정치에서 대등한 또는 거의 대등한 파트너로 취급했다. 그것은 부분적으로는 미국이 유럽 국가들에 비해 국력이 월등하게 우세하지 않았기 때문이며, '서양인'에 대한 동질감을 느꼈기 때문이기도 하다. 미국은 유럽 국가와 시민들이 미국과 협력하고 또 그들 상호간에 협력할 것이라고 믿었다. 이와 대조적으로 미국은 아시아 동맹국들을 내려다보았다. 구조적으로 미국은 이들보다 훨씬 강력했으며, 전후 첫 30여 년간은 특히 그러했다. 미국은 아시아인들을 문화적으로 미숙하고, 성인의 보호가 필요한 "어린 갈색 형제들"로 보았다. 이렇듯 미국이 유럽과 아시아 두 지역에서 보인 야누스적인 견해는 국력과 정체성에 뿌리를 두고 있으며, 이는 지난 150년간 대부분 변화 없이 지속되어왔다.

지역주의는 우리에게 냉전 초기 두 지역에 전혀 다른 권력 지형도와 지정학적 요인이 형성되어 있었다는 사실을 보여준다. 유럽에서 미국은 점차 뚜렷해지는 소련의 팽창에 맞서 저항하는, 대략 국력의 규모는 서로 비슷하고, 아직은 절뚝거리지만 재건되고 있는 국가들의 지원을 즐길 수 있었다. 미국은 '초대받은 제국'의 역할을 추구했다. 물론 이는 미국을 위한 것이었지만, 그뿐 아니라 영국·프랑스·벨기에·네덜란드·독일 등 아직 불안정한 상태에 있던 국가들을 위한 것이기도 했다. 하지만 아시아의 상황은 달랐다. 신속하게, 비교할 수 없는 경제강국이 되기 위해 재건하고 있던 일본을 제외하면, 이 지역에선 (적어도 초기에는) 모든 국가가 취약했다. 그 결과 미국은 이 지역에서 과도한 역할을 수행해왔으며, 지속적으로 지배력을 행사했다. 게다가 아시아의 자본주의 동맹국들은 여러 차원에서 공산주의의 위협에 직면해 있었다. 중국을 포함한 다른 나라로부터의 위협뿐 아니라 자국 내에서 활동하는 공산주의자들의 반란 위협에도 직면해 있었던 것이다.

그래서 미국은 아시아에서 비교 대상이 없는 막강한 국력을 즐겨 행사했으며, 이 지역을 허브앤스포크 방식으로 '통치'하기로 결정했다. 사실 권력 지형에서의 거대한 비대칭성을 고려하지 않으면 누구도 미국이 냉전 초기에 한 지역에서는 양자주의를, 다른 지역에서는 다자주의를 채택한 것을 이해할 수 없다. 하지만 앞서 언급한 것 같은 권력관계에 기초한 설명 방식은, 이후 점차 지정학적 조건이 변했음에도 불구하고 미국이 아시아에서 이전의 정책을 계속 유지하고 있는 사실을 설명할 수 없다. 일본이 여전히 아시아에서 최강의 경제력을 갖고 있던 1990년대에 워싱턴은 미국에게 종속된 동맹국이었던 일본을 강하게 압박해서, 일본 기업가들에게 인기를 끌던 동아시아경제그룹에 참여하지 말도록, 그리고 지역의 고통받는 경제를 구제하기 위해 일본 관료들이 제안했던 아시아통화기금 설립안을 거부하도록 했다. 새천년에 들어와 중국이 경제적 영향력에서 일본을 앞지른 후에도, 미국 지도자들은 여전히 양자 무역협정이나 (단기적인 환태평양경제동반자협정과 같은) 아시아의 새로운 강대국을 배제한 다자 무역협정을 선호했다. 예전과 마찬가지로 미국은 동남아시아에서 확립된 아세안과 동북아 3강(한국, 중국, 일본)이 중심이 된 아시아의 지역 이니셔티브에 대해 불쾌감을 드러냈다.

　우리는 국력뿐만 아니라 정체성까지를 고려하는 하이브리드한 접근법을 채택해야만, 미국이 아시아에서 허브앤스포크 동맹체제를 지지하는 것을 이해할 수 있을 것이다. 미국 관리들이 아시아에서 일련의 양자 관계를 추구한 것은, 미국이 그런 방식을 관철할 힘이 있었기 때문이기도 하지만, 구성주의가 우리에게 알려주듯이 미국은 아시아의 동맹국들이 스스로 '적절하게' 행동할 것이라고 믿지 않았기 때문이기도 하다. 미국 관리들은 유럽의 파트너 국가들과는 특별한 유대감, 어쩌면 '동류의식'을 느꼈지만, 이와 달리 아시아 국가들에 대해서는 동등하거나 심지어 친밀한 교류 관계에 있다고 생각하지 않았다.[32]

# 8장

# 국제기구의 치유력

도쿄에 있는 국립국방연구소의 분석가인 마스다 마사유키는 이런 질문을 너무 많이 들었다. "독일은 이웃 국가들과 화해했는데, 왜 일본은 그렇지 못했을까요?" 이날 나도 비슷한 질문을 던지면서 그를 짜증나게 하는 조사자들의 무리에 합류하고 있었다. 그는 화난 표정을 지으며 "나는 이들 사례를 비교하려고 노력하느라 지쳤어요"라고 말했다.[1]

사실 일본의 경험과 독일의 경험을 비교하는 것은 많이 엄격해졌다. 많은 학술대회들이 그 주제를 탐구해왔다. 예를 들어 2009년에 존스홉킨스대학교에 있는 현대독일연구소는 '화해인가 원망인가? 독일과 일본의 외교정책에서 과거에 대한 존중 또는 과거의 최소화'라는 주제로 워크숍을 주최했다.[2] 2011년 스탠퍼드대학교의 쇼렌슈타인 아시아태평양연구소도 동일한 비교 범주를 사용하

는 또 다른 학술 행사, '식민주의, 식민지배에 대한 부역 및 범죄성'을 개최했다.[3]

특히 일본 학자들은 과거를 극복하는 방법에 대한 영감을 얻기 위해 독일을 바라보며 머리를 짜내왔다. 도쿄에 있는 게이자이대학교는 프리드리히-에베르트 재단이나 괴테연구소와 같은 독일 재단들의 지원을 받아 역사화해센터를 설립하기도 했다. 이 센터는 독일이 다른 이웃 국가들과 화해하기 위해 어떤 노력을 해왔는지를 연구해온 미국 학자 릴리 가드너 펠드먼Lily Gardner Feldman을 초청해 독일의 경험에 대해 발표하도록 했다. 그녀가 일본 측 초청자에게 제공한 조언 중에는 다음과 같은 내용이 있었다. "가해자들은 어떤 공적인 행위, 예를 들어 공식적이거나 비공식적인 사과, 법적인 행위, 새로운 관계를 원한다는 의지가 담긴 진술, 잔혹행위가 자행된 장소에 대한 상징적인 방문 등을 통해 피해자들이 가진 불만의 본질을 인정해야 한다."[4]

그런데 이것은 누구나 반복하는 공통적인 후렴구다. 일본은 독일처럼 더 많이 말하고, 더 진지하게 사과하는 법을 배워야 한다. 더 좋은 것은, 성경적인 용어로 그렇게 하는 것이다. 죄를 고백하고 속죄하는 것. 그래서 토머스 버거(2012)는 독일은 군국주의적인 과거를 인정하고 공개적으로 그 죄에 대해 용서를 구했기 때문에, '모범적인 참회자'라고 주장했다. 이와 대조적으로 일본은 죄를 자백하지도 속죄하지도 않은 '참회하지 않은 자의 모범'으로 여겨질 수도 있다.

하지만 나의 분석은 사뭇 다르며, "행동이 말보다 더 큰 소리를 낸다"는 오래된 격언을 확신한다. 물론 나도 사과 담론의 가치를 인식하고 있지만, 공식화된 협력이 국가 간 화해를 가능하게 한다고 믿고 있다. 독일이 과거를 극복하기 위해 사용한 방법이 바로 이것인데, 그들은 나토를 통해, 그리고 보다 적극적으로는 유럽연합을 통해 유럽의 지역적 동반자 관계를 구축해나갔다. 그들은 독일이 이웃 국가들에게 신뢰할 수 있는 나라이며, 다시는 그들을 지배하거나 침략하지 않을 것임을 확실하게 보여주었다.

일본은 지역주의가 끔찍할 만큼 저개발된 동북아시아에서 이와 동일한 조치를 취하지 않았거나 취할 수 없었다. 그런데 이런 상황의 상당 부분은 미국에 책임이 있다. 일본은 지역 협정을 통해 이웃 국가들과 협력할 수 있는 능력을 보여줄 기회를 포착하지 못했거나 기회 자체를 제공받지 못했다. 그래서 그들은 여전히 이웃 국가들로부터 불신을 받고 있다. 일본 언론인 와카미야 요시부미 (1995: 280)에 따르면, 한국이나 중국과 화해하기 위해서 일본은 먼저 "지역 공동체에서 신뢰받는 구성원, 즉 인접한 지역(아시아)에 거주하는 신뢰받는 구성원이 되어야 하고, 그 공동체에 사는 모든 사람들이 편안한 마음을 느끼도록 해야 한다."

흥미롭게도 일본은 동아시아 국가들보다는 차라리 인도네시아나 말레이시아를 포함한 동남아시아 국가들과 훨씬 더 나은 관계를 유지하고 있다. 어쩌면 이는 일본이 이 지역을 점령했던 기간이 상대적으로 짧다(1942~1945)는 사실을 반영하는 것일지도 모른다. 하지만 일본이 반세기 동안 식민통치를 했고, 심지어 한국보다 오랫동안 지배했던 타이완은 어떤가? 그들도 동남아시아 국가들과 마찬가지로 오늘날 일본과 비교적 잘 지내고 있다. 예를 들어 일본의 관리들은 자카르타 및 쿠알라룸푸르의 관리들과 공식적인 협력 관계를 유지하기 위해 열심히 노력한 결과, 동남아시아 현지에서 일본 자동차 제조업체를 위한 지원 산업 구축을 지원하는 데 동의했다. 이와 마찬가지로 일본 관리들은 타이베이의 관리들과, 예를 들어 수산 자원을 공동 이용하는 협정을 체결하는 방식으로 협력하기 위해 노력해왔다.

독일과 일본을 비교하는 것은 효과적일 수 있지만, 그것은 단지 우리가 서로 다른 요소들이 동일한 효과를 초래한 것에 대해 신중하게 평가할 때에만 그렇다. 두 나라는 각각 매우 다른 경험을 해왔다. 예를 들어 마스다 마사유키는 2차 세계대전으로 황폐화된 유럽이 미국의 자금 지원을 받는 마셜플랜의 혜택을 받았는데, 이 플랜은 프랑스가 독일과 협력하도록 유도했다는 사실을 언급한다. 그는 내게 "그런데 아시아에는 마셜플랜이 없었"음을 상기시켰다.

이 사실은 한 가지 더 큰 차이를 암시한다. 7장에서 요약한 바와 같이, 미국은 2차 세계대전 이후 유럽에서는 다자간 접근을 추구했지만, 아시아에서는 양자 간 '허브앤스포크' 방식을 구축했다.

전자의 경우, 독일을 일련의 협정에 포함시키는 지역 기구들이 결성되었다. 하지만 후자에서는 그러한 기구들이 등장하지 않았고, 일본은 끈질긴 의혹에 노출되었다. 버거(2012: 238)는 이 중요한 차이를 이해하는 것처럼 보이지만, 허이난(2009)과 다른 많은 사람들이 주장한 것처럼 여전히 말과 행동, 또는 '공식적인 서사'를 강조한다.

이 책에서 나는 네 가지 비교 사례를 제시했다. 그중 한 사례는 독일이 유럽석탄철강공동체 결성에 대한 합의문을 작성한 직후, 하지만 동시에 공식적인 사과의 표현이 나오거나 경제적으로 긴밀한 관계가 되기 오래전인 시점에 프랑스와 화해할 수 있었다는 사실을 보여준다. 또 하나는 폴란드의 나토와 유럽연합 가입을 위해 보여준 독일의 일관된 노력이 사과 표현이나 경제 교류 이상으로 양국의 화해에 크게 기여했다는 사실이다. 또한 우리는 일본이 1980년대와 1990년대에는 중국과 한국 측에 공식적인 사과를 밝히고, 과거의 잘못에 대해 보상하기 위해 노력했다는 사실을 보았다. 일본은 1980년대와 1990년대에는 중국의 인프라 사업에 대규모 엔화 차관을 제공했고, 1993년과 2015년에는 2차 세계대전 당시 일본 군인들에게 착취당한 한국 '위안부'들에게 보상하기로 합의했다. 하지만 이러한 사과의 말이나 행동은 아시아 이웃 국가들과의 외교관계를 개선하는 데 도움이 되지 않았다. 마찬가지로 이들 국가와의 경제 교류도 관계 개선에 거의 영향을 미치지 못한 것으로 보인다. 한국 및 중국과 일본의 관계를 파악할 때 중요한 한 가지 상수는 이곳에 공식적인 제도로 정착된 지역주의가 거의 없다는 것이다.

비록 이들 세 나라는 동북아시아와 동남아시아의 13개국이 매년 개최되는 아세안+3개국 회의에는 참여하고 있지만, 어떤 의미 있는 지역 기구에 참여하고 있지 않다. 당연히 그들은 모두 대양을 중심으로 칠레에서 오스트레일리아에 이르기까지 다양한 회원국을 보유하고 있는 아시아태평양경제협력체(APEC)에 속해 있으며, 지리적으로 인도·러시아·미국 등으로 확장된 동아시아정상회의(EAS)에도 속해 있다. 하지만 이 가운데 어느 그룹도 실질적으로 강한 영향력을 가지고 있지 않다. 앞서 언급한 바와 같이 미국은 아시아 국가들이 미국을 포함하지 않은, 실질적이고 영향력 있는 지역 기구에 참여하려는 노력을 좌절시켰다.

국가 간 공식적인 합의는, 상호 협력에 대한 신뢰할 만한 약속, 즉 애초에 어느 한 국가의 일방적인 권력 행사가 이웃 국가에게 유령 같은 불신의 유산을 만들어냈다는 사실을 인식하고 이를 포기한다는 분명한 의지를 보여주는 것이다. 나토는 독일에게, 소련과 그 후속 국가인 러시아를 저지하는 데에서뿐만 아니라, 프랑스와 폴란드 같은 이웃 국가들과 협력해서 지역의 안보를 유지할 수 있다는 것을 보여주도록 기회를 부여했다. 나토 조약은 가맹국들이 과거에 유럽 주요 국가들의 특징을 이루었던 잔혹한 군국주의를 포기하겠다는 약속을 보여준다. 마찬가지로 유럽경제공동체, 유럽 공동체, 그리고 그 후 유럽연합과 같은 지역 통합 프로젝트는 참가국 사이에 무역을 늘리고 농업 종사자들의 부를 증진시키는 것 이상의 역할을 수행했다. 그것은 또한 독일에게 그 지역의 건강과 안녕을 향상시키기 위해 이웃 국가들과 협력할 수 있음을 증명할 기회를 주었다.

분명히 유럽에서 독일이 보인 행동은 항상 상호 협력적이거나 상호간에 희망을 주는 것처럼 보이지는 않았다. 그것은 2010년과 2018년 사이에 그리스를 집어삼킨 경제위기 당시 특히 고통스러울 정도로 명백하게 드러났다. 비평가들은 독일이 때때로 포식자처럼 행동해서, 한편으론 이웃 국가들과의 무역에서 흑자를 크게 늘리면서도, 채무국은 유럽중앙은행으로부터 재정 지원을 받는 대가로 긴축정책을 실시해야 한다고 주장하는 점을 지적했다.[5] 예를 들어 카포라소(2022)는 독일이 자국이 보유한 지역적인 힘을 이용해 독일을 포함한 채권국들을 보호하고, 그리스와 같은 "낭비적인" 채무자들을 처벌한 결과, 일시적으로 전체 유로존을 위험에 빠뜨리고 있다고 지적한다.

그렇기는 하지만 독일은 이 지역에서 소중한, 어쩌면 필수적인 파트너로 여겨지고 있는 경우가 더 많다. 오늘날 이웃 국가들은 독일이 그들이 설정한 공동의 목적을 위해 헌신하고 있다고 믿는다. 독일은 지역 안보를 지키고 지역 번영을 증진시키기 위해 그들과 협력하기로 공식적으로 약속했다. 러시아가 우크라이나를 침공하자 베를린은 즉시 나토에 적극 협력했고, 러시아의 석유와 가스에 위험할 정도로 의존하고 있는 자국의 경제를 부양하고 유럽연합의 안정화를 돕기 위한 정책들을 실시하기로 약속했다.

이 책에서 내가 제시하는 결론이 완전히 새로운 것은 아니다. 제니퍼 린드(2009)는 이미 우리에게 각 국가의 진심 어린 사과는 화해를 이끌어내지 못할 뿐만 아니라, 오히려 국내의 민족주의 세력들로부터 심한 반발을 불러일으킨다고 가르쳐주었다. 그래서 린드의 분석은 공식적인 사과에 뒤따르는 국내적인 후폭풍이 국가 간 관계에 더욱 심각한 손상을 끼칠 수 있다는 점에 주목함으로써, 사과에 대한 통상적인 지혜에 의문을 제기하고 있다. 그러나 린드는 (화해를 위해) 무엇이 효과가 없는지를 우리에게 보여주기는 하지만, 무엇이 효과적인지는 보여주지 않는다.

여기에 미국 바깥의 몇몇 학자들이 마치 나의 주장처럼 들리는 설명을 제공하기 시작했다. 수사修辭가 아니라 지역주의가 화해에 이르는 지름길이다. 독일이 과거의 부담을 극복하는 데 성공한 것은 사과를 표현하는 거창한 제스처 때문이 아니다. 그것은 공식적인 협력이 가져온 결과다. 폴란드인 유스티나 투렉Justyna Turek(2018: 47)은 이렇게 쓰고 있다. 일본과 아시아의 이웃 국가들은 "유럽에서 작동한 메커니즘과 제도를 반영할 수 있다. 이 역할 모델인 유럽통합은 그들에게 영감을 줄 수 있다. (…) 유럽연합은 폴란드와 독일 사이의 화해를 제도적·정치적으로 연장시킨 결과물인데 이는 초국가적 차원에서 이루어졌다."

미래에는 지역주의를 통한 공식적인 협력이 국가 간 관계를 치유하는 힘을 상실할 수도 있다. 왜냐하면 오늘날 전 세계적으로 민족주의가 고조되고 있으며, 이런 추세는 심지어 유럽 애국주의적인 독일에서조차, 우익 세력이 나토와 같은 '서로 뒤얽힌 동맹'이나 유럽연합과 같은 경제통합 프로젝트에 대해 회의주의에 빠지도록 조장하고 있기 때문이다. 이주 노동자와 금융자본의 국제적 이동성에 대해 경각심을 느끼고, 또 정치적 성향을 가진 기업가들에 의해 자극을 받은 토착민주의자들과 세계화 반대론자들은 개방이 아니라 오히려 국경의 강화를 요구하고 있다. 브렉시트는 지구적 트렌드를 보여주는 하나의 예시일 뿐이다. 미국 대통령 트럼프의 재임 기간(2017~2021)은 이와 관련된 또 하나의 예시다.

그의 민족주의적 수사가 전 세계 동맹국들을 동요시키긴 했지만, 트럼프가 어쩌면 (아이러니하지만 우연히) 동북아 화해를 향한 길, 동북아의 국가 간 유대관계를 더욱 공고하게 제도화하는 길을 보여준 것은 아닌지 모르겠다. 만약 그가 내세운 '미국 우선주의'가 미국이 아시아 지역에서 일어나는 모든 사안에서 중심적 역할을 하지 않는 것을 의미한다면, 그래서 미국이 아시아의 주요 사안에서 주변으로 물러난다면, 일본이 전면에 나서서 한국이나 심지어 중국 같은 이웃 국가들과 중대한 합의를 도출하겠다는 정치적 의지를 보여줄 수 있을 것이다. 우리는 이미 2015년에 한일 양국이 체결한 '위안부' 분쟁 해결 협정이나 2016년에 체결한 군사정보 보호협정(중간자로서 미국에 의존하는 방식을 대체하는)이 한일관계에 영구적인 영향은 아니더라도 어떤 긍정적인 효과를 주었음을 관찰한 바 있다. 이와 마찬가지로 일본과 중국의 관계도 2018년에 양국 간 통화 스와프, 공동 연구개발 사업, 동남아시아에서 상호 인프라 협력 제공 등의 협정이 체결된 이후 한동안 다소 개선되었다. 이와 같은 협정들은 특히 협정이 확대·팽창될 때 협력에 대한 그들의 의지가 어느 정도였는지를 보여주고 있다. 나아가 이런 움직임은 일본이 이웃 국가들에게 마침내 신뢰할 수 있는 파트너임을 확인시킬 기회를 제공한다.

그것이 '미국 우선주의'라는 고립주의 기치 아래 추구되지 않는다 해도, 만약 미국에 덜 의존하는 지역 안보 시스템이 아시아에 구축될 경우, 그것은 국가 간 화해에 기여할 수 있을 것이다. 미국이 주도하는 '허브앤스포크' 방식보다는 다자주의가 우호적인 아시아 국가들로 하여금 서로 더 많이 협력하도록 압박할 수도 있을 것이다. 그리고 현재는 5만 명 이상의 미군이 주둔하고 있는 일본에서 미군의 군사력 규모를 축소한다면, 일본은 이 지역에서 더 많은 정책적 자치권을 행사할 수도 있을 것이다. 이런 상황이 온다면, 결국 일본의 이웃 국가들은 상호 화해와 협력 문제를 지금보다 더욱 진지하게 받아들이게 될 것이다.

물론 아시아에서 미군이 철수하거나 심지어 군대 규모를 크게 감축할 경우, 안보상 위험이 발생할 수도 있다. 보다 전통적인 외교정책 입안자인 바이든 대통령은 이런 조치로 인해 군사적 공백이 발생할 수 있다는 사실을 분명히 알고 있다. 그리고 중국이 이 공백을 메우려고 할지도 모른다. 아마도 워싱턴의 민주당 행정부뿐 아니라 아시아의 국가들(일본뿐 아니라 한국, 인도네시아, 말레이시아, 태국, 베트남, 인도 등)도 스스로 그러한 공백을, 적어도 일부는 메울 능력이 있다는 사실을 인정할 것이다. 예를 들어 트럼프 행정부가 1차 공개선언 내용 가운데 하나로 환태평양경제동반자협정을 포기한 이후, 일본을 포함한 태평양 양안 11개 국가들은 명칭이 변경된 무역협정을 체결해 이를 추진했다. (다른 한편 중국은 만약 미국이 탈퇴할 경우 지역의 권력구조에 공백이 발생할 위험이 있다는 사실을 부각시키면서, 동시에 지역에서 자국의 역할을 부각시키려는 듯 포괄적이고 점진적인 환태평양경제동반자협정 가입에 관심을 표명했다.) 이 경우는 미국의 지배를 받지 않는 아시아 지역주의를 보여주는 드문 사례로서, 지금까지 일본이 전후 시기 내내 후견국이었던 미국의 그늘에서 안전하게 벗어날 수 있다는 사실을 보여주었다.

나는 몇 년 전 일본의 가장 날카로운 사회비평가인 다마모토 마사루와 만났던 기억을 결코 잊지 못할 것이다. 그는 아시아 국가들이 일본을 진지하게 받아들이지 않는 것은 일본이 미국의 고객, 어쩌면 미국이 돌보는 어린아이로 남아 있기 때문이라고 주장했다.

그에 따르면 정책 문제에 있어서 일본은 주체의식 없이 마치 무언가를 미국에 간청하는 것처럼 행동하며, 과거에 관해서는 거의 아무것도 기억하지 못하는 것처럼 보인다. 그는 내게 이렇게 말했다. 일본은 "자기 자신의 역사를 가지고 있지 않습니다. 일본이 갖고 있는 것은 미국이 저술한 역사입니다. 우리가 스스로의 미래에 주인공이 되려면, 우리는 자신의 과거를 다시 찾아야 합니다."[6]

# 역자와 저자의 질의응답

〔아래의 질의응답은 이메일을 통해 역자가 질문하고 저자가 답한 내용이다. 서신 교환에서 주고받은 통상적인 도입과 마무리 글은 생략하고, 불필요한 부분을 삭제·요약하거나 최소한의 추가 설명을 덧붙였지만 가능한 한 원문을 그대로 옮겼다. 질의응답에서 드러난 견해 차이와 의문점에 대해서는 마지막에 덧붙인 글을 참고하기 바란다.〕

1. 유럽에서는 역사적으로 국가 간 갈등을 해소하고 세력균형을 유지하기 위해 지역주의를 모색하는 경향이 강했으며, 2차 세계대전 종식과 냉전의 시작은 유럽의 통합 과정을 급진전시켰습니다. 그런데 이 과정은 각 관련국의 이해관계, 특히 미국의 전후 유럽 구상, 경제 현대화를 추진하는 이웃 국가들과의 관계 정상화가 절실했던 독일의 서방통합west integration 노선이 적절히 중첩된 결과였다고 생각합니다. 그런데 지역주의 확립에 유익했던 이와 유사한 역사적 배경이 아시아에는 존재하지 않았습니다. 따라서 지역주의 관점에서 보이는 두 지역의 차이를 미국의 문화적·인종적 편견이나 외교정책의 차이만으로 설명하는 것은 다소 미국 중심적이라는 생각이 듭니다.

이것은 질문이라기보다는 (다소 도전적이지만 흥미로운) 논평으로 보입니다. 당신은 아시아(한국, 일본, 타이완, 태국, 인도네시아 등)의 국가적 관심사와 유럽(독일, 프랑스, 베네룩스, 이탈리아, 폴란드 등)의 국가적 관심사는 다르다고 말했습니다. 하지만 나는 여기서 제시된 사례들이 두 지역의 차이를 설명하는 주요 변수는 아니라고 생각합니다. 종전 직후 냉전 시기에 미국이 아시아에서 추구한 정책적 목표(공산주의의 확산 봉쇄)는 유럽에서와 같은 것이었지만, 아시아에선 유럽과 달리 '허브앤스포크' 방식으로 진행되었습니다. 그리고 당시 한국은 프랑스 못지않게 경제 현대화를 본격적으로 추진하고 있었고, 일본은 독일 못지않게 이웃 국가들과 경제적 유대를 맺고 싶어 했습니다(1954년 콜롬보 계획을 시작으로). 물론 나는 도쿄 국제 전범 재판에서 승전국들이 일왕을 기소하지 않기로 한 결정이 아시아의 일본이 유럽의 독일과는 다른 길을 가도록 조장했다는 점에는 동의합니다.

2. 2차 세계대전 후 20년 동안 독일은 자국의 침략 행위에 대해 프랑스에 공식적으로 사과한 적이 없지만, 이 기간에도 기꺼이 유럽석탄철강공동체나 나토 같은 지역주의 구축에 적극적으로 참여함으로써 이웃 국가들의 신뢰를 확보할 수 있었다는 당신의 주장은 매우 중요한 논점을 포함하고 있습니다. 사실 전후 20년은 독일의 과거 청산 역사에서 '침묵의 시기'에 속하지만, 그 배경에 점령 연합국에 의한 가혹할 만한 나치 청산이 있었으며 독일인들의

인식 속에 '홀로코스트 의식'(가해자로서의 죄의식)이 깊고 폭넓게 뿌리내렸다는 사실을 간과해서는 안 된다고 생각합니다. 따라서 공식적인 사과 표현이 화해하는 데 그리 중요하지 않다는 논지를 뒷받침하는 증거로 당시 독일 정부의 침묵을 제시하는 것, 그리고 독일 정부의 침묵을 같은 시기 일본 정부의 침묵과 비교하는 것은 다소 무리가 있어 보입니다. 이에 대해 어떻게 생각하시는지요?

당신은 유럽 유대인 대학살에 대한 세계적인 분노(동성애자, 로마인, 장애인, 공산주의자, 사회주의자 등의 대량학살에 대한 분노만큼은 아니지만)에 따라 형성된 독일인들의 가해자 의식, 즉 '홀로코스트 의식'을 일본과 독일의 차이를 설명하는 중요한 요인으로 지적하고 있다고 생각합니다. 하지만 나는 여기서 다음과 같은 문제를 함께 고려해야 한다고 생각합니다. 중국계 미국인 역사가 아이리스 장Iris Chang과 중국 정부는 난징 대학살을 홀로코스트와 동일시하려고 노력했지만, 내 생각에 일본은 독일이 유럽의 유대인들에게 가한 것과 비교될 만한 만행을 저질렀다고 보기 어렵습니다.

더 중요한 것은 이 책이 한 국가에 의한 다른 국가의 침략, 식민지화, 분열 등이 종식된 후에, 관련 국가들이 어떻게 하면 서로 화해할 수 있는가에 초점을 맞추고 있다는 점입니다. 경험적으로 독일이 사과의 제스처를 취하기 오래전에 이미 프랑스와 화해를 이루었다는 것은 자명한 사실입니다. 또한 독일이 폴란드에 공식 사과

한 것도 독일이 지역 기구를 통해 폴란드와 협력하기로 한 약속만큼 폴란드의 여론을 우호적으로 만드는 데 기여하지는 않은 것으로 보입니다.

3. 종전 직후 독일은 국가로서 생존하기 위해 이웃 국가를 존중하고 그들과의 협력을 강화해서 지역주의를 구축해야 하며, 그 전제조건으로서 과거사를 철저히 반성해야 한다는 거대한 현실정치적 압박감을 갖고 있었습니다. 반면 일본은 아시아에서 양자주의('허브앤스포크')를 채택한 미국의 정치적·군사적 우산 아래 있게 되어 과거사에 대한 철저한 청산을 거칠 필요가 없이 세계적 강국으로 급속히 부상했습니다. 그래서 어떤 평자들은 일본이 과거사를 청산하도록 압박하는 데 필요한 '골든타임은 이미 지났다'는 암울한 전망을 갖고 있으며, 이것이 동북아시아의 양국 화해에 중대한 걸림돌이라고 생각합니다. 이에 대해 어떻게 생각하는지 궁금합니다.

이 문제에서 우리의 관점이 근본적으로 차이를 보인다고 생각합니다. 1970년대 브란트가 이끄는 사민당(SPD)이 집권하기 이전의 독일은 과거사를 진지하게 성찰하지 않았습니다. 1950년대와 1960년대 독일의 지도자들, 특히 아데나워 시절의 독일 지도자들은 재건과 부흥에 집중하면서 자신들의 과거를 이해하는 데에는 몰두하지 않았듯이, 과거사 극복Vergangenheitsbewältigung에 대해서도 별로 깊이 생각하지 않았습니다. 당시 독일과 일본 두 나라 모두에서 평화주의적인 태도는 두드러졌지만, 반성적인 태도는 별로 없었습니다.

나는 일본이 과거사에 대해 반성을 시작한 것이 독일보다 10년 정도 늦었다는 데에는 동의합니다. 하지만 책에서 언급했듯이, 1980년대가 되자 나카소네 같은 보수적인 자민당 지도자들조차 과거 침략에 대해 사과를 표명했지만, 많은 사람들은 이 사과가 다소 모호하고 진심 어린 반성이 아니라고 생각했습니다. 그리고 1990년대에 들어서면서 반성의 표현들이 조금씩 '진일보'했지만, 그 무렵에도 한국과 중국에서 반일감정은 줄어들지 않고 오히려 커졌습니다. 나아가 나는 일본이 이미 지역적·세계적 강대국으로 성장했기 때문에 과거사 청산 가능성이 희박해졌다는 당신의 견해에 동의하기 어렵습니다. 독일도 일본과 마찬가지로 이 시기에 세계 강대국으로 성장했지만, 이 사실이 과거사 청산 노력에 부정적 영향을 주지는 않았습니다.

4. 유럽 지역주의의 발전, 즉 유럽통합을 가능하게 한 주요 배경 가운데 하나는 냉전입니다. 소련의 팽창에 직면해서 (특히 독일을 포함한) 유럽의 재건이 필요했고, 그 과정에서 유럽통합이라는 제도적 장치가 추진된 것입니다. 그런데 만약 당신이 오늘날 한일 화해를 위해 필요하다고 여기는 지역주의의 모델로 이른바 신냉전적 지역주의, 즉 오늘날 중국을 냉전기 소련과 동일시하는 관점에서 지소미아(군사정보보호협정)와 같이 미국과 일본을 축으로 하

는 반중 지역주의를 구상한다면, 이는 오랜 역사를 통해 긴밀한 관계를 유지해온 한국과 중국 사이에 심각한 갈등을 초래할 것입니다. 나는 전후 냉전과 달리 미·중 갈등은 동아시아에서 지역주의를 구축하는 데에 심각한 장애 요인이지 촉진 요인이 아니라고 보는데, 당신의 생각은 어떤지요?

2차 세계대전이 끝난 후 아시아도 유럽과 마찬가지로 냉전시대의 동력에 직면했습니다. 사실 소련이 어느 정도는 아시아의 강대국이기도 했기 때문에, 소련과 중국은 아시아에 있는 미국의 동맹국들에게 유럽과 유사하거나 혹은 그 이상의 위협을 가했습니다(베트남이 냉전시대 공산주의 정권과 자본주의 정권 사이의 가장 중대한 '뜨거운' 전쟁터였다는 사실을 상기할 필요가 있습니다).

나는 아시아에 미국이 지배하는 반중국 지역주의가 필요하다고 주장하는 것이 아닙니다. 오히려 (워싱턴을 지배하는 공화당과 민주당 양당이 추진하는) 그런 전략이 아시아 지역과 세계에서 평화의 전망을 해칠 것이라고 생각합니다(그리고 나는 이 전략이 한국의 경제적 이익을 해칠 것이라는 점에도 동의합니다). 나는 단지, 경험적으로 볼 때 동아시아는 지난 70여 년 동안 유럽이 누려왔던 것과 같은 공평한 (혹은 수평적인) 다자주의를 누리지 못했고, 그것이 지역의 화해를 저해하고 있다고 주장하는 것일 뿐입니다.

5. 당신은 이 책에서 '일본은 과거에 그들이 중국과 한국에서 저지른 만행에 대해 반복적으로 사과를 표명했지만, 상호 화해에는 아무 소용이 없었다'라고 주장했습니다. 그런데 상호 화해를 위해서 정부 고위 인사들의 공식적인 사과는 물론 중요하지만, 정부의 공식 담화가 그 사회의 전반적인 역사 문화로 정착되지 않는다면 그것은 단지 일시적인 정치적 수사에 불과하다는 비판이 제기될 수 있습니다. 독일 사회에서는 정부의 공식적인 사과가 드물었던 시기 동안에도 진보적인 사민당 같은 정당이나 역사학계를 비롯한 비판적 사회집단들이 꾸준히 과거사를 반성하는 역사 문화를 만들었습니다. 그런데 이와 달리 독도 영유권 주장, '위안부' 부정, 야스쿠니 신사 참배가 빈번하게 이루어진 일본에서는 정부의 공식적인 사과 성명이 반복된다고 해도 그것만으로는 이웃 국가의 신뢰를 얻기 어려웠다고 생각합니다. 일본의 군사 대국화 정책이나 일본 사회의 전반적인 우경화 역시 지역주의 구축이나 이웃 국가들과의 화해에 커다란 걸림돌입니다. 이에 대해 어떻게 생각하시는지요?

이 책에서 좀 더 효과적으로 다루었으면 좋았을 유익한 문제점이라고 생각합니다. 비록 일본의 관리들이 계속해서 진지한 반성의 언어를 사용했을지언정 우익 민족주의자들이 이를 훼손하려 한 것이 사실입니다. 그리고 일본 사회의 일부에서는 역사 수정주의 교과서 채택(그러나 이를 정식으로 채택한 학교는 극소수입니다), 저명한 정치인들의 야스쿠니 신사 참배, 그리고 역사에 대한 터무니없는 거짓말을 조장하는 산업, 일종의 '역사 부정 산업' 등이 존재합니다. 그러나 내가 생각하기에 많은 한국인들과 중국인들은 일본에서도 과거 일본의 전쟁범죄, 특히 2차 세계대전 중 성노예의 잔인한 착취에 초점을 맞춘 강력한 반전反戰과 진보 운동이 일어나고 있다는 사실을 인정하지 않고 있습니다. 예를 들어, 당신은 도쿄에 있는 여성활동박물관(wam-peace.org/en)에 대해 알고 있습니까? 그리고 독일에도 연방의회 내에 민족주의 우파를 대변하는 정당인 '독일을 위한 대안당Alternative für Deutschland'이 존재한다는 사실에 주목할 필요가 있습니다. 그들은 오늘날 일본의 어떤 극우단체보다도 훨씬 더 강합니다(그리고 자민당은 분명히 보수적이고 그들 내부에 일부 초민족주의자들이 있기는 하지만 극우 정당은 아닙니다).

나아가 한 나라의 정부가 다른 나라에 공식적으로 사과할 때 초래하는 위험 중 하나는 국내의 우익 민족주의자들을 자극한다는 것입니다. 심지어 오바마 전 미국 대통령도 2019년 카이로를 방문했을 때 그동안 미국이 중동에서 보인 행위에 대해 자기비판적인 발언을 했다가, 그런 경험을 했습니다. 미국의 우익 민족주의자들로부터 격한 반발을 샀지요.

마지막으로, 일본이 방위비를 대폭 인상한다고 해도 일본이 우경화될 위험은 없다고 생각합니다. 일본 국민은 군국주의에 대해서는 다른 어떤 나라 국민들보다 훨씬 더 회의적입니다. 독일 국민도 마찬가지라고 생각합니다.

## 여전히 남은 문제들…

위에 수록한 저자와의 긴장감 넘치는 대화에서 드러났듯이, 행정
학자이자 정치학자인 저자와 독일역사학자인 나의 생각은 여러 측
면에서 뚜렷한 차이를 보인다. 이 책에서 다루는 핵심 문제는 '전
후 독일은 그들의 침략을 당했던 유럽 국가들과 화해했는데, 왜 일
본은 아직도 한국 및 중국과 화해하지 못했을까?'이다. 이에 대해
저자는 '지역주의가 확립되었는지, 그리고 그 과정에 관련국, 즉
독일과 일본이 어떤 역할을 했는지'에서 답을 찾을 수 있다고 주장
한다. 그러므로 지속적인 반성이나 사과 같은 요인보다 지역주의
를 구축하고 확립하는 것이 화해를 달성하는 핵심 열쇠라는 것이
이 정치학자의 해답이다. 여기서 일본의 의지가 물론 중요하지만,
미국이 이 해법을 수용하지 않을 것이므로 어려울 수 있다는 암울
한 전망과 함께.

  나는 위안부 협정이나 지소미아의 긍정적 측면, 일본 사회의 우
경화 문제에 대한 지나친 낙관, 일본 사회 내 비판적 사회집단의
영향력에 대한 평가, 독일 우익 세력과의 비교 등 여러 가지 세부
사항에서 저자의 견해에 동의하지 않는다. 국가 지도자가 과거사
에 대해 지나치게 자기비판적인 자세를 보일 때 민족주의 세력의
반발을 부를 수 있다는 주장 역시 동의하기 어렵다(독일은 통일 이후
에도 과거사 청산에 적극적이지 않은가?). 또한 저자의 논지에서 핵심을

차지하는 지역주의 문제와 관련해서도, 저자가 유럽의 지역주의 전통이나 전후 상황을 너무 단순하게 아시아와 비교하고 있지 않나 하는 생각이 든다. 사실 전후 질서를 재편하는 과정에서 유럽에서는 (전쟁 피해국들이 다수 참여하는) 다자주의가 독일의 과거사 청산과 화해 정책에 강력한 압박과 동력을 제공했지만, 아시아에서는 전후 한국을 비롯한 피해국들의 열악한 상황과 미국이 일방적으로 주도하는 양자주의로 인해 일본에서 과거사 청산이 별 동력을 얻지 못했다는 것은 이미 잘 알려진 사실이다. 또한 미국이 지배하는 양자주의의 문제점을 지나치게 강조할 경우, 과거사 청산이나 이웃과의 화해를 위한 일본의 의지와 책임이 그늘 속에 가려질 수도 있다.

하지만 유럽에서 전후 다자주의로 인해 확립, 발전된 '지역주의'가 과거라는 유령을 벗어나 상호 화해와 평화를 달성하는 데 결정적인 역할을 했다는 이 책의 핵심 논지는 우리에게 매우 중요한 시사점을 준다고 생각한다. 물론 저자도 회의적으로 전망했듯이 과연 전후 강대국으로 부상한 일본이 미국의 허브앤스포크 전략에서 벗어나 아시아에서 유럽과 같은 수평적인 지역주의를 구축하는 데 적극적인 역할을 수행할 의지가 있는지, 그리고 그것을 관철할 수 있을지가 관건이 될 것이다.

# 주

## 1장 서론

1. 2차 세계대전 이래 45년 동안, 유럽에서 한때 지배적이었던 내륙국가 독일은 자본주의 적인 친미 서독과 공산주의적인 친소 동독으로 분열되어 있었다. 여기서 동독은 독일의 피 묻은 과거를 아주 단순한 방식으로 취급했다. 즉 아예 다루지 않았다. 공언된 반파시 스트 국가로서 동독은 자신들은 깨끗하다고 선언했다. 나치즘이 남긴 얼룩은 오직 본(서 독의 수도)에만 남아 있다는 것이다. 그렇다면 프로이센과 그 공모자들에 의해 단행된 폴란드 분할과 같은 이전의 악행은 어떠한가? 그것도 마찬가지로 다른 곳에서 일어난 것 이다. 지금과는 완전히 단절된 시대였다. 따라서 이 책에서 언급하는 독일은 2차 세계대 전이 끝난 후부터 1990년까지 존속했던 '서독'을 뜻하며, 그 이후에는 통일된 국가인 독 일연방공화국을 지칭한다.

2. 에벨린 린드너(Evelin Lindner)는 존엄성/굴욕 분야에 관한 연구를 개척했다. 이 연구는 화해를 향한 역동적인 외침이나 신드롬을 만들어내는 일부 유형(모든 유형은 아닌)의 사 건을 이해하는 데 도움을 준다. 특히 Lindner(2006)를 참조하라.

3. 북아일랜드에 대한 연구에서 Love(1995)는 화해가 참회와 용서에서 나온다고 주장한 다. 이와 마찬가지로 Feldman(2006)은 화해를 이루기 위해서는 "가해자가 공개적인 행 위, 즉 예를 들어 공식적 또는 비공식적 사과, 새로운 관계를 원한다는 의지가 담긴 진술 과 법적 행위, 잔학행위가 자행된 장소에 대한 상징적 방문 등을 통해 피해자가 겪은 고 통의 본질을 인정해야 한다"고 주장한다.

4. 1994년 대량학살을 종식시키고 키갈리에 권위주의적인 정부를 수립한 투치족이 이끄는 르완다애국전선(Rwandan Patriotic Front)은 그 나라 전체에서 치유를 촉진하기 위해 현지 상황에 적용된 방식의 '진실과화해위원회'를 도입했다. 가차차(gacaca, '장로의 나 무 아래 풀밭'이라는 뜻) 재판은 마을 사람들에게 학살에 가담한 후투족 사람에 대한 불만을 제기할 수 있도록 허용했지만, 그들을 조직하지는 않았다. 그리고 비난의 대상이 된 피고인들에게는 혐의에 대해 반박하거나, 이를 인정하고 피해자에게 사과할 기회를 주었다.

5. 이러한 개념 구분은 George(2000)에서 가져왔다.

6. 정치학자 이외의 많은 학자들도 비슷한 접근법을 채택했다. 예를 들어 사회학자인 올릭과 코글린(Olick and Coughlin 2003)은 국제사회가 지역 정체에 불안을 조장한 국가들에게 그들이 과거에 저지른 만행에 대해 공개적으로 사과하도록 압력을 행사할 것을 제안한다.

7. CBOS, "Stosunek do innych narodów"(다른 국가들과의 관계): https://www.cbos.pl/SPISKOM.POL/2022/K_021_22.PDF 참조.

8. Genron NPO, "Public Opinion of Japan Drastically Falls among Chinese People in the Previous Year," October 28, 2021: https://www.genron-npo.net/en/opinion_polls/archives/5587.html 참조.

9. 예를 들어 https://www.theguardian.com/world/2015/mar/11/greece-sours-german-relations-further-demand-war-reparations 참조.

10. 유럽 유대인에 대한 나치의 집단학살은 특수한 사건일 수 있다. 그러나 더 중요한 것은 그것이 1948년까지 자체 민족 국가를 가지지 못했던 소수 인종 집단에 대한 공격을 나타낸다는 것이다(그리고 히틀러의 표적이 된 유럽 유대인들 가운데 많은 수가 독일인, 즉 독일 국적이었다). 만약 이스라엘이 2차 세계대전 중 독일의 공격을 받은 유럽 국가였다면, 나는 분명히 이스라엘을 이 연구에 포함시켰을 것이다.

11. 2009년 8월 5일, 서울에서 진행한 인터뷰.

12. 2006년 4월 22일, 베를린에서 진행한 전화 인터뷰.

13. 이런 주장은 상업적 평화(Pax Mercatoria)에 대한 믿음을 반영하고 있다. 다음 자료를 참조하라. Oneal and Russett(1999); Polachek(1980); Rosecrance(1986).

14. 2005년 이래 튀르키예는 형법 제301조에서 국가를 모욕하는 연설을 금지했다. 이 조항은 1915년 아르메니아인 학살을 자행한 오스만 제국 지도자들을 비난했던 국내 저명인사들에게 적용되었다.

15. 오바마는 또 다른 미지근한 연설들에서 미국이 과거에 실수를 저질렀다는 사실을 인정해서 보수진영을 발칵 뒤집어놓았다. 예를 들어 Gardiner and Roach(2009) 참조.

16. 헬무트 콜 총리가 1994년 5월 27일 독일 의회에서 한 연설. *Bulletin, Presse-und Informationsamt der Bundesregierung*, May 30, 1994, 478(Banchoff 1997에서 인용).

17. 2006년 4월 6일 내게 보내온 이메일.

18. 2011년 7월 12일 도쿄에서 진행한 인터뷰; 그리고 2021년 9월 20일에 내게 보내온 이메일.

## 2장 두 지역의 피로 물든 역사

1. 여기에 독일 도시들에 대한 연합군의 공습(1945년 2월의 드레스덴 공습 같은)과 일본

도시들에 대한 미국의 공습(1945년 3월, 10만 명의 민간인이 불에 타 죽은 도쿄 공습 같은)을 포함할 수도 있다.

2. 2009년 7월 8일 파리에서 진행한 인터뷰.

3. 로수(Rosoux, 2001: 193)는 특히 프랑스 엘리트들이 새롭고 더 나은 시대에 더 적합한, 보다 긍정적인 기억을 구축하고자 애쓰면서, 프랑스와 독일 사이의 오래된 적대관계를 형제간의 분쟁으로 어떻게 재구성해왔는지를 잘 기록하고 있다. 그녀의 기록에 따르면, 프랑수아 미테랑은 1차 세계대전과 2차 세계대전을 "유럽의 내전"이라고 언급했다. 그리고 자크 시라크는 이 두 전쟁을, 1914년에 시작된 "기나긴 동족상잔의 전쟁"이라고, 일괄적으로 회상했다.

4. 전간기 프랑스 역사 교과서들을 조사하는 과정에서 Siegel(2002)과 Shapiro(1997)에 크게 의지했다.

5. "Conférences pédagogiques du canton de Montpon: Registre des procèsverbaux, 1880-1925," Archives departmementales de la Dordogne (ADD) 4/T/107, Siegel(2002: 781)에서 인용.

6. 여기서 나의 목표는 그러한 주장들의 진실성을 입증하는 것이 아니라, 단지 그러한 주장들이 프랑스 국민들에게 널리 수용되고 공유되었다는 것을 보여주는 것이다. Hull(2005)은 '군사문화'로서 독일사의 특수성(sonderweg)을 대표하는 가장 강력한 논거를 제시했다.

7. Malet and Grillet(1925: 1082)에 수록된 고등학교 교사이자 참전용사인 쥘 이삭(Jules Isaac)의 증언에서 인용.

8. 1946년 7월 28일 바르르뒤크에서 한 연설, Gildea(2002a: 66)에서 인용.

9. Gildea(2002b: 14) 참조.

10. 1806년에 나폴레옹이 바르샤바를 프로이센의 통치로부터 해방시켰다.

11. Ritter(1968: 180) 참조.

12. Blackbourn(2000: 8) 참조.

13. Davies(1982: 124) 참조.

14. 몰로토프-리벤트로프 '불가침' 조약에 대한 이 비밀 의정서의 존재는 1945년, 베를린이 함락된 지 한참 후까지 밝혀지지 않았다. 1989년 미하일 고르바초프 대통령이 위촉한 수사팀이 조사 결과를 발표할 때까지, 소련은 이 의정서에 참여한 사실을 부인해왔다.

15. 이 역사 서사는 Kulski(1976)와 Central Commission for the Investigation of German Crimes in Poland(1982)에 상당 부분 의존하고 있다.

16. 1895년에 러시아, 프랑스, 독일은 서로 협력해 일본이 중국의 랴오둥반도에 대한 통제권을 포기하도록 압력을 가했다. 랴오둥반도는 중일전쟁 후 체결된 시모노세키 조약에서 일본이 획득한 전리품이었다.

17. Okamoto(1970: 119)에서 인용.

18. 2012년 10월 10일에 도쿄에서 이 주제와 관련 주제에 대해 쇼지 쥬이치로(莊司潤一郎)와 인터뷰했다.

19. 2006년 서울을 방문했을 때 우연히 그 표지판을 발견했다. 그런데 왕궁과 왕궁 터를 수리, 복원한 뒤인 2018년에 다시 방문했을 때는 그 표지판을 찾을 수 없었다.

20. 통계는 Kim Sang-hyon, Chae-il Hanguk-in(재일한국인) (Dankuk Research Institute Press, 1969)에서 가져왔다: 38. Lee(1990: 64)에서 인용.

21. 역사가들은 일본이 점령한 아시아 전체에 약 20만 명의 '위안부'가 있었으며, 그중 절반이 한국인이었다고 추정한다.

22. Keene(1971: 264)에서 인용.

23. 난징대학살기념관은 이 숫자를 매우 자주, 극적인 방식으로 반복해서, 그 숫자가 이곳을 방문하는 사람들의 의식에 깊이 새겨지게 한다. 한 전시관은 바닥에 물웅덩이가 하나 있고, 벽에는 중국인 희생자들의 작은 사진들이 보이는 어두운 방으로 꾸며져 있다. 배경에서 시계가 째깍째깍 움직이고, 12초마다 다른 얼굴의 사진이 커지면서 물 한 방울이 똑 소리를 내며 웅덩이 안으로 떨어진다. 낙숫물 소리 전시관의 이름 '12초'를 새긴 한 표지판은 학살이 이루어진 방식을 전해준다. 일본군이 6주 동안 30만 명을 학살했다는 것이다. 12초마다 한 명씩 살해한 셈이다.

24. 나는 2011년 7월 16일에 이 박물관을 방문했다.

25. 운 좋게도 나를 지지해주는 친구들이 있다. 예를 들어 Ragin 1987; Van Evera 1997 참조.

26. 2021년 독일의 1인당 (명목상) GDP는 5만 788달러, 프랑스는 4만 5028달러, 폴란드는 1만 7318달러(독일의 3분의 1 수준을 조금 넘는다)였다. 2021년 일본의 1인당 (명목상) GDP는 4만 704달러, 한국은 3만 5196달러, 중국은 1만 1891달러(일본의 4분의 1을 조금 넘는다)였다. 이 통계는 IMF의 World Economic Outlook database에서 가져왔다.

## 3장 독일과 프랑스

1. Herf(1997: 282)에서 인용.

2. European Union, "Declaration of May 9, 1950," europa.eu.int/abc/symbols/9-may/decl_en.htm

3. 2009년 7월 6일 파리에서 진행한 인터뷰.

4. 독일과 프랑스의 화해에 대한 자신의 비전을 홍보하기 위해, 로방은 1945년에 국제연락문서사무소(Le Bureau International de Liaison et de Documentation)라는 조직을 만들었다. 파리에 본부를 둔 이 단체는 3년 후에 국경 너머 독일 루트비히스부르크에 설립된 또 다른 유사단체 독일-프랑스 연구소(Deutsch-Französisches Institut, DFI)의 모델이 되었다.

5. Maillard(1990: 89)에서 인용.

6. Acheson(1969: 552)에서 인용.

7. Hitchcock(1998)은 프랑스가 미국이 추진하는 새로운 냉전 전략의 일환으로 독일을 수용하도록 강요당했다는 지배적인 견해에 동의하지 않으며, 유럽통합은 처음부터 프랑스의 계획이었다고 주장한다.

8. Campbell(1989: 61)에서 인용.

9. Marcussen et al.(1999: 622)에 의해 인용됨.

10. https://www.annuaire-mairie.fr/jumelage-allemagne.html 참조.

11. https://www.fgyo.org/resources-publications/fgyo-self-portrayal-short-version.html 참조.

12. 2006년 4월 20일에 베를린에서 셰퍼와 처음 인터뷰를 했고, 2021년 10월에 이메일을 통해 후속 대화를 나누었다. 인용문은 그 후속 대화에서 가져 온 것이다.

13. 여기서 미테랑은 사실 콜 총리가 아니라 독일 외무부 장관이던 한스디트리히 겐셔에게 이야기하고 있었다. 인용문의 출처는 Attali(1995: 364).

14. 특이한 경우지만, 1998년 프랑스 월드컵 축구 경기에서 독일 훌리건들이 프랑스 경찰관을 난폭하게 공격했다. 피해자들은 나중에 유로 2016 개막전에서 주최 측 독일로부터 주빈으로 초청받았다. https://www.dailymail.co.uk/sport/sportsnews/article-3638192/Germany-welcomesformer-French-policeman-victim-1998-World-Cup-hooliganism-Euro-2016-opening-game.html 참조.

15. 2003년 1월 20일, 〈피가로〉와의 인터뷰, Martens(2003: 41)에서 인용.

16. Lizzy Davies, "Merkel Joins Sarkozy at Armistice Ceremony in Paris," *Guardian*, November 11, 2009 참조.

17. *Guardian*: https://www.theguardian.com/world/2018/nov/13/merkeljoins-macron-in-calling-for-a-real-true-european-army 참조.

18. *Financial Times*: https://www.ft.com/content/1dc45d1c-36bf-11e9-bb0c-42459962a812 참조. 또한 *Politico*: https://www.politico.eu/article/french-german-economists-launch-their-own-eurozone-plan/에 보도된 것처럼, 국가 차원의 협상은 프랑스-독일 경제인들에 의해 촉진되었다는 사실도 주목하라.

19. *New York Times*: https://www.nytimes.com/2019/01/22/world/europe/france-germany-eu.html 참조.

20. https://www.gmfus.org/news/transatlantic-relations 참조.

21. 린드는 사실 한걸음 더 나아가, 사과는 그것이 국내 여론의 반발을 자극할 경우에 다른 공인들이 과거사를 부정하도록 유도함으로써 결국 유익하기보다는 오히려 해를 끼칠 수 있다고 주장했다. 그녀는 특히 한국과 일본의 관계를 언급하면서 사과의 실질적인 효과(net effects)는 부정적일 수 있다고 암시했다.

22. Deutscher Bundestag, *Stenographische Berichte, erste Wahlperiod*, September 27, 1951: 6697~6698에 수록된 아데나워의 연설 참조.

23. 린드(2008: 109)는 당시 독일인 가운데 오직 11퍼센트만이 이스라엘에 대한 배싱을 지지했다고 적고 있다. 시민들은 유대인이 아니라, 독일인의 고통에 관심을 집중하고 있었다.

24. 이 부분은 Olick(1993)에 크게 의존하고 있다.

25. Herf(1997: 271)에서 인용.

26. 2009년 7월 22일 베를린에서 진행한 인터뷰. 올릭(Olick, 1998: 551)은 이런 해석을 지지한다. 그는 1960년대 후반에 "도덕적인 국가로서의 독일"이라는 새로운 이미지가 생겼다고 말한다. "1950년대와 달리, 신세대는 기꺼이 과거와 대면하고, 과거에서 급진적인 교훈을 이끌어낼 의지가 있었다."

27. Herf(1997: 344~345)에서 인용.

28. 2009년 7월 22일 베를린에서 진행한 인터뷰.

29. 프랑스 외무부 홈페이지 참조: https://www.diplomatie.gouv.fr/en/country-files/germany/france-and-germany/

30. 2018년 후반, 유라티브(Euractiv)는 프랑스에 진출한 독일 기업의 수가 4500개에 가깝다고 추정했다; https://www.euractiv.fr/section/economie/news/la-france-seduit-davantage-les-investisseurs-allemands/ 참조. 최근 독일에 대한 프랑스의 투자에 관해서는 https://amp2.handelsblatt.com/german-connection-french-industry-has-a-preference-for-germany/23583306.html 참조.

31. OECD.Stat에 수록된 "FDI flows by partner country"에 관한 OECD 통계 참조.

32. Moravcsik(1998: 104)에서 인용.

33. 2006년 4월 22일 전화 인터뷰.

34. 1994년 5월 27일 헬무트 콜의 연설, *Bulletin, Presse-und Informationsamt der Bundesregierung*, May 31, 1994, 478.

35. Heuser(1998: 221)에서 인용.

36. 2009년 7월 8일 파리에서 진행한 인터뷰.

37. 2009년 7월 10일 디종에서 진행한 인터뷰.

38. 2009년 9월 2일 전화 인터뷰.

39. 2009년 7월 7일 파리에서 진행한 인터뷰.

**4장 일본과 한국**

1. East Asia Institute and Genron NPO, "The 9th Japan–South Korea Joint Public Opinion Poll (2021)", http://www.eai.or.kr/main/english/program_view.asp?intSeq=20810&code에 수록. 이 수치(39퍼센트)는 한국인의 44퍼센트가 일본을 군사적 위협으로 보았던 2020년보다 낮은 것이며, 2015년에는 58퍼센트에 이르렀다.

2. Asan Institute for Policy Studies, "South Koreans and Their Neighbors," April 2019: 8. https://en.asaninst.org/contents/south-koreans-and-their-

neighbors-2019/ 참조.

3. 적지 않은 응답자들(39퍼센트)은 어느 편을 들지 선택하지 않았다. https://www.japantimes.co.jp/news/2019/11/08/national/politics-diplomacy/nearly-half-south-koreans-back-north-vs-japan/

4. 2009년 7월 9일 브뤼셀에서 진행한 인터뷰.

5. 2009년 8월 3일 서울에서 진행한 인터뷰; 그리고 2021년 9월 5일에 주고받은 이메일.

6. 〈조선일보〉, 1949년 6월 8일자.

7. *Mainichi Shinbun*, December 21, 1955.

8. Wakamiya(1998: 194) 참조.

9. World Bank, "World Integrated Trade Solution"(WITS) 데이터 참조; Kimura(2013)도 참조하라.

10. 2009년 8월 4일에 나는 서울에서 한국정신대문제대책협의회 대표인 윤미향과 인터뷰했다. 인터뷰는 영어, 일본어, 한국어(통역)로 진행되었다. 당시 윤미향은 내게 이렇게 말했다. "일본은 이것이 전쟁범죄, 반인륜범죄라는 사실을 인정해야 합니다. 지금까지 일본은 그저 립서비스를 해왔을 뿐입니다." 그녀는 국회의원이 된 후인 2020년에 생존한 '위안부' 피해자 중 한 명으로부터 '위안부' 문제를 개인적·정치적으로 이용했다는 이유로 고발당했다. https://www.koreatimes.co.kr/www/nation/2020/05/356_290099.html

11. 이 담화는 1993년 8월 4일 미야자와 총리 산하 관방장관 고노 요헤이가 발표한 것으로, '위안부' 역사 문제에 대한 일본 정부의 공식 입장으로 계속 이어지고 있다. 고노 담화에는 사과 외에도 다음과 같은 세 가지 중요한 내용이 담겨 있다. (1) 일본군은 실제로 전시 '위안소'를 설치하고 운영하는 데 직간접적인 역할을 했다. (2) 민간 및 공무원은 "자신의 의지에 반하여" 이러한 장소에서 일할 여성을 모집한 경우가 많았다. (3) 그 여성들은 "강압적인 분위기 속에서 이 위안소에서 비참하게 살았다." 이 담화문은 일본 외교부 홈페이지에서 확인할 수 있다. https://www.mofa.go.jp/a_o/rp/page25e_000343.html

12. *Yomiuri Shinbun*, December 23, 2013.

13. *The Economist*, "Japan and South Korea: Remember the Noses," Feb. 17, 1996: 35.

14. BBC, "Attack on Japan Ministry Website," March 31, 2001.

15. "Cup cohosts' ties thaw, at least on individual level," *Japan Times*, June 29, 2002: 3.

16. World Bank, *World Integrated Trade Solution*(WITS) 참조.

17. *Nikkei Weekly*, April 29, 2002.

18. McLelland(2008) 참조.

19. Soh(2003: 164~171)는 이런 이야기를 상세히 언급하고 있다.

20. 예를 들어 〈아사히신문〉, 2010년 3월 25일자에 실린 "Panel Still Bickers over History Issues" 기사 참조. 좀 더 학술적이고, 일본-한국의 교과서 협의를 독일-폴란드 교과서

협의와 비교하는 분석을 위해서는 Sakaki(2012)를 참조하라.

21. 서대문형무소는 현재 한국인, 특히 청소년들에게 일제강점기를 교육하기 위해 설계된 박물관이다. 피로 물든 사진들과 섬뜩한 전시물로 가득한 전시관은 한국에 대한 자부심을 키우는 동시에 일본에 대한 적대감을 고무하고 있다.

22. 〈중앙일보〉, 2005년 3월 23일자.

23. 2006년 7월 7일 서울에서 진행한 인터뷰. 우리는 최근에 이메일을 주고받았는데, 그는 이제는 양국 간 갈등에 일본 정치인뿐 아니라 한국 정치인에게도 책임이 있다고 보인다고 말했다.

24. 도표 4.1 참조.

25. 예를 들어 "Japan and Its history: The Ghosts of Wartime Past," *The Economist*, November 8, 2008 참조.

26. 예를 들어 "Lee Presses Japan to Resolve 'Comfort Women' Issue," *Korea Times*, August 15, 2012 참조.

27. 〈연합뉴스〉, 2018년 8월 22일자.

28. Arrington and Yeo(2019) 참조.

29. https://www.washingtonpost.com/world/asia_pacific/japan-south-korea-ties-worst-in-five-decades-as-us-leaves-alliance-untended/2019/02/08/f17230be-2ad8-11e9-906e-9d55b6451eb4_story.html에 수록된 *Washington Post*, February 9, 2019 참조.

30. Daniel Sneider, "Cutting the Gordian Knot in South Korea-Japan Relations," *East Asia Forum*, April 4, 2022 참조; https://www.eastasiaforum.org/2022/04/04/cutting-the-gordian-knot-in-south-korea-japan-relations/에 수록.

31. Ku(2008: 25)와 Berger(2012: 200)는 〈중앙일보〉의 설문 조사 결과와 〈동아일보〉의 수치를 결합해 더 장기적인 타임라인의 여론 동향을 분석한다.

32. *Japan Times*, May 15, 2013.

33. Wakamiya(1998: 186~188)를 참조했다.

34. Wakamiya(1998: 199~201); McCormack(1996: 233) 참조.

35. *New York Times*, "Japanese Politician Reframes Comments on Sex Slavery," May 27, 2013 참조.

36. *Japan Times*, "Seoul envoy: Mayor is odd man out," May 16, 2013.

37. *Korea Times*, January 25, 2021: https://www.koreatimes.co.kr/www/opinion/2021/03/202_303012.html

38. 노무현 대통령의 연설은 일본에서 열광적으로 받아들여졌다. 도쿄대학교의 역사학자인 와다 하루키(Wada Haruki, 2003)는 노 대통령의 연설문, 특히 '동북아 시대'를 여는 데 도움을 주겠다는 한국의 새 대통령의 약속을 읽으며, "나는 내 영혼이 번쩍이는 것을 느

겠다"라고 썼다.

39. 싱가포르에서 열린 APEC 회담의 폐막식에서 하토야마 총리가 한 연설(2009년 11월 15일): https://japan.kantei.go.jp/hatoyama/statement/200911/15singapore_e.html 참조.

40. 2009년 8월 4일 한국정신대문제대책협의회 서울사무소에서 가진 인터뷰에서 윤미향은 한국의 '위안부'를 대표하는 자신의 시민단체는 고노 담화에 만족하지 않는다고 말했다. "고노 담화에는 성의가 담겨 있지 않아요. 그것은 단지 입에 발린 말일 뿐입니다"라고 그녀는 말했다. "우리는 일본 정부가 이 끔찍한 전쟁범죄에 대해 책임을 지기 바랍니다."

41. 2009년 8월 3일 서울에서 진행한 인터뷰.

## 5장 독일과 폴란드

1. 도표 5.1 참조.

2. 2013년 4월 24일 바르샤바에서 진행한 인터뷰.

3. 2017년 11월 여론조사에서 CBOS는 폴란드 응답자의 54퍼센트가 폴란드가 독일에 배상을 요구해야 한다는 것에 동의한다는 사실을 발견했다. 그러나 다수의 응답자(45퍼센트)는 폴란드가 그렇게 함으로써 얻는 것보다 더 많은 것을 잃을 것이라고 예측했던 반면, 폴란드가 잃을 것보다 더 많은 것을 얻을 것이라고 예측한 응답자는 31퍼센트에 불과했다. https://www.cbos.pl/PL/publikacje/public_opinion/2017/11_2017.pdf.에 수록된 "Polish Public Opinion" 참조.

4. 독일-폴란드 교과서 위원회는 1970년 파리의 유네스코 모임에서 설립되었다. 2년 후인 1972년에 독일 역사학자 11명이 바르샤바를 방문해 과거를 어떻게 기록할 것인가에 관해 어렵지만 중요한 첫 대화를 나눴고, 이후 수많은 대화가 이어졌다.

5. Feldman(2012: 236)에서 인용.

6. 예를 들어 Jacobsen and Mieczysław(1992: 498~501) 참조.

7. "Germany for the Germans," *Newsweek*, April 22, 1991.

8. "Biedrusko Journal: The Cold War Armies Meet, Just to Link Arms," *New York Times*, September 15, 1994.

9. 2006년 4월 24일 베를린에서 진행한 인터뷰.

10. 2006년 4월 10일 바르샤바에서 진행한 인터뷰.

11. 이 문제는 1998년 연방의회가 당시 독일인들의 추방을 "불법적"이라고 비난하고, "정의"를 요구하는 추방자들의 주장을 지지하는 것처럼 보였을 때 처음 표면화되었다.

12. "순전한" 피해국으로서의 폴란드의 정체성은 1941년 제드바브네에서 자행된 유대인 학살에 폴란드인들이 가담했다는 것을 기록한 책(얀 토마시 그로스, 《이웃집》)이 출판됨으로써 이미 폴란드 사회 내부로부터 도전을 받았다.

13. Die Bundesregierung, "Speech by Chancellor Schröder on the 60th anniversary

of the Warsaw Uprising," August 1, 2004. http://www.warsawuprising.com/ paper/schroeder.pdf에서 확인할 수 있다.

14. 예를 들어 *DerStandard*, "Sikorski: Ostsee-Pipeline gleicht 'Hitler-Stalin Pakt'" ("Sikorski: The Baltic Sea Pipeline Resembles the Hitler-Stalin Agreement"), May 8, 2006 참조: https://derstandard.at/2431077/Sikorski-Ostsee-Pipeline-gleicht-Hitler-Stalin-Pakt에서 확인할 수 있다.

15. 2006년 4월 12일에 진행한 인터뷰.

16. 2006년 4월 11일 바르샤바에서 진행한 인터뷰.

17. 2013년 4월 22일 바르샤바에서 진행한 인터뷰.

18. Jan Cienski, "Migrants carry 'parasites and protozoa,' warns Polish opposition leader," *Politico*, October 14, 2015; 이 글은 https://www.politico.eu/article/ migrants-asylum-poland-kaczynski-election/에 수록.

19. 이것은 풍자 만화가와 논쟁가들에게 오랫동안 풍자의 소재가 되어왔다. Jon Henley, "Polish press invokes Nazi imagery as war of words with EU heats up," *Guardian*(UK), January 12, 2016; 이 글은 https://www.theguardian.com/ world/2016/jan/12/polish-press-nazi-imagery-war-of-words-eu-angela-merkel 에 수록.

20. Jon Stone, "Support for EU membership reaches record high in Poland despite showdown with Brussels," *The Independent* (UK), January 9, 2018; 이 글은 https://www.independent.co.uk/news/world/europe/poland-eu-membership-support-for-membership-courts-rule-of-law-mateusz-morawiecki-juncker-a8149876.html에 수록.

21. 이 문제에 대해 상세한 정보를 확인하려면 Marten-Finnis(1995: 256~257) 참조.

22. Sander(1995)의 주장에 따르면, 폴란드인들은 공식적인 선전에도 불구하고 동독인을 서독인과 실질적으로 다르거나 더 나은 사람들로 보지 않았다. 폴란드 교과서들은 일반적으로 동독인과 서독인을 모두 수 세기에 걸쳐 폴란드를 심하게 학대한 '독일인'으로 취급했다.

23. 역사가위원회는 양국 역사 교사들을 위해 공통된 역사 용어를 사용하는 핸드북을 제작하는 것으로 시작했으며, 이러한 노력이 진행된 끝에 공동 역사 교과서가 완성되었다.

24. 이 연설은 2차 세계대전 종전 40주년을 기념해 바이체커 대통령이 한 연설이다. 그의 연설은 유대인에 대한 범죄뿐만 아니라 동성애자, 공산주의자, 로마/신티, 폴란드인과 소련 시민들에 대한 집단적 죄책감을 밝혔기 때문에 커다란 반향을 일으켰다. 게다가 바이체커는 당시까지 독일인들을 전쟁의 피해자로 간주해온 보수적인 기민련의 당원이었기 때문에 더욱 반향이 컸다. 그래서 독일 잡지 〈슈피겔〉은 연설 녹취록을 발간했다. http://www.spiegel.de/politik/deutschland/weizsaecker-rede-1985-8-mai-war-

ein-tag-der-befreiung-a-354568.html에 수록.

25. 데이비스(Davis, 1999: 112~114)는 이 시기에 독일이 폴란드의 채무 재조정에 동의하고 새로운 수출신용보증을 약속하는 등 상당히 관대했다고 주장한다. 하지만 그녀는 본이 폴란드의 상환 속도가 느리다는 우려 때문에 1986년에 대출을 중단한 사실도 인정한다.

26. 필립스(Phillips, 2001: 177)는 폴란드인들이 70만 건의 청구서를 재단에 제출했다고 지적한다. 1997년 무렵, 재단은 피해자로 자칭하는 많은 사람들에게 보상하기도 전에 이미 재정을 모두 소진했다.

27. Feldman(2012: 206~207) 참조.

28. He(2009: 70~72) 참조.

29. Newnham(2005: 473) 참조.

30. Bandelj(2007: 46) 참조

31. OECD: https://data.oecd.org/fdi/inward-fdi-stocks-by-partner-country.htm.

32. 2006년 4월 14일 바르샤바에서 진행한 인터뷰.

33. 예를 들어 Lebioda(2000: 165); Lipski(1996: 262) 참조.

34. BBC Summary of World Broadcasts, "Speech by German Foreign Minister on Signing of Polish-German Treaty," November 14, 1990.

35. "Das transatlantische Netzwerk ausbauen und verstärken," 1997년 6월 19일, 시카고에서 열린 외교관계위원회 연설, *Bulletin*, Presse-und Informationsamt der Bundesregierung, no. 63, July 30 1997: 751. Feldman(1999: 337)에서 인용.

36. University of Luxembourg, Centre Virtuel de las Connaissance sur l'Europe, "Community Funding Under the PHARE program(1990-1998)"; "Community aid under the Phare programme (1990-1998)", https://www.cvce.eu/en/obj/community_aid_under_the_phare_programme_1990_1998-en-f3e52aeb-b34f-417a-92d8-06ddff880a5d.html 참조.

37. 1995년 EC 자료를 사용한 Davis and Dombrowki(1997: 16) 참조. 이 프로그램에 대한 또 다른 자료와 관점은 Chessa(2004)와 Fure(1997)에서 확인할 수 있다. 2003년 말 폴란드가 가입하기 전날, Onis(2004: 497)는 유럽연합이 INTERREG와 PHARE 프로그램을 통해 폴란드에 거의 60억 유로의 원조를 제공했다고 추정한다.

38. 2009년 7월 20일 베를린에서 진행한 인터뷰.

39. Helmut Kohl, "Rede von Bundeskanzler Helmut Kohl anlässlich der Eröffnung der Deutsch-Polnischen Industrie-und Handelskammer am 7. Juli 1995 in Warschau," in Presse-und Informationsamt der Bundesregierung (eds.) (1995): Bulletin Nr. 58, Bonn: 574.

40. Rühe(1993) 참조. 어떤 이들은 뤼에 국방장관이 독일을 대변한 것인지, 아니면 개인적 의견을 밝힌 것인지 의문을 제기하고 있지만, Towpik(2011)은 콜 총리가 결국 이 입장

을 채택했다고 설득력 있게 주장하고 있다.

41. 이 문제를 다루기 위해 나는 Towpik(2011)에 크게 의존했다.
42. "Remembering Their War, Germans Embrace the First Victims," *New York Times*, September 2, 1999: A9.44. Truszczynski (2011: 226) and Newnham (2007: 214) 참조.
43. Feldman(2012: 246); Newnham (2007: 212~213) 참조.
44. Truszczynski(2011: 226); Newnham(2007: 214) 참조.
45. Newnham(2007: 212) 참조. Tewes(2002: 118)는 이러한 분석을 지지한다. "독일에 게, 폴란드 없이 진행되는 유럽연합의 확대는 상상할 수도 없고 받아들일 수도 없는 것이 었다. 그렇기 때문에 유럽연합에서는 폴란드가 다른 국가들처럼 모든 기준을 충족시키지 못하더라도 첫 번째 확대 후보가 되어야 한다는 암묵적인 공감대가 형성되어 있었다."
46. 2006년 4월 20일 베를린에서 진행한 인터뷰. 이 외교관은 내게 자신의 이름을 언급하지 말아달라고 요청했다.
47. 2013년 4월 23일 바르샤바에서 진행한 인터뷰.
48. 프로이덴슈타인(Freudenstein, 1998: 49)은 폴란드가 경제적인 이유뿐만 아니라 정치 적·문화적인 이유에서 유럽의 기구들에 가입하기를 갈망했다고 생각한다. "유럽연합 가 입은 유럽의 근대성을 따라잡을 기회이며, 따라서 2차 세계대전이 시작될 때가 아니라, 이미 18세기 말 폴란드 분할이 시작될 때 상실한 유럽 근대성과의 접촉을 다시 확립할 기회로 여겨졌다."
49. Buras(2013: 67~82) 참조.
50. Buras(2013: 83~97) 참조.
51. 2013년 4월 23일 바르샤바에서 진행한 인터뷰.

## 6장 일본과 중국

1. 2006년 7월 11일 베이징에서 진행한 인터뷰.
2. 물론 이것은 추측이다. 진시더가 일본과 한국에 비밀 정보를 팔고 있었다는 중국 정부의 주장이 옳을지도 모른다. 하지만 중국의 사법체계가 독립적이지 않기 때문에 우리는 결 코 진실을 알 수도 확신할 수도 없다. 진시더는 2019년 말에 석방되었지만, 여전히 외부 와 연락이 불가능한 상태다.
3. Siyun Lin, "Nanjing Defense Campaign and Nanjing Massacre," in *China Weekly Report*, October 27, 2000 참조: https://www.china-week.com/html/548.htm (Xu and Spillman, 2010, 각주 26에 인용); Eykolt(2000: 25~26)도 참조.
4. He Yinan(2003: 13~14) 참조.
5. *People's Daily*, "The Situation of Japanese Peoples' Struggle" (editorial), July 7, 1950.

6. Radtke(1990: 98) 참조.

7. He Yinan(2009: 135~136).

8. *People's Daily*, "Human Conscience Will Inevitably Win" (editorial), August 6, 1957.

9. Hatch(2014: 372) 참조.

10. Ma(2002) 참조.

11. Takahashi(1998: 149). 〈오싱〉은 일본 공영방송인 NHK에서 방영한 드라마다.

12. 우리는 이 역사 교과서들이 사실 그렇게 '수정주의적'이지는 않았다는 것을 이제 알고 있다. 일본의 좌파들은 그 책들의 내용을 잘못 묘사했고, 이것은 일본 언론(특히 〈아사히신문〉)과 궁극적으로 중국 언론의 과열 기사로 이어졌다. Rose(1998: 80~94) 참조.

13. *People's Daily*, June 30, 1982.

14. 법원이 다룬 초기 사건 중 하나는 전쟁 중 나가노현에서 터널을 파고 수력발전소를 건설하는 작업에 강제동원되었던 피해자들이 일본 정부와 건설회사 4곳을 상대로 1997년에 제기한 소송이었다. 이 사건은 이미 공소시효가 지났다는 이유로 기각(*Japan Times*, 2006년 3월 11일자)되었다. 이후 대법원을 포함해 일본 법원은 이와 유사한 노예노동 사건 10여 건을 기각했다(*Japan Times*, March 27, 2004; *New York Times*, April 26, 2007 참조).

15. 나는 2006년에 난징에서 한 서점을 방문하던 중, 그동안 이 장르에서 접했던 가장 원색적인 예를 접하게 되었다. 마이(Ma Yi)가 쓴 《추한 일본인》은 천황에 대한 맹목적인 충성심과 가짜 종교(신토, 神道)에 의해 인도되는 비도덕적인 사회를 묘사했는데, 이러한 일본 사회는 결국 "영혼의 깊은 곳에 음탕한 정신"을 갖게 되었다는 것이다(3쪽).

16. Sato(2001: 12) 참조.

17. Sawaji(2007: 7) 참조.

18. 예를 들어, 2005년 7월 28일자 〈요미우리신문〉의 Q&A, "일본 정부의 과거사 심판에 대한 기본적인 이해" 참조. 이후에 〈요미우리신문〉은 2차 세계대전과 관련된 획기적인 기사 시리즈를 연재했고, 야스쿠니 신사를 대체할 대중적이고 덜 논란이 될 기념비를 지지하는 사설을 게재했다.

19. 일본 언론은 원자바오 총리의 연설에 경탄했다. 예를 들어 2007년 4월 13일자 〈요미우리신문〉의 "Wen Jiabao's speech: Change is seen in China's attitude toward Japan" (원자바오의 연설: 중국의 일본관에서 변화가 보인다) 참조.

20. Ministry of Foreign Affairs(2008) 참조.

21. 나는 2011년 7월에 박물관을 방문했다. 박물관 출구 근처에 있는 '화해의 방'은 "중국 정부와 국민들은 과거 역사를, 양국 관계가 미래로 발전할 수 있도록 인도하는 거울로 삼아서, 양국이 대대로 우정을 유지하며 지내야 한다고 굳게 주장한다"라는 충고를 담고 있다.

22. 2009년 8월 10일 베이징에서 진행한 인터뷰.

23. 아베 총리는 일본군이 아시아 전역에서 '위안부'들에게 '성노예' 역할을 강요했다는 주장에 늘 회의적인 태도를 보였다. 그는 총리 1기였던 2007년 3월, 이 주장에 공개적으로 도전했고, 2기 초(2014)에는 고노 담화에 대한 검토를 의뢰하면서 다시금 이에 도전하는 모습을 보였다. 또한 그는 '침략'이란 용어의 공통된 정의는 존재하지 않는다고 주장하면서, 1937년 일본이 중국을 침략했다는 통념에 의문을 제기했다. Shoji(2015) 참조.

24. *New York Times*, November 10, 2014.

25. *Guardian*, June 1, 2016.

26. *Guardian*, January 18, 2017.

27. Yoshida(1998: 138~140) 참조.

28. Tian(1997: 103~104) 참조.

29. *New York Times*, October 24, 1992.

30. 김미경(2008)은 하세가와와 도고의 《동아시아에 떠도는 유령의 현재》에 수록된 논문 〈신화, 정서, 그리고 사실: 역사 교과서 논쟁〉에서 1992년을 포함한 이후의 통계를 제공하고 있다. 107쪽의 도표 5.1 참조. 1988~2002년에 관해서는 "Shiyan Zhongguo Diaocha Wang"(중국-일본 공동 여론조사)을 인용하고 있는데, 나는 김미경의 데이터 세트를 복사할 수 없었다.

31. 야마자키(Yamazaki, 2006: 74~75, 148) 참조. 야마자키는 (이조쿠카이 같은) 우익단체들과 일부 자민당 정치인들이 호소카와의 사과에 대해 비난했고, 이 때문에 호소카와가 이후 성명에서 ('침략전쟁'이 아닌) 침략 행위로 언급했을지도 모른다고 덧붙였다. 그러나 야마자키(87쪽)와 버거(2012: 181~182)는 일본 시민들이 압도적으로 호소카와 총리를 지지했다는 사실도 언급했다.

32. 1994년의 베이징 방문은 Austin and Harris(2001: 56)에 훌륭하게 서술되어 있다.

33. Wang Xiaodong and Wu Luping(1995) 참조.

34. Amako(1998: 24) 참조. 1996년 12월에 실시된 〈중국청년보〉의 여론조사에 따르면 응답자의 14.5퍼센트는 일본에 대해 좋은 혹은 매우 좋은 인상을 가지고 있었고, 41.5퍼센트는 매우 나쁜 인상을 가지고 있었다. 그밖에 다른 사람들은 그저 무관심했다.

35. Zhao(1993: 168) 참조.

36. Hatch(2010: 80) 참조.

37. *New York Times*, August 14, 2015.

38. World Bank's WITS data bank에서 가져온 자료.

39. Seguchi(2021). *The Economist* (November 19, 2019): https://www.economist.com/business/2019/11/09/japan-inc-has-thrived-in-china-of-late도 참조하라.

40. https://www.jetro.go.jp/en/reports/statistics.html에 있는 Japan External Trade Organization 통계 자료 참조.

41. http://www.stats.gov.cn에 있는 《중국통계연감(China Statistical Yearbooks)》 참조.

42. Armstrong(2010)은 일부 이와 상반되는 증거들을 제시한다.

43. 중국사회과학원(CASS)이 두 조사를 모두 담당했지만, 각 조사마다 매우 다른 방법론을 사용했을 수 있다. 다만 우리는 그들이 2002년과 2010년 사이에는 일관성 있는 방법론을 사용했다는 사실을 알고 있다.

44. 언론매체들은 이 정상회담에 대해 많은 보도를 했다. 예를 들어 Yu Xiaodong, "China-Japan Relationship Back on Track," in *News China*, January 2019: 12~15 참조; Shi Jiangtao, "China-Japan ties at 'historic turning point' after Shinzo Abe's visit, but can the goodwill hold?" in *South China Morning Post*, October 28, 2018 참조. 두 신문 기사는 www.scmp.com/news/china/diplomacy/article/2170469/china-japan-ties-historic-turning-point-after-shinzo-abes-visit에 수록.

45. 비록 트럼프가 아베 총리와 긴밀한 개인적 관계를 유지했지만, 트럼프는 일본이 환율을 조작한다고 거짓으로 비난했고, 일본이 불공정한 무역에 관여하고 있다고 계속해서 불평했다. 2018년에 트럼프는 일본산 철강 수입에 터무니없는 관세를 요구했지만, 나중에 그 정책에서 몇 가지 면제를 허용했다. 시진핑 주석과도 이와 비슷하게 개인적으로 좋은 관계를 유지했음에도 불구하고, 트럼프는 중국을 권력을 얻기 위해 "약탈적인" 정책을 사용하는 "전략적인 경쟁자"라고 칭하며 맹렬히 비판했다. 2018년에 트럼프는 다양한 중국 제품에 대해 500억 달러의 관세를 요구했다. 이에 맞서 중국은 미국 제품에 대한 자국의 관세로 보복했다. 이렇게 양측이 새로운 또는 증가된 관세를 부과하면서 악화된 무역전쟁은 2020년 초에 중단되었다.

46. Komori(2006: 143)는 "중국과 일본이 아세안 국가들에게 각각 협력을 제안하고 이것이 연쇄반응을 일으키는 식으로 아세안 국가들의 협력을 얻기 위해 경쟁해왔다"라고 썼다.

47. 2006년 7월 13일 상하이에서 진행한 인터뷰.

48. 2011년 7월 7일 도쿄에서 진행한 인터뷰. 이 입장은 2021년 7월의 대화에 의해 강화되었다. Tsugami(2003) 참조.

## 7장 두 얼굴을 가진 초강대국

이 장의 원래 글은 Min-hyung Kim & James A. Caporaso eds., *Power Relations and Comparative Regionalism: Europe, East Asia, and Latin America* (New York: Routledge, 2022)에 수록된 것이며, Taylor & Francis Group의 허가를 받아 재수록했다.

1. IMF는 이 조직에 대한 재정적 기여도를 바탕으로 각 국가에 투표권을 부여한다. 미국은 IMF에서 투표권의 약 17퍼센트를 보유하고 있는데 이는 다른 어떤 국가보다 훨씬 더 많은 것이다(독일과 일본은 각각 약 6퍼센트를 가지고 있다). 이사회가 '중대한' 결정을 내릴 때, 85퍼센트의 압도적인 찬성을 요구한다는 점을 고려하면, 미국은 IMF에서 유일하게 거부권을 가진 국가라고 할 수 있다.

2. 존 포스터 덜레스 미국 국무장관은 미국이 주도하는, 아시아의 하위 동맹국들과의 양자 동맹의 패턴을 설명하기 위해 이 '허브앤스포크(hub-and-spokes)'라는 용어를 만들어 냈다.

3. 만약 우리가 '오세아니아'를 아시아의 일부로 포함시킨다면(오세아니아의 지도자들은 점점 더 그렇게 하고 있다), 1951년에 체결된 ANZUS 조약[오스트레일리아, 뉴질랜드, 미국 사이에 체결된 군사동맹조약]은 이 지역에서 구축된 유일한 다자 안보동맹이다. 그 런데 이 조약은 아시아 지역에서 유일하게 백인이 다수인 국가, 오스트레일리아와 뉴질 랜드를 포함하게 되었다.

4. '인문학' 혹은 '서양 문명' 과정은 그리스인들(소크라테스와 소포클레스)로 시작해, 이탈 리아(단테), 독일(괴테), 프랑스(볼테르), 영국(초서와 셰익스피어)을 거쳐, 롱펠로 혹은 아마도 마크 트웨인과 함께 미국으로 이어지는 경향이 있다.

5. Robert Vitalis(2015)는, 당시 부엘의 글을 실었으며 국제관계에 대한 미국의 정책을 게 재하는 탁월한 간행물의 지위를 유지해온 〈포린 어페어스(Foreign Affairs)〉가 원래 〈인 종발전저널 (Journal of Race Development)〉이라고 불렸다는 사실을 상기시켜준다.

6. Bernal(1994: 126) 참조.

7. U.S. Senate(1949), "North Atlantic Treaty: Hearings Before the Committee on Foreign Relations," 81st Congress, 1st Session. Washington D.C., S. 206 참조.

8. 물론 이 '공동체'가 항상 존재했던 것은 아니다. 대부분의 경우와 마찬가지로 그것은 국 가 간 갈등의 온실에서 사회적으로 구축되었다. Alan K. Henrikson(1975)은 2차 세계 대전 이전에 미국에서 그린 세계지도는 제작자의 모국을 한가운데 배치하고 그 양쪽에 2개의 바다를 표시하는 경향이 있다고 지적한다. 그러나 1940년대 초, 포위된 유럽에 미 국이 처음으로 보급품과 군대를 보내면서 이러한 지도는 새로운 형태를 취하기 시작한 다. 세계의 한가운데 대서양이 있으며, '서쪽'에 있는 미국과 '동쪽'에 있는 유럽을 중심 으로 회전하는 것으로 보인다.

9. U.S. Senate 1949, p. 380.

10. 라디오를 통해 방송된 대국민 연설, September 10, 1988(*Public Papers of the Presidents of the United States*, p. 1152).

11. 할리우드에서 아시아계 미국인을 어린아이로 조명했다는 해석에 대해서는 Charles Yu(2020)를 참조.

12. Miller 1982: 134.

13. Karnow(1989: 167~195) 참조.

14. U.S. Senate, "Hearings before the Committee on Armed Services and the Committee on Foreign Relations," *Military Situation in the Far East*, May 1951, part 1, p. 312 참조. 공정하게 말해서, '덜레스'를 비롯한 몇몇 미국인들은 그러한 인 종차별적인 오만함이 초래할 전략적 결과를 두려워했다는 사실에 주목해야 할 것이

다. 동시에 나는 맥아더 장군의 견해는, 자신의 실제 감정을 반영한 것은 아닐 수도 있
는, 단지 정치적 도구로서 의미를 지니는 것이었다고 덧붙이고 싶다. 그는 이러한 서
구의 태도가 반(反)백인적이고 친공산주의적인 반발을 초래할 수도 있다고 우려했다.
Koshiro(1999: 44) 참조.

15. 물론 맥아더는 2차 세계대전이 시작될 때에도 일본의 군사력을 엄청나게 과소평가했었
다. 다우어(Dower, 1986: 105)는 맥아더 장군이 진주만 공격 9일 후, 일본 전투기들
이 필리핀에 있는 자기 휘하의 공군을 전멸시켰을 때 망연자실했다고 언급한다. 그는 자
신의 공군을 궤멸한 폭격기의 "조종사들이 일본인일 수도 있다는 사실을 믿으려 하지
않았다." 대신 그는 "그들이 백인 용병이었음에 틀림없다고 주장했다." 그러나 맥아더
는 정상이었다. 다우어(1986: 102~103)는 진주만 공격 이전에, 일본인들이 왜 효과적
으로 전쟁을 수행할 수 없는가에 대한 다소 복잡한 인종 이론을 수용했던 플레처 프랫
(Fletcher Pratt)을 포함한 다른 미군 분석가들의 말을 인용한다.

16. 애치슨의 말을 인용한 친구는 미국 국무부와 긴밀히 협력했던 개발경제학자 월트 휘트
먼 로스토였다. Isaacson and Thomas(1986: 698) 참조.

17. James Dao, "The World: Why Keep U.S. Troops?" *New York Times*, January 5,
2003.

18. 케빈 마허(Kevin Maher)는 한 미국 대학생 그룹 앞에서 브리핑할 때 분명히 그런 발언
을 했다. 이에 대한 보도가 나온 직후, 마허와 국무부는 그 발언이 "비공개를 전제로" 한
것이라고 불평했지만, 그 내용을 부인하지는 않았다. 그가 직위에서 해고된 지 한참 후,
마허는 한 인터뷰에서 자신의 논평에 대한 보도가 "날조"였다고 말했다. 그러나 당시 브
리핑에 참석했던 한 교수는 마허의 주장을 전했다고 알려진 자신의 AU 학생들을 지지했
다. David Vine, "Smearing Japan," at http://fpif.org/smearing_japan/ 참조.

19. 예를 들어 Sloan(2005) 참조.

20. 예외는 2003년 초에 나타났는데, 이때 프랑스와 독일의 지도자들은 조지 W. 부시 대통
령이 계획한 이라크 침공을 단호하게 반대했다. 미국 국방장관 도널드 럼스펠드는 이 두
강대국이 '구유럽'을 대표한다고 말했다. 부시의 후임자인 버락 오바마는 유럽 동맹국들
과의 긴밀한 관계를 복원하기 위해 열심히 노력했는데, 그는 범대서양 정책 분야에서 낡
은 스타일의 다자주의를 지지했다. 오바마의 후임자인 트럼프는 일방주의자('미국 우선
주의')로 선거운동을 펼쳤지만, 재임 4년 후 유럽과의 관계를 되돌릴 수 없을 정도로 손
상시켰다기보다는 단지 약화시키는 데 그쳤다. 2020년에 트럼프를 물리친 조 바이든은
범대서양 정책을 재개했다.

21. U.S. State Department(Acting Director of the Office of German and Austrian
Affairs) 1949, p. 121 참조.

22. 이탈리아도 그해에 나토에 가입했다.

23. 오바마 대통령과 프랑스 대통령의 공동 기자회견 원문 참조. April 3, 2009: https://

www.govinfo.gov/content/pkg/PPP-2009-book1/pdf/PPP-2009-book1-doc-pg409.pdf

24. 필리핀평화위원회의 구성원인 화이트로 리드(Whitelaw Reid)는 아마도 1989년에 태 평양을 '미국의 호수'라고 묘사한 첫 번째 인물일 것이다. McCormick(1967: 119) 참 조. 그 용어는 불과 몇 년 안에 팽창주의자들 사이에서 통상적으로 사용되었다(Beale 1962). 맥아더는 1949년의 한 연설에서 이 개념을 재구현하고 인종적 의미로 변화시켰 다(Whiting 1968: 39 참조).

25. 미국은 이 시기 일본을 동료 제국주의자로 보고, 1905년 태프트-가쓰라 각서를 통해 일 본이 필리핀에 대한 미국의 지배권을 인정하는 대가로 한반도에 대한 일본의 지배권을 비공식적으로 인정했다.

26. JCS Memorandum for Truman (September 9, 1947), *FRUS* 1947, Vol. 1, pp. 766~767. Schaller(1985: 56~57)에서 인용.

27. 미국은 1979년에 중국 본토와의 관계를 정상화하고 타이완과의 조약을 파기하는 움직임 을 보였다. 그럼에도 불구하고 미국은 이와 동시에 타이완에 방어용 무기를 공급하기로 약속하는 타이완 관계법을 채택했다.

28. Report of the Committee on Asian Regional Economic Development and Cooperation(chaired by Kenneth T. Young), U.S. Council on Foreign Economic Policy, Office of the Chairman, Special Studies Series, Box 3, Dwight D. Eisenhower Library, Abilene, KS, p. 1. Hoshiro(2009: 402)에서 인용.

29. *The Economist*, April 22, 2017: 6에서 인용.

30. 미국 국방부(2018: 9)는 "자유롭고 개방된 인도-태평양 지역은 모두에게 번영과 안보를 제공한다"라고 말하면서, 중국을 이에 대한 위협으로 규정했다. "우리는 인도-태평양에 서 동맹과 파트너십을 강화하여, 공격을 억제하고 안정을 유지하며 공동 영역에 대한 자 유로운 접근을 보장할 수 있는 네트워크화된 안보 체제를 구축할 것"이라고 밝혔다.

31. military.com, "Here's what it costs to keep U.S. troops in Japan and South Korea," March 23, 2021: https://www.military.com/daily-news/2021/03/23/heres-what-it-costs-keep-us-troops-japan-and-south-korea.html 참조.

32. 나는 이 퍼즐에 대한 대안적 설명을 해치(Hatch, 2022: 118~119)에서 찾고 있다.

## 8장 국제기구의 치유력

1. 2006년 6월 29일 도쿄에서 진행한 인터뷰.

2. https://www.aicgs.org/events/2009/05/reconciliation-or-resentment

3. https://aparc.fsi.stanford.edu/news/conference_compares_wartime_experiences_in_asia_and_europe_20110822

4. Feldman(2006) 참조. 다른 많은 저술가들도 일본을 위한 독일의 교훈을 인용해왔다.

예를 들어 강제동원 노동자에 대한 독일의 배상 사례를 언급한 Borggräfe (2011) 참조.

5. 이로 인해 그리스는, 오래전에 이미 그런 청구권이 해소되었음에도 불구하고, 독일이 2차 세계대전에 대한 배상금을 지불해야 한다는 주장을 다시 제기했다. 예를 들어 DW 〔독일의 국제방송〕에서 2019년 4월 6일에 방영된 프로그램 〈그리스는 독일에 전쟁배상금에 대해 협상할 것을 요구한다〉 참조. https://www.dw.com/en/greece-calls-on-germany-to-negotiate-over-war-reparations/a-49059996에서 확인할 수 있다.

6. 2006년 7월 3일 요코하마에서 진행한 인터뷰. 인터뷰 전체에 대한 해설을 보려면 Tamamoto (2005/6) 참조.

# 참고문헌

Acheson, Dean. 1969. *Present at the Creation: My Years in the State Department*. New York: Norton.

Adenauer, Konrad. 1966. *Memoirs: 1945-1953*. Chicago: Regnery.

Alexander, J. C., and R. Gao. 2007. "Remembrance of Things Past: Cultural Trauma, the 'Nanking Massacre' and Chinese Identity." In *Tradition and Modernity: Comparative Perspectives*. Beijing: Peking University Press.

Amako, Satoshi. 1998. "Yuko ippento kara no tenkan" (Shifting from Reliance on Friendship). In *Nicchuu Kōryū no Shihanseki* (A Quarter Century of Sino-Japanese Exchange), edited by Amako Satoshi and Sonoda Shigeto. Tokyo: Tōyō Keizai Shinpōsha.

Armstrong, Shiro. 2010. "Interaction between Trade, Conflict and Cooperation: The Case of Japan and China." Canberra (ANU, Australia-Japan Research Centre): Asia-Pacific Economic Papers, No. 386.

Arrington, Celeste L., and Andrew Yeo. 2019. "Japan and South Korea Can't Get Along: Why America Needs to Help Its Allies Mend Fences." *Foreign Affairs* (July 31).

Asian Development Bank (ADB). 2022. "Asian Economic Integration Report 2022: Advancing Digital Services Trade in Asia and the Pacific." (February). https://www.adb.org/sites/default/files/publication/770436/asian-economicintegration-report-2022.pdf

Attali, Jacques. 1995. *Verbatim*. Vol. 3. Paris: Fayard.

Austin, Greg, and Stuart Harris. 2001. *Japan and Greater China: Political Economy and Military Power in the Asian Century*. Honolulu: University of Hawai'i Press.

Axelrod, Robert, and William D. Hamilton. 1981. "The Evolution of Cooperation." *Science* 211, no. 4489 (March): 1390-96.

Banchoff, Thomas. 1997. "German Policy towards the European Union: The Effects of

Historical Memory." *German Politics* 6, no. 1 (March): 60–76.

Bandelj, Nina. 2007. "Supraterritoriality, Embeddedness, or Both? Foreign Direct Investment in Central and Eastern Europe." In *Globalization: Perspectives from Central and Eastern Europe,* edited by Katalin Fabian. Oxford, UK: Elsevier.

Barbieri, Katherine. 2002. *The Liberal Illusion: Does Trade Promote Peace?* Ann Arbor: University of Michigan Press.

Baritz, Loren. 1985. *Backfire: A History of How American Culture Led Us into Vietnam and Made Us Fight the Way We Did.* New York: William Morrow.

Barkan, Elazar. 2000. *The Guilt of Nations: Restitution and Negotiating Historical Injustices.* New York: W. W. Norton.

Beale, Howard K. 1962. *Theodore Roosevelt and the Rise of America to World Power.* New York: Collier Books.

Beckmann, George M. 1962. *The Modernization of China and Japan.* New York: Harper & Row.

Beeson, Mark. 2005. "Rethinking Regionalism: Europe and East Asia in Comparative Historical Perspective." *Journal of European Public Policy* 12, no. 6: 969–85.

Benedict, Ruth. 1946. *The Chrysanthemum and the Sword: Patterns of Japanese Culture.* New York: Houghton Mifflin.

Berger, Thomas U. 2012. *War, Guilt, and World Politics after World War II.* New York: Cambridge University Press.

Bernal, Martin. 1994. "The Image of Ancient Greece as a Tool for Colonialism and European Hegemony." In *Social Construction of the Past: Representation as Power,* edited by George C. Bond and Angela Gilliam. London: Routledge.

Bi, Shihong. 2017. "China and Japan, in the Mekong Region: Competition and Cooperation." In *China-Japan Relations in the 21st Century: Antagonism Despite Interdependency,* edited by Lam Peng Er. Singapore: Palgrave Macmillan.

Blackbourn, David. 2000. "Conquests from Barbarism: Interpreting Land Reclamation in 18th Century Prussia." International Congress of Historical Sciences, Oslo.

Bledowski, Krzysztof. 2018. "How Poland and Germany Can Close Ranks." *The Globalist* (March 21). https://www.theglobalist.com/germany-polandeuropean-union-fiscal-policy-ecb-eurozone/

Borggräfe, Henning. 2011. "Compensation as a Mechanism of Reconciliation? Lessons from the German Payments for Nazi Forced and Slave Labor." *AICGS Transatlantic Perspectives* (October). https://www.aicgs.org/publication/compensation-as-a-mechanism-of-reconciliation-lessons-from-the-germanpaymentsfor-nazi-forced-and-slave-labor/

Boulding, Kenneth E. 1978. *Stable Peace.* Austin: University of Texas Press.

Brandt, Willy. 1992. *My Life in Politics.* New York: Viking.

Buell, Raymond Leslie. 1923. "Again the Yellow Peril." *Foreign Affairs* 2, no. 2 (December): 295-309.

Buras, Piotr. 2013. *Poland-Germany: Partnership for Europe? Interests, Opinions of Elites, Prospects.* Warsaw: Centre for International Relations.

Buras, Piotr, and Josef Janning. 2018. "Divided at the Centre: Germany, Poland, and the Troubles of the Trump Era." Policy brief for the European Council on Foreign Relations (December 19). https://www.ecfr.eu/publications/summary/divided_at_the_centre_germany_poland_and_the_troubles_of_the_trump_era

Buruma, Ian. 2002. *The Wages of Guilt: Memories of War in Germany and Japan.* London: Phoenix, Orion Books.

Campbell, Edwina S. 1989. *Germany's Past and Europe's Future.* Washington, DC: Pergamon-Brassey's.

Caporaso, James A. 2022. "Germany and the Eurozone Crisis: Power, Dominance and Hegemony." In *Power Relations and Comparative Regionalism: Europe, East Asia and Latin America,* edited by Min-hyung Kim and James A. Caporaso, 18-43. New York: Routledge.

Carroll, Ross. 2008. *The Politics of Culpability: Apology and Forgiveness in International Society.* Ljubljana: University of Ljubljana.

Central Commission for the Investigation of German Crimes in Poland. 1982. *German Crimes in Poland.* New York: Howard Fertig.

Chessa, Cecilia. 2004. "State Subsidies, International Diffusion, and Transnational Civil Society: The Case of Frankfurt-Oder and Słubice." *East European Politics and Societies* 18, no. 1: 70-109.

Chŏn, Yŏ-ok. 1993. *Ilbon-un ŏpt'a* (The Japan that Does Not Exist). Seoul: Chisikkongjaksŏ.

Coffey, Luke. 2013. "EU Defense Integration: Undermining NATO, Transatlantic Relations, and Europe's Security." Background #2806 (June 6) for the Heritage Foundation. http://www.heritage.org/research/reports/2013/06/eu-defenseintegration-undermining-nato-transatlantic-relations-and-europes-security

Conrad, Sebastian. 2003. "Entangled Memories: Versions of the Past in Germany and Japan, 1945-2001." *Journal of Contemporary History* 38, no. 1: 85-99.

Davies, Norman. 1982. *God's Playground: A History of Poland*. Vol. II: *1795 to the Present*. New York: Columbia University Press.

Davis, Patricia A. 1999. *The Art of Economic Persuasion: Positive Incentives and German Economic Diplomacy*. Ann Arbor: University of Michigan Press.

Davis, Patricia, and Peter Dombrowki. 1997. "Appetite of the Wolf: German Foreign Assistance for Central and Eastern Europe." *German Politics* 6, no. 1 (April): 1–22.

Dent, Christopher M. 2010. "Organizing the Wider East Asia Region." ADB Working Paper Series on Regional Economic Integration, No. 62 (November).

Deutsch, Karl W., Lewis J. Edinger, Roy C. Macridis, and Richard L. Merritt. 1967. *France, Germany and the Western Alliance: A Study of Elite Attitudes on European Integration and World Politics*. New York: Charles Scribner's Sons.

Dixon, Jennifer M. 2018. *Dark Pasts: Changing the State's Story in Turkey and Japan*. Ithaca: Cornell University Press.

Dower, John W. 1986. *War Without Mercy: Race and Power in the Pacific War*. New York: Pantheon Books.

Dreyer, June Teufel. 2014. "China and Japan: Hot Economics, Cold Politics." *Orbis* 58, no. 3: 326–41.

Drinnon, Richard. 1990. *Facing West: The Metaphysics of Indian-Hating and Empire Building*. New York: Schocken Books.

Dudden, Alexis. 2008. *Troubled Apologies: Among Japan, Korea, and the United States*. New York: Columbia University Press.

Duffield, John. 2001. "Why Is There No APTO? Why Is There No OSCAP? Asia–Pacific Security Institutions in Comparative Perspective." *Contemporary Security Policy* 22, no. 2: 69–95.

European Commission. 2013. "European Economy: Macroeconomic Imbalances: France 2013." Occasional Papers #136 (April).http://ec.europa.eu/economy_fina nce/publications/occasional_paper/2013/pdf/ocp136_en.pdf

Eykolt, Mark. 2000. "Aggression, Victimization, and Chinese Historiography in the Nanjing Massacre." In *The Nanjing Massacre in History*, edited by Joshua Fogel. Berkeley: University of California Press.

Fairbank, John K. 1966. *United States Policy with Respect to Mainland China, Testimony before the U.S. Senate Committee on Foreign Relations* (March). Washington, DC: U.S. Government Printing Office.

Feldman, Lily Gardner. 1999. "The Principle and Practice of 'Reconciliation' in German

Foreign Policy: Relations with France, Israel, Poland and the Czech Republic." *International Affairs* 75, no. 2: 333–56.

Feldman, Lily Gardner. 2006. "Germany's External Reconciliation as a Defining Feature of Foreign Policy: Lessons for Japan?" *AICGS Advisor* (April 28).

Feldman, Lily Gardner. 2012. *Germany's Foreign Policy of Reconciliation: From Enmity to Amity*. Lanham, MD: Rowman and Littlefield.

Feng, Zhaokui. 1992. "Riben fazhan he yinjin jishu de gishi" (Lessons from Japan's Development and Technology Transfer). *Riben Xuekan* (Japan Studies), 5.

Feng, Zhaokui. 2006. "Geopolitical Causes of Sino-Japanese Tension." *China Daily* (February 24): 4.

Fiske, John. 1885. *American Political Ideas: Viewed from the Standpoint of Universal History*. Boston: Houghton Mifflin.

Freudenstein, Roland. 1998. "Poland, Germany and the EU." *International Affairs* 74, no. 1: 41–54.

Friedberg, Aaron L. 1993/94. "Ripe for Rivalry: Prospects for Peace in a Multipolar Asia." *International Security* 18, no. 3 (Winter): 5–33.

Fure, Jorunn Sem. 1997. "The German–Polish Border Region: A Case of Regional Integration?" *ARENA Working Papers*. WP 97/19.

Gardiner, Nile, and Morgan Lorraine Roach. 2009. "Barack Obama's Top 10 Apologies: How the President Has Humiliated a Superpower." *Heritage Foundation Report* (June 2). https://www.heritage.org/europe/report/barack-obamas-top-10-apo logies-how-the-president-has-humiliated-superpower

Gauthier and Deschamps. 1923. *Cours d'histoire de France* (History of France). Paris: Librairie Hachette.

Gebert, Konstanty, and Ulrike Guerot. 2012. "Why Poland Is the New France for Germany." *Open Democracy* (October 17). https://www.opendemocracy.net/en/why-poland-is-new-france-for-germany/

George, Alexander. 2000. "Foreword." In *Stable Peace Among Nations*, edited by Arie M. Kacowicz et al., xi–xvii. Lanham, MD: Rowman & Littlefield.

Gildea, Robert. 2002a. "Myth, Memory and Policy in France Since 1945." In *Memory and Power in Post-War Europe: Studies in the Presence of the Past*, edited by Jan–Werner Muller. Cambridge: Cambridge University Press.

Gildea, Robert. 2002b. *France Since 1945*. Oxford: Oxford University Press.

Gould, Erica R., and Stephen D. Krasner. 2003. "Germany and Japan: Binding versus Autonomy." In *The End of Diversity? Prospects for German and Japanese*

*Capitalism*, edited by Kozo Yamamura and Wolfgang Streeck, 51–88. Ithaca: Cornell University Press.

Grimmer-Solem, Erik. 2012. "National Identity in the Vanquished State: German and Japanese Postwar Historiography from a Transnational Perspective." *History and Theory* 51, (May): 280–91.

Grosser, Alfred. 1967. *French Foreign Policy Under de Gaulle*. Translated by Lois Ames Pattison. Boston: Little, Brown.

Gustafsson, Karl. 2015. "Identity and Recognition: Remembering and Forgetting the Postwar in Sino-Japanese Relations." *Pacific Review* 28, no. 1: 117–38.

Haignere, Claudie. 2004. "Cooperation Franco-Allemande et Europe Elargie: Une Cooperation Ouverte au Service de L'Union" (Franco-German Cooperation and European Enlargement: Open Cooperation for the Benefit of the EU). *Documents: Revue des Questions Allemandes* 59, no. 3: 69–91.

Hatch, Walter. 2010. *Asia's Flying Geese: How Regionalization Shapes Japan*. Ithaca: Cornell University Press.

Hatch, Walter. 2014. "Bloody Memories: Affect and Effect of War Museums in China and Japan." *Peace & Change* 39, no. 4: 366–94.

Hatch, Walter. 2022. "European Integration, Asian Subordination: U.S. Identity and Power in Two Regions." In *Power Relations and Comparative Regionalism: Europe, East Asia, and Latin America*, edited by Min-hyung Kim and James A. Caporaso, 103–26. New York: Routledge.

Hayner, Priscilla B. 2010. *Unspeakable Truths: Transitional Justice and the Challenge of Truth Commissions*. London: Routledge.

He, Yinan. 2003. "National Mythmaking and the Problems of History in Sino-Japanese Relations." Paper delivered at the Conference on Memory of War (January 24–25), MIT.

He, Yinan. 2009. *The Search for Reconciliation: Sino-Japanese and German-Polish Relations since World War II*. New York: Cambridge University Press.

Heginbotham, Eric, and Richard Samuels. 2018. "With Friends Like These: Japan-ROK Cooperation and U.S. Policy." Open Forum, *Asan Forum* (March 1). http://www.theasanforum.org/with-friends-like-these-japan-rok-cooperationand-us-policy/

Hemmer, Christopher, and Peter J. Katzenstein. 2002. "Why Is There No NATO in Asia? Collective Identity, Regionalism and the Origins of Multilateralism." *International Organization* 56, no. 3 (Summer): 575–607.

Henrikson, Alan K. 1975. "The Map as an Idea: The Role of Cartographic Imagery

During the Second World War." *American Cartographer* 2, no. 1: 19–53.

Heo, Seunghoon Emilia. 2012. *Reconciling Enemy States in Europe and Asia.* Hampshire, UK: Palgrave Macmillan.

Herf, Jeffrey. 1997. *Divided Memory: The Nazi Past in the Two Germanys.* Cambridge, MA: Harvard University Press.

Heuser, Beatrice. 1998. "Historical Lessons and Discourse on Defence in France and Germany, 1945–90." *Rethinking History* 2, no. 2: 199–237.

Hitchcock, William I. 1998. *France Restored: Cold War Diplomacy and the Quest for Leadership in Europe, 1944–1954.* Chapel Hill: University of North Carolina Press.

Hoshiro, Hiroyuki. 2009. "Co-Prosperity Sphere Again? United States Foreign Policy and Japan's 'First' Regionalism in the 1950s." *Pacific Affairs* 82, no. 3 (Fall): 385–405.

Hughes, Christopher. 2004. "The U.S.–Japan Alliance and the False Promises, Premises, and Pretences of Multilateralism in East Asia." Unpublished paper for "International Conference on Creating an East Asian Community: Prospects and Challenges for Fresh Regional Cooperation." National University of Singapore (January).

Hull, Isabel V. 2005. *Absolute Destruction: Military Culture and the Practices of War in Imperial Germany.* Ithaca: Cornell University Press.

Hunt, Michael H. 1987. *Ideology and U.S. Foreign Policy.* New Haven: Yale University Press.

Huntington, Samuel P. 1996. *The Clash of Civilizations and the Remaking of World Order.* New York: Simon and Schuster.

Hyde–Price, Adrian. 2000. *Germany and European Order: Enlarging NATO and the EU.* Manchester: Manchester University Press.

Ikenberry, G. John. 2001. *After Victory: Institutions, Strategic Restraint, and the Rebuilding of Order After Major Wars.* Princeton: Princeton University Press.

Isaacson, Walter, and Evan Thomas. 1986. *The Wise Men: Six Friends and the World They Made.* New York: Touchstone.

Jackson, Patrick Thaddeus. 2006. *Civilizing the Enemy: German Reconstruction and the Invention of the West.* Ann Arbor: University of Michigan Press.

Jacobsen, Hans-Adolf, and Tomala Mieczysław. 1992. *Bonn-Warschau: 1945- 1991. Die deutsch-polnischen Beziehungen, Analyse und Dokumentation* (Bonn-Warsaw, 1945- 1991. The German–Polish Relationship: Analysis and

Documentation). Cologne: Verlag Wissenschaft und Politik.

Jiang, Lifeng. 1989. "Zhongri lianhe jinxing de shehui yunlun diaocha shuoming le shenme" (Survey of Public Opinion on the Process of China-Japan Relations). *Riben Wenti* (Japan Studies) 2: 22-26.

Kansteiner, Wulf. 2006. "Losing the War, Winning the Memory Battle: The Legacy of Nazism, World War II, and the Holocaust in the Federal Republic of Germany." In *The Politics of Memory in Postwar Europe*, edited by Richard Ned Lebow, Wulf Kansteiner, and Claudio Fogu. Durham: Duke University Press.

Karatani, Kōjin. 1993. "The Discursive Space of Modern Japan." In *Japan in the World*, edited by Masao Miyoshi and Harry D. Harootunian, 288-316. Durham: Duke University Press.

Karnow, Stanley. 1989. *In Our Image: America's Empire in the Philippines*. New York: Random House.

Kawashima Shin. 2018. "Kankei 'Seijōka' no—koda to shite Abe hōchū" (Abe's Visit to China: An Effort to Normalize Relations). *Asahi Shinbun (WebRonza)* (October 30). https://webronza.asahi.com/politics/articles/2018102900003.html

Keene, Donald. 1971. *Landscapes and Portraits: Appreciations of Japanese Culture*. Tokyo: Kodansha International.

Kennan, George F. 1967. *Memoirs: 1925- 1950*. Boston: Little, Brown.

Keohane, Robert. 1984. *After Hegemony: Cooperation and Discord in the World Political Economy*. Princeton: Princeton University Press.

Kim, Jin-myung. 1993. *Mugunghwa kkochi pieot seumnida* (The Rose of Sharon Blooms Again). Seoul: Saeum.

Kim, Jiyoon, Karl Friedhoff, and Chungku Kang. 2012. "The Asan Monthly Opinion Survey, July 2012." Seoul: Asan Institute for Policy Studies.

Kim, Mikyoung. 2008. "Myths, Milieu, and Facts: History Textbook Controversies in Northeast Asia." In *East Asia's Haunted Present: Historical Memories and the Resurgence of Nationalism*, edited by Tsuyoshi Hasegawa and Kazuhiko Togo, 94-118. Westport, CT: Praeger.

Kimura, Kan. 2013. "Nikkan kankei shūfuku ga muzukashii hontō no riyū" (The Real Reason Why It Is So Difficult to Repair Japan-Korea Relations). Nippon.com (December 20). https://www.nippon.com//ja/in-depth/a02701/

Kimura, Kan. 2019. *The Burden of the Past: Problems of Historical Perception in Japan-Korea Relations*. Translated by Marie Speed. Ann Arbor: University of Michigan Press.

Komori, Yasumasa. 2006. "The New Dynamics of East Asian Regional Economy: Japanese and Chinese Strategies in Asia." *Pacific Focus* 21, no. 2 (Fall): 107–49.

Komori, Yoshihisa. 2018. "Taichū ODA: sengo saidaikyū shippai" (Foreign Aid to China: Japan's Biggest Postwar Failure). *Sankei Shinbun* (October 26). https://www.sankei.com/world/news/181026/wor1810260002-n1.html

Koo, Min Gyo. 2005. "Economic Interdependence and the Dokdo/Takeshima Dispute between South Korea and Japan." *Harvard Asia Quarterly* 9, no. 4: 24–35.

Koshiro, Yukiko. 1999. *Trans-Pacific Racisms and the U.S. Occupation of Japan.* New York: Columbia University Press.

Ku, Yangmo. 2008. "International Reconciliation in the Postwar Era, 1945–2005: A Comparative Study of Japan–ROK and Franco–German Relations." *Asian Perspective* 32, no. 3: 5–37.

Kulski, W.W. 1976. *Germany and Poland: From War to Peaceful Relations.* Syracuse, NY: Syracuse University Press.

Kuwahara, Yasue. 2014. "Hanryu: Korean Popular Culture in Japan." In *The Korean Wave: Korean Popular Culture in Global Context,* edited by Yasue Kuwahara, 213–21. New York: Palgrave Macmillan.

Lam, Peng Er. 2006. *Japan's Relations with China: Facing a Rising Power.* Sheffield, UK: Routledge.

Lavisse, Ernest. 1921. *Nouveau cours d'histoire. Histoire de France: cours moyen* (A New History of France: For Primary Students). Paris: Librairie Armand Colin.

Lebioda, Tadeusz. 2000. "Poland, *die Vertriebenen,* and the Road to Integration with the European Union." In *Poland and the European Union,* edited by Karl Cordell. London: Routledge.

Lee, Chong-sik. 1985. *Japan and Korea: The Political Dimension.* Stanford: Stanford University Press.

Lee, Jung-bok. 1992. "The Japan Problem and Korea-Japan Relations." Unpublished paper prepared for the Korea–Japan Intellectual Exchange Conference, Seoul, June 11–14.

Lee, Jung-hoon. 1990. "Korean-Japanese Relations: The Past, Present and Future." *Korea Observer* 21, no. 2 (Summer): 159–78.

Lieberson, Stanley. 1991. "Small Ns and Big Conclusions: An Examination of the Reasoning in Comparative Studies Based on a Small Number of Cases." *Social Forces* 70, no. 2: 307–20.

Lind, Jennifer. 2008. *Sorry States: Apologies in International Politics.* Ithaca: Cornell

University Press.

Lind, Jennifer. 2009. "The Perils of Apology: What Japan Shouldn't Learn from Germany." *Foreign Affairs* 88, no. 3 (May–June): 132–46.

Lind, Jennifer. 2013. "Sorry, I'm Not Sorry: The Perils of Apology in International Relations." *Foreign Affairs* (November 21). https://www.foreignaffairs.com/articles/united-states/2013-11-21/sorry-im-not-sorry

Lindner, Evelin. 2006. *Making Enemies: Humiliation and International Conflict.* Westport, CT: Praeger Security International.

Lippmann, Walter. 1947. *The Cold War: A Study in U.S. Foreign Policy.* New York: Harper & Brothers.

Lipski, Jan Jozef. 1996. "Polen, Deutsche und Europa" (Poland, Germany and Europe). In *Wir Mussen uns Alles Sagen: Essays zur Deutsch-Polnischen Nachbarschaft* (We Have to Tell Each Other: Essays on the German–Polish Neighborhood), edited by J. J. Lipski, 253–64. Warsaw: Deutsch-Polnischer Verlag.

Lipson, Charles. 1984. "International Cooperation in Economic and Security Affairs." *World Politics* 37, no. 1 (October): 1–23.

Lochner, Louise Paul. 1942. *What About Germany?* New York: Dodd, Mead and Co.

Love, Mervyn T. 1995. *Peace Building Through Reconciliation in Northern Ireland.* Aldershot, UK: Avebury.

Lu, Huiru. 1998. "An Analysis of Japan's ODA Loans to China." In *Riben wenti yanjiu* (Studies in Japanese Affairs), no. 1. Quoted in Austin and Harris (2001: 175).

Lundestad, Geir. 2003. *The United States and Western Europe Since 1945.* Oxford: Oxford University Press.

Ma, Licheng. 2002. "Dui-Ri guanxi xin siwei" (New Thinking on Sino-Japanese Relations). *Zhanlue yu Guanli* (Strategy and Management), no. 6 (December): 41–56.

Ma, Yi. 2006. *Chou lou de Riben ren* (The Ugly Japanese). Jinan: Shandong Publishing House.

Maillard, Pierre. 1990. *De Gaulle et l'Allemagne: Le reve inacheve.* Paris: Plon.

Malet, A., and P. Grillet. 1925. *XIXe Siecle: Histoire Contemporaine (1815- 1920).* Paris: Librairie Hachette.

Marcussen, Martin, Thomas Risse, Daniela Engelmann-Martin, Hans-Joakim Knopf, and Klaus Roscher. 1999. "Constructing Europe? The Evolution of French, British and German Nation-State Identities." *Journal of European Public Policy* 6, no. 4:

614-33.

Markovits, Andrei S., and Simon Reich. 1997. *The German Predicament: Memory and Power in the New Europe*. Ithaca: Cornell University Press.

Marten-Finnis, Susanne. 1995. "Collective Memory and National Identities: German and Polish Memory Cultures: The Forms of Collective Memory." *Communist and Post-Communist Studies* 28, no. 2: 255-61.

Martens, Stephan. 2002-3. "Pour un nouveau prisme d'analyse de l'entente franco-allemande" (Toward a New Analytical Framework for Understanding the Franco-German Alliance). *La revue internationale et stratégique* 48 (Winter): 13-21.

Martens, Stephan. 2003. "Les relations franco-allemandes depuis 1963." *Notes et Etudes Documentaires* no. 5174-75: 39-63.

McCormack, Gavan. 1996. *The Emptiness of Japanese Affluence*. Armonk, NY: M. E. Sharpe.

McCormick, Thomas. 1967. *China Market*. Chicago: Quadrangle.

McLauchlan, Alastair. 2001. "Korea/Japan or Japan/Korea? The Saga of Co-hosting the 2002 Soccer World Cup." *Journal of Historical Sociology* 14, no. 4 (December): 481-507.

McLelland, Mark J. 2008. "'Race' on the Japanese Internet: Discussing Korea and Koreans on '2-Channeru.'" *New Media Society* 10, no. 6: 811-29.

McNamara, Dennis L. 1990. *The Colonial Origins of Korean Enterprise: 1910- 1945*. New York: Cambridge University Press.

Merritt, Richard L., and Donald J. Puchala. 1968. *Western European Perspectives on International Affairs: Public Opinion Studies and Evaluations*. New York: Praeger.

Miller, Gary J. 1992. *Managerial Dilemmas: The Political Economy of Hierarchy*. New York: Cambridge University Press.

Miller, Stuart Creighton. 1982. *Benevolent Assimilation: The American Conquest of the Philippines, 1899-1903*. New Haven: Yale University Press.

Ministry of Foreign Affairs (Japan). 2008. "Joint Statement between the Government of Japan and the Government of the People's Republic of China on the Comprehensive Promotion of a 'Mutually Beneficial Relationship Based on Common Strategic Interests.'" (May 7). http://www.mofa.go.jp/region/asiapaci/china/joint0805.html

Moravcsik, Andrew. 1998. *The Choice for Europe: Social Purpose and State Power from Messina to Maastricht*. Ithaca: Cornell University Press.

Nagy, Stephen R. 2018. "Is Trump Pushing China and Japan Together? Not Quite." *National Interest* (October 25). https://nationalinterest.org/feature/trumppushing-china-and-japan-together-not-quite-34302

Newnham, Randall E. 2005. "Germany and Poland in the EU Enlargement Process." *Canadian American Slavic Studies* 39, no. 4 (Winter): 469-88.

Newnham, Randall E. 2007. "Globalization and National Interest in EU Enlargement: The Case of Germany and Poland." In *Globalization: Perspectives from Central and Eastern Europe,* edited by Katalin Fabian. Oxford, UK: Elsevier.

Nye, Joseph S., Jr. 2010. "An Alliance Larger than One Issue." *New York Times,* 7 January.

Ogburn, Charlton. 1953. "Memorandum by the Regional Planning Adviser in the Bureau of Far Eastern Affairs to the Assistant Secretary of State for Far Eastern Affairs." *Foreign Relations of the United States, 1952-4.* Vol. XII, Part 1 (document 85): available at http://history.state.gov/historicaldocuments/frus1952-54v1 2p1/d85

Okamoto, Shumpei. 1970. *The Japanese Oligarchy and the Russo-Japanese War.* New York: Columbia University Press.

Olick, Jeffrey K. 1993. "The Sins of the Fathers: The Third Reich and West German Legitimation, 1949-1989." PhD diss., Yale University.

Olick, Jeffrey K. 1998. "What Does It Mean to Normalize the Past?" *Social Science History* 22, no. 4 (Winter): 547-71.

Olick, Jeffrey, and Brenda Coughlin. 2003. "The Politics of Regret: Analytical Frames." In *Politics and the Past: On Repairing Historical Injustices,* edited by John Torpey, 37-62. Lanham, MD: Rowman and Littlefield.

Oneal, John R., and Bruce Russett. 1999. "Assessing the Liberal Peace with Alternative Specifications: Trade Still Reduces Conflict." *Journal of Peace Research* 36, no. 4: 423-42.

Oniş, Ziya. 2004. "Diverse but Converging Paths to European Union Membership: Poland and Turkey in Comparative Perspective." *East European Politics and Societies* 18, no. 3: 481-512.

Pękala, Urszula. 2016. "At a Crossroads? German-Polish Reconciliation in Light of the Recent Changes in the Polish Government." *AICGS publications* (May 20). https://www.aicgs.org/publication/at-a-crossroads-german-polishreconciliation-in-light-of-the-recent-changes-in-the-polish-government/

Pew Center for Global Research. 2016. "Hostile Neighbors: China vs. Japan."

http://www.pewglobal.org/2016/09/13/hostile-neighbors-china-vs-japan/

Pflüger, Friedbert. 1996. "Polen: Unser Frankreich im Osten" (Poland: Our France in the East). In *Aussenpolitik im 21 Jahrhundert. Die Thessen der Jungen Aussenpolitiker,* edited by W. Schauble und R. Seiters, 183–92. Bonn: Bouvier Verlag.

Phillips, Ann L. 2000. *Power and Influence after the Cold War: Germany in East-Central Europe.* Lanham, MD: Rowman & Littlefield.

Phillips, Ann L. 2001. "The Politics of Reconciliation Revisited: Germany and East-Central Europe." *World Affairs* 163, no. 4 (Spring): 171–91.

Polachek, Solomon W. 1980. "Conflict and Trade." *Journal of Conflict Resolution* 24, no. 1 (March): 57–78.

Poulos, James. 2015. "France Is at War ⋯ With Germany." *Foreign Policy* (November 17). https://foreignpolicy.com/2015/11/17/france-is-at-war-with-germanyisis-europe/

Prokop, Jan. 1993. *Universum polskie: literatura, wyobraźnia zbiorowa, mity polityczne* (The Polish Universe: Literature, Collective Imagination, and Political Mythology). Krakow: Universitas.

Radtke, Kurt W. 1990. *China's Relations with Japan, 1945–83: The Role of Liao Chengzhi.* Manchester: Manchester University Press.

Ragin, Charles C. 1987. *The Comparative Method: Moving Beyond Qualitative and Quantitative Strategies.* Berkeley: University of California Press.

Ritter, Gerhard. 1968. *Frederick the Great: A Historical Profile.* Berkeley: University of California Press.

Rose, Caroline. 1998. *Interpreting History in Sino-Japanese Relations.* London: Routledge Curzon.

Rosecrance, Richard. 1986. *The Rise of the Trading State: Commerce and Conquest in the Modern World.* New York: Basic Books.

Rosoux, Valerie-Barbara. 2001. "National Identity in France and Germany: From Mutual Exclusion to Negotiation." *International Negotiation* 6: 175–98.

Ross, Robert S. 2013. "Managing a Changing Relationship: China's Japan Policy in the 1990s." Strategic Studies Institute, U.S. Army War College.

Rovan, Joseph. 1945. "L'Allemagne de nos Merites" (The Germany We Deserve). *Esprit* 11, no. 115 (October): 529–40.

Rozman, Gilbert. 2002. "China's Changing Images of Japan, 1989–2001: The Struggle to Balance Partnership and Rivalry." *International Relations of the Asia-Pacific* 2:

95–129.

Ruhe, Volker. 1993. "Shaping Euro—Atlantic Policies: A Grand Strategy for a New Era." *Survival* 35: 2.

Rusk, Dean, and Khomen Thanat. 1962. Joint Statement, Washington, DC (March 6). Department of State Bulletin 46 (1187).

Sakaki, Alexandra. 2012. "Japanese-South Korean Textbook Talks: The Necessity of Political Leadership." *Pacific Affairs* 85, no. 2 (June): 263–85.

Sander, Richard P. 1995. "The Contribution of Post-World War II Schools in Poland in Forging a Negative Image of the Germans." *East European Quarterly* 29, no. 2 (Summer): 169–87.

Sato Kazuo. 2001. "The Japan-Chin Summit and Joint Declaration of 1998: A Watershed for Japan-China Relations in the 21st Century?" Brookings Institution working paper. https://www.brookings.edu/research/the-japan-chinasummit-and-joint-declaration-of-1998-a-watershed-for-japan-china-relationsin-the-21st-century/

Sato, Takeo, and Norbert Frei. 2011. *Sugisaranu kako to no torikumi: Nihon to Doitsu* (Confronting the Past that Does Not Pass: Japan and Germany). Tokyo: Iwanami Shoten.

Sawaji Osamu. 2007. "Good Neighbors: Japan and China Grassroots Exchange." *Japan Journal* 3, no. 11 (March): 6–10.

Schaller, Michael. 1985. *The American Occupation of Japan: Origins of the Cold War*. New York: Oxford University Press.

Seguchi, Kiyoyuki. 2021. "Why Japanese Firms Are Not Withdrawing from China Despite the Spread of COVID-19." Canon Institute for Global Studies (January 21). Available at https://cigs.canon/en/article/20210121_5587.html

Shapiro, Ann-Louise. 1997. "Fixing History: Narratives of World War I in France." *History and Theory* 36, no. 4: 111–30.

Shoji, Jun'ichiro. 2011a. "Nicchū to Doitsu-Porando ni okeru Rekishi to Wakai: Sono Kyōtsūten to Sōiten o Chūshin to Shite" (History and Reconciliation between Japan and China versus Germany and Poland: Commonalities and Differences). In *Rekishi to Wakai* (History and Reconciliation), edited by Kurosawa Fumitaka and Ian Nish. Tokyo: University of Tokyo Press.

Shoji, Jun'ichiro. 2011b. "What Should the 'Pacific War' Be Named? A Study of the Debate in Japan." *NIDS Journal of Defense and Security* no. 12 (December): 45–81. National Institute for Defense Studies, Tokyo.

Shoji, Jun'ichiro. 2015. "Sengo nana-junen, taishou subeki 'kako' to wa?" (Seventy Years after World War II, What Is the "Past" We Should Be Focused On?). *NIDS Komentarii* no. 45 (May 13). http://www.nids.mod.go.jp/publication/commenta ry/pdf/commentary045.pdf

Siegel, Mona. 2002. "'History Is the Opposite of Forgetting': The Limits of Memory and the Lessons of History in Interwar France." *Journal of Modern History* 74 (December): 770–800.

Sil, Rudra, and Peter J. Katzenstein. 2010. *Beyond Paradigms: Analytical Eclecticism in the Study of World Politics.* New York: Palgrave Macmillan.

Skubiszewski, Krzysztof. 1992. "Polen und Deutschland in Europa an der Schwelle des 21. Jahrhunderts" (Poland and Germany in Europe on the Threshold of the Twenty-First Century). In *Bonn–Warschau 1945–1991. Die Deutsch-Polnischen Beziehungen. Analyse und Dokumentation,* edited by Hans Adolf Jacobsen and Mieczysław Tomala, 518–23. Koln: Verlag Wissenschaft und Politik.

Sloan, Stanley R. 2005. *NATO, the European Union, and the Atlantic Community: The Transatlantic Bargain Challenged.* Lanham, MD: Rowman & Littlefield.

Soh, Chunghee Sarah. 2003. "Politics of the Victim/Victor Complex: Interpreting South Korea's National Furor over Japanese History Textbooks." *American Asian Review* 21, no. 4 (Winter): 145–78.

Song Qiang, Zhang Zangzang, Qiao Bian, et al. 1996. *Zhongguo Keyi Shuo Bu* (The China That Can Say No). Beijing: Chinese Joint Press of Industry and Commerce.

Spiro, David. 1999. *The Hidden Hand of American Hegemony: Petrodollar Recycling and International Markets.* Ithaca: Cornell University Press.

Stokes, Bruce. 2013. "France and Germany: A Tale of Two Countries Drifting Apart." *Pew Research Center: Global Attitudes and Trends* (May 13). https://www. pewglobal.org/2013/05/13/france-and-germany-a-tale-of-two-countriesdrifting-apart/

Stoneman, Mark R. 2008. "Die deutschen Greueltaten im Krieg 1870/71 am Beispiel der Bayern." In *Kriegsgreuel: Die Entgrenzung der Gewalt in kriegerischen Konflikten vom Mittelalter bis ins 20. Jahrhundert,* edited by Sonke Neitzel and Daniel Hohrath, 223–39. Paderborn: Ferdinand Schoningh.

Takahashi Kazuo. 1998. "The Impacts of Japanese Television Programs: Worldwide Oshin Phenomena." *Journal of Regional Development Studies* no. 1: 143–56.

Takahashi Kosuke. 2014. "Shinzo Abe's Nationalist Strategy." *The Diplomat* (February 13).

Tamamoto, Masaru. 2005/06. "How Japan Imagines China and Sees Itself." *World Policy Journal* (Winter).

Tewes, Henning. 2002. *Germany, Civilian Power, and the New Europe: Enlarging NATO and the European Union.* New York: Palgrave.

Thomson, James C. 1967. "Dragon Under Glass: Time for a New China Policy." *Atlantic Monthly* (October): 55-61.

Thomson, James Claude, Peter W. Stanley, and John Curtis Perry. 1981. *Sentimental Imperialists: The American Experience in East Asia.* New York: Harper & Row.

Tian, Huan. 1997. *Zhanhou Zhongri Guanxi Wenxianji* (Documents on Postwar Sino-Japanese Relations). Vol. 2: 1971-1995. Beijing: Zhongguo Shehui Kexue Chubanshe.

Timmerman, Martina. 2014. "Tri-Regional Partnering on Reconciliation in East Asia: Pivotal to Shaping the Order of the Twenty-first Century?" *AICGS Policy Report 59.* American Institution for Contemporary German Studies, Johns Hopkins University.

Towpik, Andrzej. 2011. "Republika Federalna Niemiec wobec polskiej akcesji do NATO. Dorobek i perspektywa wspolnego udziału w kształtowaniu bezpieczenstwa europejskiego" (The Federal Republic of Germany and Poland's Accession to NATO: Achievements and Prospects in Shaping European Security). In *Przełom I wyzwanie. XX lat polsko-niemieckiego traktatu o dobrym sąsiedztwie I przyjaznej wspolpracy 1991-2011* (Breakthrough and Challenges: 20 Years of the Polish-German Treaty on Good Neighborliness and Friendly Relations), edited by Witold M. Goralski, 225-45. Warsaw: Elipsa.

Trouillot, Michel-Rolph. 1995. *Silencing the Past: Power and the Production of History.* Boston: Beacon Press.

Truszczyński, Jan. 2011. "Polska-Niemcy-Europa. Droga do akcesji w Unii Europejskiej" (Poland-Germany-Europe: The Road to Accession in the European Union). In *Przełom i wyzwanie. XX lat polsko-niemieckiego traktatu o dobrym sąsiedztwie i przyjaznej wspolpracy 1991- 2011* (Breakthrough and Challenges: 20 Years of the Polish-German Treaty on Good Neighborliness and Friendly Relations), edited by Witold M. Goralski, 246-75. Warsaw: Elipsa.

Tsugami Toshiya. 2003. *Chūgoku Taitō: Nihon wa nani o nasubeki ka* (The Rise of China: What Should Japan Do?). Tokyo: Nihon Keizai Shimbunsha.

Turek, Justyna. 2018. "Europeanisation of Reconciliation: Polish-German Lesson for Asian States?" In *Postwar Reconciliation in Central Europe and East Asia:*

*The Case of Polish-German and Korean-Japanese Relations,* edited by Olga Barbasiewicz, 19–52. Berlin: Peter Lang.

U.S. Defense Department. 2018. *National Defense Strategy of the United States of America: Sharpening the American Military's Competitive Edge.* https://dod. defen se.gov/Portals/1/Documents/pubs/2018-National-Defense-Strategy-Summary.pdf

U.S. Senate. 1949. "North Atlantic Treaty: Hearings Before the Committee on Foreign Relations, 81st Congress, 1st Session." Washington, DC: U.S. Government Printing Office.

U.S. State Department (Acting Director of the Office of German and Austrian Affairs). 1949. "U.S. Policy Respecting Germany." Document 52 of *Foreign Relations of the United States, 1949,* Vol. III. http://history.state.gov/historicaldoc uments/frus1949v03/d52

U.S. State Department (Assistant Secretary of State for European Affairs). 1954. "Memorandum to the Secretary of State on Southeast Asia Pact." Document 304 of *Foreign Relations of the United States, 1952–54,* Vol. XII, Part 1, *East Asia and the Pacific.* https://history.state.gov/historicaldocuments/frus1952-54v12p1/d304

Van Evera, Stephen. 1997. *Guide to Methods for Students of Political Science.* Ithaca, NY: Cornell University Press.

Vitalis, Robert. 2015. *White World Order, Black Power Politics: The Birth of American International Relations.* Ithaca: Cornell University Press.

Wada, Haruki. 2003. "The Era of Northeast Asia." *Asia-Pacific Journal: Japan Focus* 1, no. 3 (March 14).

Wakamiya, Yoshibumi. 1995. *Sengo hoshu no Ajia Kan* (The Postwar Conservative View of Asia). Tokyo: Asahi Shimbun Publishing.

Wakamiya, Yoshibumi. 1998. *The Postwar Conservative View of Asia: How the Political Right Has Delayed Japan's Coming to Terms with Its History of Aggression in Asia.* Tokyo: LTCB International Library Foundation.

Wang, Xiaodong, and Wu Luping. 1995. "Young Urban Chinese Evaluate the Year 1994." *Zhongguo qingnian bao* (China Youth Daily), edited by Ma Mingjie (January 21), FBIS-CHI-95-050; cited in Austin and Harris 2001: 69.

Weingartner, James. *A Peculiar Crusade: Willis M. Everett and the Malmedy Massacre Trial.* New York: New York University Press.

Whiting, Allen S. 1968. *China Crosses the Yalu: The Decision to Enter the Korean War.* Stanford: Stanford University Press.

WTO. 2018. World Trade Statistical Review. https://www.wto.org/english/res_e/statis_
e/wts2018_e/wts18_toc_e.htm

Wu, Zhigang. 2008. "Research on Japan's ODA to China and Its Contribution to
China's Development." Unpublished paper presented at the ninth workshop on
the Chinese economy, Kyoto Sangyo University, Japan (March 21).

Xiao Jiwen. 1998. *Riben: Yige Bukeng Fuzui de Guojia* (Japan: A Country that Refuses
to Admit Its Crimes). Nanjing: Jiangsu Renmin Chubanshe.

Xiao, Yong. 1992. "Riben de jinyan yu zhongguo de gaige" (Japan's Experience and
China's Reform). In *Riben Xuekan* (Japan Studies), 5.

Xu, Bin, and Gary Alan Fine. 2010. "Memory Movement and State-Society
Relationships in Chinese World War II Victims' Reparations Movement Against
Japan." In *Northeast Asia's Difficult Past,* edited by Mikyoung Kim and Barry
Schwartz, 169-89. Houndmills, Basingstoke, Hampshire (UK): Palgrave
Macmillan.

Xu, Xiaohong, and Lyn Spillman. 2010. "Political Centres, Progressive Narratives
and Cultural Trauma: Coming to Terms with the Nanjing Massacre in China,
1937-1979." In *Northeast Asia's Difficult Past,* edited by Mikyoung Kim and
Barry Schwartz, 101-28. Houndmills, Basingstoke, Hampshire (UK): Palgrave
Macmillan.

Yamazaki, Jane W. 2006. *Japanese Apologies for World War II: A Rhetorical Study.*
London: Routledge.

Yoder, Jennifer A. 2008. "No Longer on the Periphery: German-Polish Cross-Border
Relations in a New Institutional Context." *German Politics and Society* 26, no. 3
(Autumn): 1-24.

Yoshida, Yutaka. 1998. *Nihonjin no Sensō-kan* (Japanese Views of War). Tokyo:
Iwanami.

Young, Kenneth. 1965. "Asia's Disequilibrium and American Strategies." In *The United
States and Communist China,* edited by W. W. Lockwood. Princeton, NJ:
Haskins Press.

Yu, Charles. 2020. *Interior Chinatown: A Novel.* New York: Vintage Books.

Zhao Quansheng. 1993. "Japan's Aid Diplomacy with China." In *Japan's Foreign Aid:
Power and Policy in a New Era,* edited by Bruce M. Koppel and Robert M. Orr.
Boulder: Westview Press.

전후 일본과 독일이
이웃 국가들과 맺은 관계는 왜 달랐는가

1판 1쇄 2024년 3월 4일

지은이 | 월터 F. 해처
옮긴이 | 이진모

펴낸이 | 류종필
편집 | 이정우, 권준, 이은진
경영지원 | 홍정민
표지 디자인 | 석운디자인
본문 디자인 | 이미연
교정교열 | 오효순

펴낸곳 | (주)도서출판 책과함께
　　　　주소 (04022) 서울시 마포구 동교로 70 소와소빌딩 2층
　　　　전화 (02) 335-1982
　　　　팩스 (02) 335-1316
　　　　전자우편 prpub@daum.net
　　　　블로그 blog.naver.com/prpub
　　　　등록 2003년 4월 3일 제2003-000392호

ISBN 979-11-92913-61-2 03900